CODE ANNOTÉ

DE LA
LÉGISLATION CIVILE

CONCERNANT

LES ÉGLISES, PRESBYTÈRES, CIMETIÈRES,

INHUMATIONS, EXHUMATIONS, POMPES FUNÈBRES,

LA POLICE ET LES DÉPENSES DU CULTE,

LA CONSTRUCTION ET L'ENTRETIEN DES ÉDIFICES RELIGIEUX

PAR

A. ROUSSET

Auteur de l'Annuaire du Clergé de France.

OUVRAGE SPÉCIALEMENT UTILE

A MM. LES PRÉFETS, SOUS-PRÉFETS, MAIRES, ADJOINTS, CURÉS ET DESSERVANTS, CONSEILS DE FABRIQUE, ARCHITECTES, ENTREPRENEURS, COMMISSAIRES DE POLICE, ETC.

PARIS

LIBRAIRIE ADMINISTRATIVE DE PAUL DUPONT,

Rue de Grenelle-Saint-Honoré, 45.

1865

CODE ANNOTÉ

DE LA

LÉGISLATION CIVILE

CONCERNANT

LES ÉGLISES, PRESBYTÈRES, CIMETIÈRES.

Clichy. — Impr. de Maurice Loignon et Cie, rue du Bac-d'Asnières, 12.

CODE ANNOTÉ

DE LA
LÉGISLATION CIVILE

CONCERNANT

LES ÉGLISES, PRESBYTÈRES, CIMETIÈRES,

INHUMATIONS, EXHUMATIONS, POMPES FUNÈBRES,

LA POLICE ET LES DÉPENSES DU CULTE,

LA CONSTRUCTION ET L'ENTRETIEN DES ÉDIFICES RELIGIEUX

PAR

A. ROUSSET

Auteur de l'ANNUAIRE DU CLERGÉ DE FRANCE.

———

OUVRAGE SPÉCIALEMENT UTILE

A MM. LES PRÉFETS, SOUS-PRÉFETS, MAIRES, ADJOINTS, CURÉS ET DESSERVANTS, CONSEILS DE FABRIQUE,
ARCHITECTES, ENTREPRENEURS, COMMISSAIRES DE POLICE, ETC.

PARIS

LIBRAIRIE ADMINISTRATIVE DE PAUL DUPONT,
Rue de Grenelle Saint-Honoré, 45.

1865

La législation civile sur le culte catholique est un vaste
ensemble de documents dans lesquels les prescriptions en
vigueur se trouvent confondues avec celles qui sont
abrogées. Il est très-difficile de relier entre elles les nombreuses dispositions tant anciennes que nouvelles, et de
puiser dans cette réunion la solution des mille questions
qui peuvent se présenter dans la pratique.

Coordonner tous ces documents épars, rapprocher de la
législation les instructions, les circulaires et solutions
ministérielles, les arrêts du Conseil d'Etat et de la Cour de
cassation qui lui servent de commentaires, pour en former un corps de doctrine, tel est le but que s'est proposé
l'auteur.

Ce travail est divisé en quatre parties :

La première résume toute la législation et la jurisprudence sur les créations de cures, succursales, chapelles,
annexes, oratoires et vicariats.

La deuxième traite de la propriété des édifices paroissiaux et de leurs accessoires ou dépendances, de la construction, translation, reconstruction et entretien des églises et presbytères, des demandes de secours à l'Etat pour ces travaux, du logement ou de l'indemnité de logement des curés et desservants, de la distraction des parties superflues des presbytères, des dépenses du culte, des charges de la fabrique et des communes et de leur répartition entre les communes ou sections de communes composant la même paroisse; de la police et distributions intérieures des églises, du service de l'horloge, de l'usage des cloches, des locations et concessions diverses, etc.

Dans la troisième partie, se trouvent le texte et le commentaire de chaque article des décrets : du 23 prairial an XII, sur les sépultures; du 18 mai 1806, sur le service pour les morts dans les églises et les convois funèbres; du 7 mars 1808, sur la fixation du rayon des servitudes aux abords des cimetières; du 30 décembre 1809, sur les produits spontanés des terrains servant de cimetière, les frais d'établissement, de translation, de clôture et d'entretien des lieux de sépultures; de l'ordonnance du 6 décembre 1843, relative aux cimetières, aux concessions de terrains, etc.; de la législation sur les inhumations, exhumations et transport des corps.

La quatrième partie est un *Appendice* où sont reproduites toutes les circulaires ministérielles et instructions sur les demandes de secours pour réparations, constructions ou acquisitions d'églises ou de presbytères, sur la direction et la surveillance des travaux ou édifices affectés au culte paroissial, la création de la commission des édifices religieux et des architectes diocésains, les règles nouvelles pour la rédaction des plans, devis et mémoires, et l'organisation du service des travaux diocésains, le résumé des dispositions législatives concernant l'administration des fabriques des églises paroissiales, etc.

Une table des matières par chapitres et une autre table analytique et alphabétique très-détaillées permettent de trouver immédiatement une solution à chaque question.

MM. les préfets, sous-préfets, maires, adjoints, curés et desservants, conseils de fabrique, architectes diocésains, entrepreneurs de travaux et commissaires de police apprécieront, nous osons l'espérer, l'utilité de ce travail et les avantages de la codification d'une législation administrative aussi compliquée.

LÉGISLATION CIVILE

SUR

LES ÉGLISES, PRESBYTÈRES

CIMETIÈRES ET SÉPULTURES

DES ÉGLISES ET DES PAROISSES

I. — Des Églises.

On appelle *église*, en général, tous les lieux saints consacrés par l'évêque, et dans lesquels se tiennent les assemblées des fidèles, qui ont pour objet l'office et le service divin, la prière et le sacrifice publics.

Les églises dont la loi française autorise l'existence peuvent être divisées en cures, succursales, chapelles, annexes et oratoires.

II. — Des Paroisses.

On entend par *paroisse* une fraction de territoire attachée, pour l'exercice du culte, à une église dont les intérêts sont confiés à un curé ou desservant et à une assemblée appelée conseil de fabrique.

Les paroisses sont *cures* ou *succursales*.

CHAPITRE PREMIER.

DES CURES, SUCCURSALES, CHAPELLES, ANNEXES, ORATOIRES ET VICARIATS.

I. — Des Cures.

Les cures sont les églises desservies par un prêtre institué à perpétuité, agréé par le gouvernement et soumis, dans l'exercice de ses fonctions, à l'évêque du diocèse.

Aucune partie du territoire français ne peut être érigée en cure, qu'avec l'autorisation expresse du gouvernement (Concordat du 26 messidor an IX, art. 90 ; loi du 18 germinal an X, art. 62). La même autorisation est exigée pour la translation du chef-lieu d'une cure (Décis. min. du 5 avril 1809).

Il doit y avoir au moins une cure dans chaque canton (Loi org. du 18 germinal an X, art. 60). Le mot *au moins* laisse la faculté d'établir plusieurs cures dans un même canton, mais le gouvernement use rarement de cette faculté.

Aucune disposition de loi n'exige que la cure soit placée au chef-lieu de canton; elle peut donc être placée dans une autre commune, lorsque des circonstances de localité l'exigent (Lettre min. du 17 nivôse an XI).

Une cure ne peut être instituée sans qu'on lui assigne une circonscription (Loi du 18 germinal an X, art. 61 et 62).

La proposition d'ériger une cure appartient à l'évêque, mais le préfet est appelé à donner son avis (*Id.* art. 61). La cure est établie, s'il y a lieu, par un décret impérial rendu sur le rapport du ministre des cultes, et délibéré dans le comité de législation du conseil d'État.

La cure est desservie par le titulaire ou curé. Le culte est exercé dans la paroisse sous la direction de ce dernier (Loi du 18 germinal an x, art. 19), mais on ne peut y admettre que des prêtres approuvés par l'évêque.

En cas de vacance de la cure, l'évêque pourvoit aux moyens de la faire desservir.

Sous le rapport *temporel*, la cure est un établissement public et légal, ayant des biens, des revenus et des charges, et qui est administré par une fabrique, conformément à des lois et à des règlements spéciaux émanés de l'autorité civile ; elle est apte à recevoir par legs et donations, à acquérir et à posséder toutes sortes de biens, meubles et immeubles.

Les curés sont, relativement à leur traitement, divisés en deux classes.

Sont seuls curés de première classe : 1° les curés des communes de 5,000 âmes et au-dessus, en nombre égal à celui des justices de paix établies dans ces communes ; 2° les curés des chefs-lieux de préfecture, alors même que la population serait inférieure à 5,000 habitants (Arrêté du 27 brumaire an xi, et ordonnance du 6 avril 1832).

Indépendamment des curés de première classe, qui tiennent leur titre du rang de la paroisse confiée à leurs soins, le gouvernement, sur la proposition de l'évêque et l'avis du préfet, peut agréer aussi comme curés de première classe des ecclésiastiques pourvus seulement de cures de la seconde, qui se sont distingués par leur zèle, leur piété et les vertus de leur état. Cette faveur, qui est personnelle et non transmissible, ne peut être appliquée qu'au dixième du nombre total des curés de deuxième classe, au plus (Décision royale du 29 septembre 1819).

Les curés sont payés en vertu de l'article 66 de la loi du 18 germinal an x.

Le traitement des curés de première classe de droit et des curés de deuxième classe admis seulement à jouir du traitement de première classe, est de 1,500 fr.; les curés de deuxième classe ont 1,200 fr.

Le nombre des cures actuellement autorisées (1864) est de 3,522, dont 65 curés archiprêtres, 585 curés de première classe de droit, 289 curés de deuxième classe, admis à jouir du traitement de première classe, et 2,582 curés de deuxième classe.

II. — Des Succursales.

On appelle *succursale*, la paroisse qui, au lieu d'être desservie par un curé dont le caractère est inamovible, est desservie par un titulaire nommé par l'évêque seul, sans le concours de l'autorité civile, et révocable par lui. Le territoire de la France étant divisé en cures et en succursales, toute commune qui n'est pas réunie à une cure, doit, en conséquence, dépendre d'une succursale (Circulaire min. du 9 novembre 1807).

Les succursales sont formées, suivant les circonstances, d'une ou de plusieurs communes ou même de fractions de communes. Il y en a assez généralement une par commune.

Aucune partie du territoire ne peut être érigée en succursale, qu'avec l'autorisation expresse du gouvernement (Loi org. du 18 germinal an x, art. 62).

Il peut être établi autant de succursales que le besoin pourra l'exiger. Le nombre et l'étendue en sont arrêtés par le gouvernement (Loi org. du 18 germinal an x, art. 60 ; décret du 11 prairial an xii, art. 1 et 2 ; décret du 30 septembre 1807, art. 3).

Chaque succursale est érigée, sur la demande du conseil municipal intéressé, sur la proposition de l'évêque et l'avis du préfet, par un décret impérial rendu sur le rapport du ministre des cultes. Son titre ne peut être changé ni transféré d'un lieu à un autre, sans un nouveau décret (Décret du 30 septembre 1807 ; ordonnance du 5 juillet 1836).

Les motifs des préférences qui doivent influer sur la désignation des communes sont : 1° l'existence d'une église en bon état ou facile à réparer ; 2° celle d'un presbytère ou des moyens de loger un desservant ; 3° le titre de commune et non de simple hameau ou section de commune rurale ; 4° une population réunie, et qui ne soit pas au-dessous de 500 âmes ; 5° une part plus forte aux contributions publiques (Circulaire min. du 9 novembre 1819). En outre, toute proposition de création d'une nouvelle succursale doit être subordonnée à la possibilité de la faire desservir aussitôt que l'érection aura été approuvée. Il ne saurait entrer dans les intentions de l'administration d'accorder des titres sans avoir pris connaissance des ressources des localités pour remplir leurs nouvelles obligations (Circulaire des 12 août 1836 et 6 septembre 1837).

Les érections de succursales ont lieu après production des pièces suivantes :

1° Le certificat du maire constatant que, dans la commune ou dans la section de commune qui demande une succursale, il existe une église et un presbytère en bon état, ou, à défaut de presbytère, l'engagement pris régulièrement par le conseil municipal d'assurer au desservant un logement convenable ;

2° Un inventaire des vases sacrés, linges et ornements qui se trouvent dans l'église ;

3° Un tableau désignant les villages, hameaux, habitations isolées, etc., qui formeront la circonscription de la succursale, le nombre total de leurs habitants et celui des habitants de la paroisse dont il s'agit de les détacher ;

4° Un plan, en double expédition, revêtu de l'approbation de l'évêque et de celle du préfet, de la circonscription de la nouvelle succursale, si son périmètre n'est pas exactement le même que celui d'une commune ;

5° L'indication de la distance existant entre les diverses sections de la circonscription proposée et l'église dont elles dépendent actuellement, ainsi que des difficultés de communication de cette église ou sections intéressées : cette indication doit être fournie et certifiée par l'ingénieur des ponts et chaussées de l'arrondissement ;

6° La population de la nouvelle succursale et la superficie en hectares (états certifiés par le sous-préfet) ;

7° L'indication de la superficie en hectares de la paroisse dont il s'agit de détacher la nouvelle succursale ;

8° L'avis du conseil municipal qui sollicite la succursale, sur le projet de circonscription ;

9° Les délibérations du conseil municipal de la commune chef-lieu de la paroisse actuelle et du conseil de fabrique de cette paroisse ;

10° L'avis motivé de l'évêque diocésain ;

11° L'avis du préfet rédigé en forme d'arrêté (Circulaire min. du 20 août 1842 et 12 août 1844).

On doit joindre encore au dossier le budget des communes réclamantes ; l'état des contributions qu'elles payent en principal ; l'indication des contributions extraordinaires déjà en recouvrement, s'il y en a, leur quotité et leur durée ; l'état de situation de l'église, du presbytère et du cimetière et l'engagement par le conseil municipal de fournir les objets qui manqueraient à l'église.

La succursale est desservie par un prêtre titulaire qui prend le titre de desservant (Loi org. du 18 germinal an x, art. 31).

La succursale est, comme la cure, un titre ecclésiastique reconnu par la loi. Elle est donc apte à recevoir des dons et legs et à posséder. Sa dotation est la même. L'administration de ses biens est soumise aux mêmes principes et aux mêmes règles.

Le desservant a, dans la paroisse où est la sucursale, les mêmes fonctions que le curé dans la paroisse où est la cure ; il y exerce son ministère sous la surveillance et la direction du curé (Loi org. du 18 germinal an x, art. 31). Le droit de surveillance du curé ne consiste qu'à avertir l'évêque des abus et des irrégularités qui seraient à sa connaissance (Décision min. du 13 frutidor an x).

Les desservants des succursales reçoivent un traitement sur le Trésor public, en vertu du décret du 11 prairial an xii. La pension des ecclésiastiques est déduite du traitement, quel que soit l'âge des desservants.

Le nombre des succursales actuellement autorisées (1864) est de 31,261 dont 184, par approximation, sont occupées par des desservants de soixante-quinze ans et au-dessus, qui reçoivent un traitement de 1,250 fr. ; 604, occupées par des desservants de soixante-dix à soixante-quinze ans, recevant un traitement de 1,150 fr. ; 4,906, occupées par des desservants de soixante à soixante-dix ans, qui reçoivent un traitement de 1,050 fr. ; et enfin, 25,497, desservies ou à desservir par des desservants au dessous de soixante ans, rétribués à raison de 900 fr. par an.

Dans ces chiffres ne sont pas compris les desservants de l'Algérie.

III. — Des chapelles.

§ 1er.—*Des chapelles communales et vicariales.*

Lorsqu'une commune n'est pas assez importante pour motiver la création d'une succursale, elle peut obtenir une chapelle proprement dite. Les avantages qui résultent des créations de cette nature sont à peu près les mêmes que ceux que les communes peuvent réaliser par la création de succursales.

La différence essentielle consiste dans la dépense du traitement du chapelain qui reste à leur charge. Les communes peuvent, d'ailleurs, être comprises dans la répartition du fonds inscrit au budget des cultes pour les constructions des églises ou presbytères.

La chapelle indépendante reçoit quelquefois le nom de *chapelle vicariale.*

Le vicaire touche 350 fr. sur le Trésor public, qui décharge ainsi la fabrique et, le cas échéant, la commune d'une partie des frais de traitement.

Le mot *chapelle vicariale* est aussi employé dans un sens moins exact et plus étendu pour désigner, par opposition aux chapelles de tolérance, aux chapelles de secours et aux chapelles domestiques, toutes les chapelles auxquelles est attaché un prêtre ou vicaire spécialement chargé de les desservir ; ce qui comprend toutes les chapelles communales et vicariales.

L'établissement d'une chapelle vicariale a pour but d'assurer à la commune qui en prend les dépenses à sa charge, l'exercice quotidien du culte et la présence d'un prêtre à demeure ; c'est pour ce motif que le conseil municipal de cette commune est obligé de voter un traitement pour le vicaire chapelain (décret du 30 sept. 1807 art. 9, 10 et 13) et de lui procurer un presbytère ou une indemnité de logement. Le but de l'érection de la chapelle n'est point rempli si elle est desservie par le prêtre d'une paroisse voisine. Par conséquent, le traitement alloué par le conseil municipal n'est dû qu'au titulaire résidant, et la commune ne peut être légalement obligée de le payer à un autre ecclésiastique (Décision min. int., 1857).

Les chapelles communales diffèrent des chapelles vicariales en ce que le chapelain ne reçoit aucune rétribution du Trésor.

Les communes qui ont une chapelle sont dispensées de contribuer aux frais du culte de l'église chef-lieu de la cure ou succursale (Avis du conseil d'Etat du 14 avril 1810 et du 26 avril 1837).

Elles sont autorisées à avoir une fabrique particulière et à recevoir des dons et legs, mais elles sont tenues, à défaut des ressources de la fabrique, de fournir au chapelain un presbytère ou un logement, et, à défaut de presbytère et de logement, une indemnité pécuniaire (Décret du 30 décembre 1809, art. 92).

Le nombre des chapelles n'est point fixé, on peut en ériger autant que les besoins l'exigent.

Pour qu'il y ait lieu à l'établissement d'une chapelle, il faut que quelques motifs en justifient la nécessité ou l'utilité (Circulaire min. du 11 octobre 1811). Les motifs principaux sont la trop grande étendue de la paroisse ou les difficultés des communications (Décret du 30 septembre 1807, art. 8). Il en peut exister beaucoup d'autres.

Les communes ou sections de communes qui veulent obtenir une chapelle ont à fournir :

1° Une délibération du conseil municipal qui indique les motifs de l'établissement de la chapelle ; 2° le montant du traitement proposé pour le chapelain ; 3° la dépense annuelle présumée de l'entretien de l'église et du presbytère ; 4° elle doit renfermer aussi l'engagement de pourvoir à ces dépenses, soit sur les revenus ordinaires de la commune, soit au moyen d'une imposition extraordinaire. Dans ce dernier cas, la délibération doit être prise par le conseil municipal et les plus imposés.

Si la commune ne possède ni église ni presbytère, la délibération du conseil municipal devra contenir l'engagement de construire ces édifices.

La commune réclamante doit fournir en outre :

1° Le budget de la commune ;

2°. Un inventaire des vases sacrés, linges et ornements existant dans l'église.

Indépendamment des pièces ci-dessus à produire par les communes, l'administration doit fournir :

1° Un état de la population réclamante et de la commune chef-lieu de la paroisse (État certifié par le sous-préfet).

2° Un certificat du percepteur des contributions constatant le montant des contributions payées par la commune réclamante (en principal), et indiquant, s'il y a des impositions extraordinaires en recouvrement, leur durée et leur quotité ;

3° Un certificat de l'ingénieur de l'arrondissement sur la difficulté des communications entre la commune chef-lieu de la succursale ou de la cure et la commune réunie ;

4° Une information *de commodo et incommodo* dressée sans frais par le juge de paix ou par le maire d'une commune voisine, à ce délégué par le sous-préfet ;

5° Une déclaration du conseil municipal chef-lieu, qui doit tenir lieu de l'information *de commodo et incommodo* dans cette commune ;

6° Le projet de la circonscription de la chapelle, c'est-à-dire l'indication des villages ou hameaux qui doivent composer son territoire ;

7° L'avis motivé de l'évêque ; cet avis doit s'expliquer notamment sur ce qui concerne le besoin que la commune a d'une chapelle, sur la possibilité d'employer un prêtre à ce service particulier, et sur le point de savoir si le traitement promis est suffisant (Circulaire min. du 23 août 1823).

8° L'avis du préfet, en forme d'arrêté (*id.*) ; cet avis doit s'expliquer, notamment, sur le point de savoir s'il n'y aurait pas impuissance notoire de la part de la commune de subvenir aux dépenses qu'elle propose de supporter (Circulaire min. du 11 août 1809).

Ces pièces sont transmises par le préfet au ministre des cultes. La chapelle est établie, s'il y a lieu, par un décret, rendu sur le rapport présenté à l'empereur par le ministre des cultes, de concert avec le ministre de l'intérieur, et délibéré dans le comité de législation du conseil d'État (Décret du 30 septembre 1807, art. 12 et 14 ; — Avis du conseil d'État, 31 juillet et 4 novembre 1835).

Si, au contraire, les conditions d'établissement de la chapelle ne paraissent pas suffisantes, le ministre informe le préfet et l'évêque que l'érection ne peut avoir lieu.

L'érection d'une chapelle ne peut avoir lieu qu'autant que le conseil municipal l'a demandée ou qu'il y a consenti. Il n'en est pas de même à l'égard des cures et des succursales, pour l'érection desquelles le consentement n'est pas requis.

Pour obtenir l'érection d'une chapelle vicariale, il faut observer les mêmes formalités que pour l'érection d'une chapelle communale.

On ne peut aujourd'hui obtenir l'établissement de nouvelles chapelles vicariales qu'au moyen de translations de titres, c'est-à-dire en transportant un vicaire soit d'une paroisse soit d'une chapelle vicariale à une chapelle nouvelle.

La chapelle est desservie par le chapelain, le vicaire ou tout autre prêtre désigné par l'évêque (Décret du 30 septembre 1807, art. 13). Ses fonctions et ses pouvoirs sont déterminés par ce dernier, suivant les règles de la hiérarchie ecclésiastique (Circulaire min. du 11 mars 1809).

Elle dépend de la cure ou de la succursale, dans l'arrondissement de laquelle elle est placée; elle reste sous la surveillance du curé ou desservant (Décret du 30 septembre 1807, art. 13).

En ce qui concerne son administration temporelle, la chapelle est assimilée à la cure ou succursale; elle doit donc avoir une fabrique entièrement indépendante de celle de l'église paroissiale (Avis du comité de l'intérieur du 30 avril 1836).

Toute chapelle dont l'érection a été régulièrement autorisée est apte à posséder et à acquérir dans les mêmes formes et dans les mêmes termes que les cures et succursales (Avis du conseil d'État du 28 décembre 1819).

Il existe actuellement (1864) 8,940 vicariats dans les communes autres que celles de grande population, qui reçoivent du Trésor une indemnité de 350 fr., en vertu d'une ordonnance royale du 5 juin 1816.

§ 2. — *Des Annexes.*

On donne le nom d'*annexe* ou de *chapelle simple* à une église située dans la circonscription de la cure ou de la succursale, et où la célébration publique du culte est autorisée, sur la demande de souscripteurs particuliers qui prennent l'engagement de subvenir de leurs deniers personnels à tous les frais que cette érection entraîne (Décret du 30 septembre 1807, art. 11 et 13.)

L'annexe ne peut être considérée comme une circonscription ecclésiastique et n'a pas de territoire. La différence entre l'annexe et la chapelle consiste principalement en ce que les dépenses de l'annexe sont volontaires et supportées par des souscripteurs particuliers, tandis que les dépenses de la chapelle sont communales et à la charge de tous les habitants. Enfin, l'annexe ne dispense pas, comme la chapelle, de concourir aux frais du culte paroissial.

L'église ouverte seulement pour une fraction de commune, mais dont la dépense serait supportée par la commune entière, soit au moyen d'une allocation au budget, soit à l'aide d'une imposition extraordinaire, serait une véritable chapelle et non une simple annexe.

L'annexe peut être établie dans une commune, mais elle est plus généralement établie dans les hameaux ou sections de commune (Lettre min. des cultes du 8 mars 1822, 26 mai 1826, et 5 mai 1829).

Pour obtenir l'érection d'une annexe, il faut constater :

1° L'utilité ou la nécessité de l'établissement. *La population, la difficulté des communications, l'étendue du territoire, le trop grand éloignement de l'église cheflieu, sont les motifs principaux* qui déterminent l'utilité ou la nécessité de cet établissement (Circulaire min. du 11 octobre 1811).

2° Les moyens d'en supporter la dépense (*Id.*).

Il n'y a lieu d'autoriser l'établissement d'une annexe que lorsque le montant des souscriptions, valablement garanties, est assez élevé pour subvenir, tant au traitement et aux frais de logement du vicaire, qu'aux dépenses d'entretien et de réparation de l'église (Avis du comité de législation du 25 novembre 1840).

Les pièces à produire sont :

1° Une pétition adressée à l'évêque par les principaux contribuables, indiquant les motifs de l'établissement et particulièrement en quoi consistent la difficulté des com-'munications et la distance du chef-lieu de la paroisse au chef-lieu et aux confins les plus éloignés de la commune ou section de commune (Circulaire min. du 11 octobre 1811 et 21 août 1833).

2° Le rôle des souscriptions volontaires portant la signature des souscripteurs (Lettre min. du 26 septembre 1811). Lorsque les souscripteurs ne savent pas signer, un acte notarié peut seul donner à leurs souscriptions l'authenticité nécessaire, pour qu'elles soient réputées obligatoires (Avis du conseil d'État du 2 novembre 1840).

Le rôle doit être dressé en triple expédition et doit indiquer le nombre d'années pour lequel il est souscrit. Sa durée ne doit pas être moindre de trois ans (Circulaire min. du 11 octobre 1811 et 21 août 1833).

Les engagements sont personnels; ils s'éteignent avec celui qui les a souscrits, et n'obligent pas ses héritiers (Lettre min. du 5 décembre 1807).

3° L'état des rôles des contributions des souscripteurs, soit dans la commune, soit ailleurs. Il est destiné à prouver que l'engagement pris par eux n'est pas au-dessus de leurs forces (Circulaire min. du 11 octobre 1811).

4° L'inventaire des meubles, linges et ornements existant dans l'église. (Les souscripteurs peuvent se réserver que ceux qu'ils achètent demeureront leur propriété (Circulaire du 21 août 1833.)

5° La délibération du conseil municipal (Circulaire min. du 21 août 1833).

6° Certificat de population de la commune réclamante;

7° Certificat de l'ingénieur de l'arrondissement;

8° Indication de l'étendue du territoire de la cure ou succursale, et de la portion de ce territoire à laquelle l'établissement de l'annexe doit servir.

Ces pièces sont transmises au sous-préfet et par celui-ci au préfet et à l'évêque diocésain qui, après s'être concertés, les adressent, avec leur avis motivé, au ministre des cultes (Lettre min. du 13 avril 1819).

L'annexe est établie, s'il y a lieu, par un décret impérial, délibéré dans le comité de législation du conseil d'État et rendu sur le rapport du ministre des cultes (Décret du 30 septembre 1807, art. 12).

L'annexe est desservie par un chapelain à demeure ou par un prêtre désigné par l'évêque et qui vient y dire la messe une ou plusieurs fois par semaine (Décret du 30 septembre 1807, art. 13). Ses fonctions et ses pouvoirs sont déterminés par l'évêque, suivant les règles de la hiérarchie ecclésiastique (Circulaire min. du 11 mars 1809).

Les dépenses de l'annexe se composent : 1° du traitement donné au vicaire ou chapelain; 2° des frais d'entretien de l'église et du mobilier (*Id.*).

Il est pourvu exclusivement à ces dépenses, au moyen des souscriptions consenties par les habitants qui en ont demandé l'établissement, et ne peuvent jamais tomber à la charge de la commune ou section de commune. Les souscriptions sont rendues exécutoires, par l'homologation et à la diligence du préfet (Décret du 30 septembre 1807, art. 11). Elles sont recouvrées par le percepteur des contributions de la commune.

Malgré les dépenses volontaires pour l'annexe, la commune ou section de commune où elle est établie n'en reste pas moins obligée de concourir dans la même proportion qu'auparavant, tant aux frais d'entretien de l'église paroissiale qu'aux autres dépenses du culte, dans le chef-lieu de la cure ou succursale dont elle dépend (Avis du conseil d'État du 14 décembre 1810 et 12 novembre 1840).

La commune ou section de commune qui a obtenu une annexe ne discontinue pas de faire partie de la paroisse chef-lieu ; elle reste sous la dépendance et sous la surveillance du curé ou desservant (Décret du 30 septembre 1807, art. 13).

Au moment de son érection, l'annexe n'a pas droit de réclamer les biens qui lui avaient autrefois appartenu. Elle n'est pas apte à posséder par elle-même ; cependant elle a droit à l'usage gratuit et à la jouissance de l'église et du presbytère qui peuvent exister dans la commune ou section de commune, et dont la fabrique chef-lieu ne conserve que la nue propriété, tant que dure l'établissement (Décret du 30 septembre 1807, art. 13 ; lettre min. du 11 mars 1809, 24 août 1810 et 12 août 1812).

Elle peut également être l'objet de donations ou fondations, dont les revenus lui sont exclusivement applicables. — Les donations, faites en faveur des annexes établies ou à établir, sont acceptées par le desservant ou le trésorier de la fabrique de l'église paroissiale, et à la charge de donner à la libéralité reçue, la destination indiquée par le donateur (Ordonnance du 19 janvier 1820, art. 3).

Les revenus particuliers, provenant des donations ainsi faites en faveur des annexes, comme tous autres produits, sont administrés par la fabrique paroissiale (Avis du conseil d'État du 28 décembre 1819).

§ 3. — *Des Chapelles de secours.*

Lorsqu'une succursale est trop étendue ou que des

accidents de territoire empêchent une portion des fidèles de se rendre à l'église paroissiale, on érige une chapelle de secours.

Ces chapelles, établies d'ordinaire dans un édifice disponible, appartenant soit à la commune soit à la fabrique, sont des églises dans lesquelles la paroisse dont elles dépendent est autorisée à faire célébrer les offices religieux quand elle le juge convenable, mais qui n'ont aucune existence légale, distincte et séparée de cette paroisse.

Elles sont administrées pour le *temporel*, par la fabrique de la cure ou de la succursale de laquelle elles dépendent ; pour le *spirituel* par le curé ou desservant de la même cure ou succursale.

Elles ne diffèrent des chapelles qui font partie intégrante de l'édifice d'une église paroissiale qu'en ce qu'elles en sont plus ou moins distantes.

Elles peuvent être érigées avant qu'elles soient matériellement existantes ; on peut leur faire des dons et legs, mais ces dons et legs sont acquis à l'église paroissiale, sauf à exécuter l'emploi prescrit par les donateurs ou testateurs.

Si un vicaire est attaché à une chapelle de secours, son traitement doit être porté au budget de la fabrique paroissiale et n'est mis qu'éventuellement à la charge de la commune. Les communes ne sont pas tenues de fournir un presbytère à l'ecclésiastique qui dessert la chapelle de secours, ni de lui assurer un traitement.

Les pièces à produire pour l'érection d'une chapelle de secours sont les suivantes :

1° Délibération du conseil de fabrique de l'église curiale ou succursale dans la circonscription de laquelle est située l'église à ériger, contenant engagement de se charger de l'administration temporelle de la future chapelle de secours.

2° Une délibération du conseil municipal de la commune sur la nécessité de l'érection. Cette délibération doit porter que, dans le cas où les dépenses de la chapelle ne pourraient être couvertes par ses recettes propres et celles de la fabrique, il sera suppléé à l'insuffisance de ces ressources au moyen des revenus communaux.

3° L'état des recettes et des dépenses présumées de la future chapelle, c'est-à-dire l'indication approximative, d'une part des ressources que produisent pour la chapelle les offrandes, la location des bancs et chaises, etc., et d'autre part des frais qu'entraîneront la fourniture des objets nécessaires pour la célébration de l'office divin, les réparations, etc.

4° L'état de la population de la commune dans laquelle la chapelle doit être établie.

5° Un certificat de l'ingénieur de l'arrondissement (on se contente, dans la pratique, d'un certificat délivré même par un agent voyer cantonal des chemins vicinaux), constatant la distance et l'état de communication entre la commune et le chef-lieu de la paroisse.

Ces pièces sont adressées au sous-préfet de l'arrondissement, qui les transmet à la préfecture. Le préfet communique le dossier de l'affaire à l'évêque du diocèse, et, lorsqu'il a reçu l'avis de ce prélat, il l'envoie, avec les autres pièces et son avis, en forme d'arrêté, au ministre des cultes, qui fait, s'il y a lieu, prononcer l'érection par un décret de l'empereur.

Le titre de chapelle de secours a l'avantage de donner lieu à moins de frais que celui de chapelle simple, car l'érection d'une chapelle de secours n'entraîne pas la nécessité d'un vicaire auquel les communes ou les habitants doivent fournir un traitement.

§ 4.—*Des Chapelles domestiques.*

Il existe des chapelles particulières, que l'on désigne également sous le nom d'*oratoires*. Elles sont établies dans une maison particulière, et sont, par cela même, appelées *chapelles domestiques*, ou dans un établissement public d'instruction, de bienfaisance, de répression, pour la célébration du culte dans ces établissements.

L'autorisation du chef de l'État est requise pour faire célébrer le service divin dans l'intérieur des maisons des communautés soit séculières, soit régulières, dans tous les établissements publics, et même dans les maisons particulières (Loi du 8 avril 1802, art. 44 ; décret du 22 décembre 1812, art. 2 et 3). Le service du culte dans ces oratoires est à la charge de ceux qui les ont érigés.

Pour obtenir l'autorisation d'ériger un oratoire, il faut adresser une demande à l'évêque, qui prend l'avis du maire, du préfet et de l'administration des hospices, des colléges, des prisons, si la chapelle est réclamée pour ce genre d'établissement ; celle du préfet et du maire seulement s'il s'agit de grands établissements de fabriques et de manufactures.

§ 5. — *Des Chapelles de tolérance.*

On désigne sous ce nom et quelquefois, mais improprement, sous celui d'annexes les églises qui, depuis le concordat de 1802, n'ont obtenu aucun titre légal et où cependant l'exercice du culte est toléré.

Ces églises, n'étant pas reconnues par la loi, n'ont qu'une existence de fait ; elle ne peuvent profiter d'aucun des droits attribués aux églises reconnues légalement ;

elles n'ont point de fabriques et ne sont point autorisées à acquérir ou à aliéner des biens.

Lorsqu'une commune ne forme qu'une seule annexe, il ne convient pas de l'autoriser, par voie d'imposition extraordinaire, à faire, pour une église particulière qui n'est ni succursale ni chapelle vicariale, une dépense qui pourrait la placer dans l'impossibilité de contribuer, ainsi que le décret du 30 décembre 1809 lui en fait une obligation, aux frais du culte du chef-lieu paroissial dont elle dépend. La jurisprudence du conseil d'État est formelle sur ce point ; si la commune avait des fonds libres, elle pourrait, à la rigueur, les y affecter ; mais il convient, en général, de laisser aux habitants intéressés le soin de pourvoir, au moyen de souscriptions volontaires, aux frais du culte dans une église qui n'est ouverte que pour leur commodité (Décision min. int., 1857).

IV. — Des Vicariats institués dans les paroisses.

Le vicaire est l'ecclésiastique chargé d'aider ou de suppléer le curé dans le service paroissial.

L'établissement d'un vicaire peut être déterminé par différentes circonstances. On distingue : 1° celle où la population est trop considérable ou la commune trop étendue pour que le curé ou desservant puisse suffire au service de la paroisse ; 2° celle où un curé ou desservant est devenu, par son âge ou ses infirmités, dans l'impuissance de remplir seul ses fonctions, et demande cet établissement (Décret du 17 novembre 1811, art. 15).

Le nombre des vicaires attachés à chaque église est fixé par l'évêque, sur les délibérations des marguilliers et sur l'avis du conseil municipal (Décret du 30 décembre 1809, art. 8).

Si la fabrique ne reçoit pas de subvention communale

et si elle est en état de payer le traitement des vicaires,
la décision de l'évêque suffit pour autoriser leur établissement. Dans le cas contraire, c'est-à-dire si, lorsque la
nécessité d'établir un ou plusieurs vicaires a été reconnue par l'évêque, la fabrique n'est pas en état d'en payer
le traitement, la décision de l'évêque est adressée au
préfet (*Id.*, art. 39).

En pareil cas, le conseil municipal, auquel le budget
de la fabrique est communiqué, est appelé à délibérer.
Il peut contester l'insuffisance des revenus alléguée par
la fabrique (avis du comité de législation, 19 août 1840);
si cette insuffisance est réelle, il lui reste encore deux
moyens de réclamation : il peut prétendre, ou que ses
propres ressources ne sont pas suffisantes pour subvenir
à la nouvelle dépense, ou que l'établissement du vicaire n'est pas nécessaire.

Dans le cas où le conseil municipal ne conteste pas
l'utilité de la dépense, mais où il prétend ne pas pouvoir
supporter la charge, la délibération est adressée au préfet (Décret du 30 décembre 1809, art. 93); celui-ci,
après l'avoir communiquée à l'évêque pour avoir son
avis, doit faire un nouvel examen du budget de la commune et décider si la dépense demandée peut être prise
sur les revenus de la commune et jusqu'à concurrence
de quelle somme (Décret du 30 décembre 1809,
art. 104). Si le préfet et l'évêque sont d'un avis différent,
il peut en être référé, soit par l'un, soit par l'autre, au
ministre des cultes (*Id.*, art. 93).

Si le conseil municipal, au lieu de mettre en avant
l'insuffisance des revenus de la commune, ne reconnaît
pas la nécessité de l'établissement du vicaire, la délibération doit en porter les motifs (*Id.*, art. 96); les pièces
sont adressées à l'évêque qui prononce. Dans le cas où
l'évêque prononce contre l'avis du conseil municipal, le

conseil peut s'adresser au préfet, et celui-ci envoie, s'il y a lieu, les pièces au ministre des cultes. Dans tous les cas, il doit être statué sur l'utilité de l'établissement du vicaire, dans cette dernière circonstance, par un décret rendu sur le rapport de ce ministre, sur l'avis du ministre de l'intérieur, et délibéré en conseil d'État (*Id.* art. 97).

Le gouvernement n'a besoin d'intervenir, pour sanctionner l'institution d'un vicariat jugé nécessaire par l'autorité diocésaine, mais dont l'utilité est contestée par le conseil municipal, que lorsque le préfet appuie lui-même la résistance de ce dernier. Si, au contraire, l'évêque et le préfet sont d'accord pour reconnaître que cette résistance n'est pas fondée, il·devient inutile de provoquer un décret pour statuer sur une réclamation rejetée par ces deux autorités (Décision min. int. 1861).

Le vicaire reçoit un traitement de la fabrique, ou, à défaut de ressources suffisantes de cette dernière, de la commune, lorsque la nécessité de son établissement a été constatée dans les formes prescrites (Avis du conseil d'État du 19 mai 1811). Le traitement est de 500 fr. au plus et de 200 fr. au moins (Décret du 30 décembre 1809, art. 40). Il ne court que du jour de l'installation du vicaire, constatée par le bureau des marguilliers (Ordonnance du 19 mars 1832).

Dans les communes autres que celles de grande population, les vicaires qui exercent dans les églises ayant titre de cure ou succursale, et où l'établissement du vicariat a été compris sur l'état de ceux admis par le ministre, reçoivent, outre leur traitement et à titre de secours, une indemnité sur le budget de l'État. Cette indemnité est de 350 fr.

Il n'est pas dû de logement aux vicaires (Voir sur cette première partie, l'excellent Traité de l'administration du culte catholique, par M. Vuillefroy).

CHAPITRE II.

I. — Propriété des édifices paroissiaux.

Les églises paroissiales, aujourd'hui affectées au culte catholique, proviennent d'origines diverses. Les unes ont été acquises ou construites avec les ressources des communes, ou, ce qui est plus rare, avec celles des fabriques ; d'autres ont été données par libéralités entre-vifs ou testamentaires à l'un de ces deux établissements. Dans ces divers cas, il ne s'élève aucune difficulté sur la propriété. Mais ce qui a soulevé de longues contestations, c'est la propriété des églises qui, devenues biens nationaux par l'effet des lois révolutionnaires, ont été abandonnées par l'État pour être affectées au service du culte, en exécution de la loi du 18 germinal an x, et c'est le plus grand nombre.

Lors du rétablissement du culte catholique en France, il fut stipulé, dans le concordat du 26 messidor an ix, passé entre le saint-siége et le gouvernement français, que toutes les églises métropolitaines, cathédrales, paroissiales et autres non aliénées, nécessaires au culte, seraient remises à la disposition des évêques (art. 12). La loi du 18 germinal an x, qui a donné force de loi à la convention du 26 messidor an ix et aux articles organiques, porte (art. 75) que tous les édifices anciennement destinés au culte catholique, actuellement entre les mains de la nation, à raison d'un édifice par cure et par succursale, seront mis à la disposition des évêques, par arrêté du gouvernement.

Quel était le sens de ces deux articles ? Contenaientils une simple affectation au service du culte, ou bien l'État se dépouillait-il de la propriété des édifices qu'il mettait ainsi à la disposition des évêques et des curés et desservants ? Cette question ne tarda pas à s'agiter. Le conseil d'État, appelé à décider, statua, dans un avis approuvé par l'Empereur, le 6 pluviôse an XIII, conformément à l'opinion unanime des ministres des finances, de l'intérieur et des cultes, que les communes étaient devenues propriétaires des églises qui leur avaient été abandonnées en exécution de la loi du 18 germinal an X.

Un autre avis, rendu un mois auparavant, avait déjà attribué aux communes la propriété de ces édifices.

Il semble donc qu'aucune difficulté ne pouvait plus s'élever. Mais un décret du 30 mai 1806 décida que les églises et presbytères qui, par suite de l'organisation ecclésiastique, seraient supprimés, faisaient partie des biens restitués aux fabriques et étaient réunis à celles des cures et succursales dans l'arrondissement desquelles ils seraient situés. Ce décret n'avait pour objet que de créer des ressources pour subvenir aux dépenses du culte. L'article 1er portait, en effet, que ces édifices pouvaient être échangés, loués ou aliénés au profit des églises et des presbytères des chefs-lieux, et l'article 11 en appliquait spécialement le produit à l'acquisition de presbytères dans les lieux où il n'en existait pas.

Quelques fabriques confondirent les immeubles qui leur étaient attribués avec ceux dont le gouvernement avait disposé en faveur des communes, et elles se prétendirent propriétaires des églises rendues au culte et des presbytères affectés au logement des curés et des desservants ; mais le conseil d'État, dans les diverses occasions où il a été appelé à se prononcer, a constamment maintenu la distinction entre les édifices abandonnés par l'État, en exécution de la loi du 18 germinal an x, pour être affectés au service du culte et au logement des ministres de la religion, et les églises et presbytères restés sans emploi dans l'organisation ecclésiastique, attribuant la propriété des premiers aux communes, celle des seconds aux fabriques (*École des communes*, 1854, p. 200).

Par sa circulaire du 23 juin 1838, le ministre de l'intérieur a rappelé aux préfets :

1° Qu'on doit faire une distinction entre les églises et presbytères remis par l'État, pour le service du culte, dans les cures et succursales rétablies, en exécution de la loi du 18 germinal an x, et les églises et presbytères qui, demeurés sans emploi après l'organisation ecclésiastique, ont fait l'objet du décret de concession du 30 mai 1806 ;

2° Que les édifices de la première catégorie appartiennent aux communes, et ceux de la seconde aux fabriques;

3° Que les communes sont devenues propriétaires à titre définitif et incommutable ; d'où il suit qu'elles ne sauraient perdre leurs droits par cela seul que leur église, rétablie en exécution du concordat, aurait été depuis ou même serait ultérieurement supprimée et réunie à une autre église, par suite de changements administratifs apportés dans les circonscriptions des cures et succursales (Avis du comité de l'intérieur du 12 décembre 1837 ; décision min. int., 1838).

Le comité de législation du conseil d'État a décidé, dans un avis en date du 12 février 1841, que lorsqu'une église, supprimée lors de la première organisation ecclésiastique et attribuée alors à la fabrique, en vertu du décret du 30 mai 1806, venait, postérieurement à ce décret, à être érigée en succursale ou en chapelle indépendante, la propriété de cet édifice passait à la commune, à raison de son affectation nouvelle, en vertu de l'art. 7 de la loi du 18 germinal an x (Avis du min. int., 1857). Toutefois, l'érection en annexe d'une ancienne église supprimée appartenant à une fabrique, en vertu du décret du 30 mai 1806, n'aurait pas pour effet d'en attribuer la propriété à la commune, celle-ci n'étant point, dans ce cas, obligée éventuellement de pourvoir aux frais du culte, ainsi qu'elle le serait s'il s'agissait de la création d'une succursale ou d'une chapelle indépendante (Décis., min. int., 1859).

Lorsqu'une église et un presbytère ont été mis, par l'administration, à la disposition d'une commune pour la célébration du culte, et que, par suite, il a été établi dans cette commune une succursale, que les habitants ont concouru aux dépenses nécessaires pour l'exercice du culte, conformément à la loi, la commune doit être considérée comme ayant reçu de l'État l'abandon des deux immeubles. On n'est pas fondé à contester les droits de propriété qui peuvent résulter pour elle de cet abandon, par le motif que l'établissement de la succursale n'aurait eu qu'un caractère provisoire et une durée de quelques années seulement; qu'après l'an XIII, cette succursale a été supprimée par l'autorité compétente et que la commune a été réunie définitivement pour le culte à une commune voisine.

Si, postérieurement à cette réunion, en ce qui concerne l'exercice du culte, les deux communes ont été réunies sous le rapport administratif, cette circonstance ne peut préjudicier aux droits que l'ancienne commune tenait de la loi de germinal an x et de l'avis du conseil d'État, approuvé le 6 pluviôse an XIII. La nouvelle communauté est recevable à faire valoir ses droits, et elle est fondée à réclamer, si elle ne l'a pas déjà obtenu, l'envoi en possession de l'ancienne église et de l'ancien presbytère (Décision min. int. du 6 avril 1854).

Lorsqu'une commune et une fabrique se prétendent respectivement propriétaires d'une église et d'un presbytère, en vertu de l'abandon qui a été fait par l'État des immeubles de cette nature, en exécution de l'art. 72 de la loi du 18 germinal an x, c'est à l'autorité administrative qu'il appartient de prononcer sur cette contestation, à l'exclusion de l'autorité judiciaire.

Mais, de ce que l'autorité administrative est compétente pour apprécier les prétentions respectives de la commune et de la fabrique, il ne s'ensuit pas que ce soit au conseil de préfecture qu'il appartienne de faire cette appréciation. Les fabriques devraient se faire envoyer en possession, par arrêté du préfet, sous l'approbation du ministre des finances ; si la mise en possession est refusée par le préfet et par le ministre, ou si, après qu'elle a été accordée, il y a contestation à ce sujet, c'est devant le conseil d'État que les réclamations doivent être portées (Avis du conseil d'État, 6 avril 1854).

La propriété de la commune sur l'église est d'une nature toute particulière, car c'est une nue propriété dont la possession appartient entièrement au curé et à la fabrique ; c'est le curé qui en a la police (Décision du 10 février 1805) ; c'est lui qui en a la garde, et lui seul a le droit de conserver les clefs des lieux où sont enfermés les objets que les laïques ne peuvent pas toucher, tels que les vases sacrés.

Les droits de l'autorité municipale sur les églises peuvent donc se comparer à ceux d'un propriétaire dont la maison serait entièrement louée ; le curé dispose de l'intérieur, y commande, y ordonne et se trouve toujours dans son droit, pourvu toutefois qu'il ne prescrive rien qui nuise à la conservation des bâtiments, et qu'il ne viole pas les dispositions relatives à la police des cultes (*École des communes*, 1835, p. 232).

Les églises, tant qu'elles sont affectées au service divin, n'étant pas dans le commerce, non plus que leurs dépendances ni les chapelles qui y sont annexées, ne peuvent pas être prescrites (Cassation, 1ᵉʳ décembre 1823, 19 avril 1825, 18 juillet 1838 et 6 juin 1848).

Par une conséquence nécessaire de ce principe, des particuliers ne peuvent acquérir aucun droit, soit de propriété, soit de servitude d'aucune espèce, ni sur l'église, ni sur aucune partie de ses dépendances.

II. — De la propriété des parties accessoires de l'église.

La propriété immobilière de l'église ne s'entend pas seulement de l'édifice, mais de toutes les parties qui y sont unies et incorporées d'après l'article 525 du Code Napoléon. Ainsi, les chapelles, les autels, les boiseries scellées dans les murs et faisant corps avec le monument, les stalles fixes, la chaire, les tribunes, les grands jeux d'orgues élevés sur une maçonnerie et qui entrent dans la décoration générale de l'édifice, les cloches fixées au clocher par des charpentes en bois, l'horloge, les tableaux et ornements encadrés dans la boiserie et faisant corps avec elle, les statues, dans les niches pratiquées pour les recevoir, tous les objets enfin, scellés en plâtre ou à chaux ou à ciment ou qui ne peuvent être enlevés sans être fracturés ou détériorés ou sans briser ou détériorer la partie de l'édifice à laquelle ils sont fixés, réputés attachés à l'église à perpétuelle demeure, sont immeubles comme elle. Ils sont, ainsi que l'église elle-même, inaliénables, imprescriptibles, et ne peuvent être modifiés, enlevés, ou changés que comme une partie de l'immeuble et en remplissant les mêmes formalités

(GAUDRY, *Traité de la législation des cultes*, t. II, p. 513).

Quant aux vases sacrés, candélabres, croix, encensoirs, chaises, linges placés dans l'église pour son service, ils conservent la qualité de meuble et appartiennent à la fabrique (*Id.*, p. 515).

Les fabriques ne possèdent pas sur les églises un droit d'usufruit, tel que le définit l'article 582 du Code Napoléon ; leur jouissance est d'une nature toute spéciale ; elles ne l'exercent qu'au point de vue de la célébration du culte et elles ne sont pas fondées, par conséquent, à réclamer les avantages conférés à l'usufruitier ordinaire.

D'après ce principe, si un colombier existe dans le clocher d'une église paroissiale et que des pigeons viennent s'y fixer spontanément, c'est à la commune, si elle est propriétaire de l'édifice, qu'il appartient de disposer des produits du colombier (Décision min. int., 1863).

III. — Des chemins de ronde autour des églises.

La propriété d'une église emporte avec elle la propriété non-seulement de ses murs, piliers et ouvrages extérieurs, faisant partie de ses constructions, mais encore d'un terrain autour de l'église, terrain sur lequel tombent les égouts de sa toiture, et se posent les échafaudages indispensables à la réparation.

Un avis du conseil d'État du 20 décembre 1806, non inséré au *Bulletin des Lois*, exige que des chemins soient réservés autour des églises, même dans les communes rurales, lors de l'aliénation des anciens cimetières supprimés.

Quelle est l'étendue de ce terrain ? Il peut être difficile de le déterminer, mais il est certain que personne n'a pu prescrire le droit d'appuyer contre les murs extérieurs de l'église, d'y adosser des constructions, d'y pratiquer des fosses d'aisances, des toits à porcs, des excavations quelconques, des fosses à fumier, ni d'y faire des plantations hors des distances voulues par les anciens usages locaux. On peut même ajouter que l'espace réservé autour de l'église est affecté à certaines cérémonies religieuses, telles que celles de la consécration des édifices, de la procession des Rameaux et autres analogues; mais alors, c'est à la fois et comme voie publique et comme partie accessoire de l'église que cet espace de terrain peut être déclaré imprescriptible. Incontestablement donc, les particuliers qui ont planté, construit, creusé contre l'église, doivent être contraints à enlever leurs plantations, leurs constructions, à réparer les dégâts qu'elles ont pu et pourront occasionner, à laisser un espace libre entre les murs et piliers de l'église et leurs propriétés, sur lesquelles ils ne pourront même planter qu'à la distance légale, ni construire qu'en se conformant aux règlements.

Mais à quelle distance précise les voisins sont-ils tenus de s'éloigner des murs et piliers de l'église.

La solution de cette question dépend, d'une part, de la construction de l'église, de la largeur des larmiers, du point jusqu'où se projettent les eaux pluviales et de l'étendue des fondations souterraines; d'autre part, des plans et pièces qui peuvent exister et qui peuvent fournir des renseignements sur la largeur du pourtour de l'église ; à défaut de documents et de renseignements à cet égard, cette largeur doit être fixée d'après l'avis d'hommes de l'art, sur l'examen des fondations et de l'ensemble de l'édifice. La décision doit donc dépendre de l'état des lieux et et des titres invoqués par les particuliers.

C'est devant les tribunaux civils que doivent être portées les questions de cette nature et c'est à la commune propriétaire de l'église qu'incombe la mission de défendre sa propriété. C'est donc au conseil municipal à délibérer à l'effet de demander au conseil de préfecture l'autorisation de faire intenter par son maire une action en suppression de toutes les servitudes dommageables et contraires au respect dû aux édifices religieux qui obstruent et salissent l'église (C. Paris, 18 février 1851, *École des communes*, 1851, p. 124).

Le propriétaire d'une maison adossée à une église peut être contraint, s'il n'a pas un titre régulier, à la démolir sans pouvoir réclamer d'indemnité et sans avoir d'autre droit que celui d'enlever les matériaux provenant de la démolition ; ce même individu ne peut avoir acquis par prescription un droit de propriété sur l'espace libre qui doit entourer l'église (C. Paris, 18 fév. 1851 ; Riom, 19 mai 1854).

CHAPITRE III.

CONSTRUCTIONS, RECONSTRUCTIONS, RÉPARATIONS DES ÉGLISES ET PRESBYTÈRES. .

I. — Choix de l'emplacement des églises.

C'est au préfet qu'il appartient de statuer sur le choix de l'emplacement des nouvelles églises, de concert avec l'autorité diocésaine. C'est seulement dans le cas où il se trouverait différer d'opinion avec ce prélat, ou bien si sa décision venait à être déférée au ministre de l'intérieur, que l'administration centrale aurait le droit de se prononcer sur une question de cette nature. (Décision min. int., 1857).

Quand cet emplacement est une fois déterminé, l'administration peut, au besoin, contraindre la commune, soit à lui donner la destination indiquée, si elle en est propriétaire, soit à l'acquérir, s'il n'est pas à sa disposition (Loi du 18 germinal an x, art. 77 ; décision min. int. 1858, 1859).

Il y a un double motif pour que les conseils municipaux soient consultés, dans tous les cas, quand il s'agit de fixer l'emplacement d'un édifice consacré au culte : le premier, c'est que d'après les dispositions de la loi du 18 germinal an x, les questions de cette nature doivent évidemment être résolues de concert entre les autorités civiles et religieuses ; le second, c'est que les communes pouvant toujours être appelées, en cas d'insuffisance des revenus des fabriques, à pourvoir aux travaux d'entretien et de réparation des églises, on ne saurait refuser de soumettre à leur appréciation les projets de construction de ces édifices, alors même qu'elles ne doivent pas concourir aux dépenses de premier établissement (Décision min. int., 1860).

Le choix d'un emplacement pour une église mérite la plus sérieuse attention ; on ne doit l'arrêter qu'après un mûr examen. Faire ce choix indifféremment, prendre la première place venue parce qu'elle appartient à la commune et qu'on sera ainsi dispensé d'en acquérir une autre plus convenable, mais peut-être plus coûteuse, ce ne serait pas attacher à cet objet la haute importance qu'il réclame, ni consulter les véritables intérêts d'une paroisse.

Il faut avoir soin d'isoler l'église autant que cela est possible. Elle serait mal placée près d'une grande voie de communication, d'un marché où d'une place où se traitent les affaires publiques et où l'enfance vient s'ébattre et folâtrer. Il ne faut pas cependant l'éloigner du centre de la population.

On doit toujours choisir un sol un peu élevé, et soigneusement éviter les lieux bas et fangeux, l'édifice sera ainsi plus sain et d'un meilleur effet. Il gagnera encore davantage en salubrité et en apparence, si l'on y monte par quelques marches qui l'exhaussent au-dessus du niveau des terres adjacentes. Il faut bien se garder de le bâtir sur le versant d'un coteau, à cause de la grande humidité dont il serait imprégné.

II.—De la translation des églises.

Aucun texte de loi ou de règlement n'oblige les communes à soumettre à une enquête les projets de translation d'église. Toutefois, ces sortes d'opérations ayant toujours pour effet d'affecter plus ou moins sensiblement des intérêts consacrés par le temps, il convient que l'autorité supérieure, avant de statuer, s'entoure de tous les éléments d'instruction nécessaires, et notamment fasse procéder à une information qui lui permette d'apprécier les vœux de la population.

Quant à l'enquête mentionnée dans l'ordonnance du 23 août 1835, elle est prescrite uniquement pour le cas où il s'agit d'acquérir des immeubles par voie d'expropriation pour cause d'utilité publique. Dans l'espèce, il suffit de recourir à l'information dont le mode est indiqué dans la circulaire du 20 août 1825 (Décision min. int., 1857).

III. — De la construction des églises et presbytères.

En général, et pour le plus grand nombre des communes rurales, les projets les plus modestes sont les plus convenables et les plus favorablement accueillis, pourvu qu'ils portent le caractère de leur auguste destination. Il faut qu'ils offrent de l'espace à l'intérieur eu égard à la population, de l'air, une vue générale de l'autel principal et des diverses parties de l'édifice, une communication facile avec la sacristie et une disposition qui permette à plusieurs autels secondaires de trouver place. Les façades et les clochers ne doivent pas être dépourvus de caractère, mais ils ne doivent pas absorber en découpures, en ornements prétendus gothiques des sommes qui seraient mieux employées à l'intérieur ou à leur propre solidité.

On ne doit jamais entreprendre aucune démolition de tour ou partie d'une ancienne église sans avoir, au préalable, fait connaître au ministre, par un dessin graphique, l'état ancien de l'édifice avec l'état nouveau qu'on a l'intention de lui substituer (Circulaire min. des cultes, 15 novembre 1850).

Les presbytères doivent être à proximité de l'église sans y être adhérents ; ils doivent être dégagés des maisons d'école et des mairies ; leur disposition intérieure et leurs dépendances doivent être commodes et suffisantes, leur caractère simple et digne, sans luxe, mais non sans une convenable bienséance (*Id.*).

IV. — Agrandissement des églises.

Aucune disposition des lois relatives aux dépenses du culte catholique n'impose formellement aux communes l'obligation de pourvoir aux travaux d'agrandissement des églises ; mais, d'après l'esprit de ces lois, lorsque les travaux dont il s'agit sont indispensables pour l'exercice du culte, et que les fabriques sont dans l'impossibilité de subvenir aux dépenses qu'ils exigent, ils constituent une charge communale dont le caractère obligatoire ne saurait être réellement contesté. Toutefois, si les conseils

municipaux refusent de voter les fonds que **réclament**
les dépenses de cette nature, avant de recourir aux mesures énoncées dans l'article 39 de la loi du 18 juillet 1837,
il importe de constater la nécessité des travaux par une
enquête et de provoquer l'avis de l'évêque diocésain par
application de l'article 77 de la loi du 18 germinal an x,
ainsi conçu : « dans les paroisses où il n'y aura point
d'édifice disponible pour le culte, l'évêque se concertera
avec le préfet pour la désignation d'un édifice convenable (Décision min.). »

Il résulte, sinon des termes du moins de l'esprit général de la législation et notamment des dispositions combinées du décret du 30 décembre 1809, et de la loi du
18 juillet 1837, que l'agrandissement d'une église, et,
par suite, la construction d'une sacristie sur un terrain
y attenant constitue une dépense communale obligatoire
au même titre que les travaux de construction ou de
reconstruction de l'édifice, quand la fabrique se trouve
dans l'impossibilité de faire exécuter cet agrandissement
avec ses ressources (Décision min. int. 1859 et 1863).

V. — Reconstruction des églises et presbytères.

Tant qu'une église ancienne peut être réparée, son
ancienneté, à défaut d'autre motif, doit décider la commune à la conserver. Si elle est devenue absolument insuffisante pour la population, il faut étudier les moyens
de l'améliorer, en préserver les parties essentielles, et
ne les sacrifier que dans le cas de nécessité absolue,
lorsque les travaux d'agrandissement ou de réparation
ont été reconnus impossibles.

Afin que les demandes des communes puissent être
appréciées à ce point de vue, il est nécessaire que les
projets de constructions nouvelles soient accompagnés

d'un dessin et d'un rapport faisant connaître exactement l'état de l'église ancienne à laquelle il doit être interdit de toucher sans l'autorisation du préfet, en cas d'urgence et hors ce cas, sans l'approbation du ministre des cultes.

Il importe à un haut degré que les communes n'entreprennent la reconstruction de leurs églises qu'avec mesure et économie, sur un devis sérieusement étudié (Instruction min. des cultes).

Il est admis par la jurisprudence que la reconstruction des églises peut être imposée d'office aux communes lorsque les ressources des fabriques sont insuffisantes. Ce pouvoir implique le droit de faire reconstruire lesdits édifices sur un autre emplacement, et, si cet emplacement n'appartient pas aux communes, d'en ordonner d'office l'acquisition.

Toutefois, ces mesures coercitives étant tout à fait exceptionnelles, on ne doit y recourir qu'en cas de nécessité absolue, et, si la restauration de l'église était possible, c'est à ce dernier parti qu'il faudrait s'arrêter (Décision min. int., 1861).

Les règles relatives aux constructions, reconstructions ou réparations d'églises, sont entièrement applicables aux presbytères.

Les communes déjà pourvues d'un presbytère peuvent, lorsqu'il y a insuffisance des revenus de la fabrique, être obligées, en vertu des dispositions combinées du décret du 30 décembre 1809 et de la loi du 18 juillet 1837, d'exécuter les *grosses réparations* qu'exige ce bâtiment. Mais il n'en est pas de même lorsqu'il s'agit d'une *reconstruction totale ou partielle;* dans ce dernier cas, la commune reprend le droit d'option qu'elle tient de l'article 30 de ladite loi et reste libre de décider s'il n'est pas plus conforme à ses intérêts de payer au desservant une simple indemnité pécuniaire que de lui four-

nir un logement en nature (Décision min. int. 1857.)
Mais s'il est réellement impossible de se procurer une
habitation convenable, par voie de location, dans la circonscription paroissiale, on est amené à conclure du
texte et de l'esprit des dispositions de l'article 30 de la
loi du 18 juillet 1837, combinées avec celles du décret
du 30 décembre 1809, que les dépenses *d'acquisition*,
de *construction* ou de *reconstruction* du presbytère est
obligatoire pour la commune ou les communes composant la paroisse. D'où il suit que, en cas d'insuffisance
des revenus de la fabrique, les communes réunies doivent participer à la dépense dans la proportion fixée par
l'article 4 de la loi du 14 février 1810 (Décision min. int.
1859).

Toutefois, si l'une des deux communes réunies devait être prochainement distraite de la paroisse dont elle
dépend, soit pour former une succursale ou obtenir l'é-
rection d'une église ou chapelle indépendante, soit pour
être réunie à une autre circonscription religieuse, il serait équitable de ne lui faire payer annuellement, tant
qu'elle ne serait pas séparée pour le culte, qu'une part
proportionnelle de la valeur locative de la maison pres-
bytérale. On éviterait ainsi de faire payer à la commuue
annexe une charge qui ne serait pas en rapport avec son
intérêt, et l'on préviendrait les difficultés qui pourraient
s'élever à ce sujet lorsque le presbytère ne serait plus
utile qu'au chef-lieu actuel de la paroisse (Décision du
min. int. 28 février 1859).

La loi du 3 mai 1841 sur l'expropriation n'a point
limité ni précisé les cas où elle est applicable. Elle a
laissé à l'administration supérieure la faculté d'apprécier
les circonstances déterminantes de l'utilité publique.
Or, bien que les communes soient libres de loger le
desservant dans un bâtiment communal, ou de lui al-

louer une indemnité pécuniaire, on n'a jamais fait difficulté de les admettre à recourir à l'expropriation pour se procurer une maison qui, en raison de sa destination, présente réellement un caractère d'utilité publique (Décision min. int. 1857).

D'après la législation et la juriprudence, les communes annexées pour le culte à une autre commune ne peuvent être contraintes à participer, pour le capital, aux frais d'acquisition, de construction ou d'appropriation d'une maison pour le logement du desservant au chef-lieu de la paroisse, mais on peut exiger d'elles, s'il y a insuffisance de ressources de la fabrique, le payement d'une part proportionnelle de la valeur locative de cette maison. Ce serait seulement dans le cas où le presbytère appartiendrait à la commune du chef-lieu paroissial, en vertu de la concession générale faite par la loi du 18 germinal an X, ou par suite d'une disposition entre vifs ou testamentaire qu'il ne serait pas équitable d'imposer une dépense de cette nature aux communes annexes (Décision min. int. 1857).

Lorsqu'il s'agit de travaux de réparation ou de restauration à un presbytère et qu'il est nécessaire pour faire face à la dépense, de recourir à une imposition d'office, l'architecte doit se limiter aux travaux strictement nécessaires pour rendre habitable le presbytère, seule obligation que la loi impose aux communes. Le projet doit d'ailleurs être dressé suivant les prescriptions de l'article 95 du décret du 30 décembre 1809, c'est-à-dire en présence de l'un des membres du conseil municipal et de l'un des marguilliers. Il convient, en outre, de joindre au dossier l'avis de l'évêque diocésain et toutes les autres pièces exigées, en matière d'impositions, par la circulaire du 28 juillet 1853. Enfin, pour justifier du manque de ressources de la fabrique, il est nécessaire de produire non-seulement le budget, mais encore les comptes de cet établissement, conformément à l'article 93 du décret de 1809, combiné avec l'article 30 n° 14 de la loi du 18 juillet 1837 (Décision min. int. 1857).

Lorsque les travaux ont déjà été exécutés, et qu'il s'agit d'imposer une commune d'office pour acquitter les dépenses, le préfet doit remplir, conformément à l'article 109 du décret du 30 décembre 1809 les formalités spécialement prescrites en pareil cas par l'article 95 du même décret. Il doit désigner un homme de l'art qui devra, en présence d'un membre du conseil municipal et d'un membre du conseil de fabrique, réviser le devis des ouvrages exécutés et examiner notamment, avec le plus grand soin, si ce devis a été limité aux réparations *indispensables*. Il importe de produire, d'ailleurs, toutes les pièces indiquées ci-dessus (Décision min. int. 1859).

On ne pourrait pas établir d'office sur une commune une imposition destinée au payement de travaux de reconstruction d'un presbytère et que le conseil municipal refuse de voter par le motif que les travaux dont il s'agit ont été effectués sur l'ordre seul du desservant en dehors des prévisions du devis régulièrement approuvé.

En effet, la dépense en question ayant été faite sans la participation de l'administration municipale ne constitue pas pour celle-ci une dette liquide et exigible dans le sens du § 21 de l'article 30 de la loi du 18 juillet 1827. Ce n'est qu'en vertu d'une décision judiciaire du conseil de préfecture, et, en cas de recours, du conseil d'État au contentieux, qu'elle aurait ce caractère et justifierait par suite l'application des mesures coercitives édictées par l'article 39 de la même loi (Décision min. int. 1858).

D'après la nouvelle jurisprudence du conseil d'État,

les sections de communes ne peuvent s'imposer extraordinairement pour acquérir, construire, reconstruire ou réparer des presbytères. Les dépenses de cette nature doivent être acquittées, en cas d'imposition, par l'ensemble de la commune dont dépend la circonscription paroissiale à laquelle le presbytère est affecté et non pas seulement par les contribuables de la section intéressée. Toutefois, si un conseil municipal refusait d'imposer à toute la commune les frais d'établissement d'un presbytère, rien n'empêcherait les habitants de la paroisse d'y pourvoir aux moyens de souscriptions volontaires (Décision min. int. 1859).

Lorsque deux communes sont réunies pour le culte, la répartition des dépenses faites au presbytère doit avoir lieu proportionnellement aux contributions foncière et mobilière payées dans chaque commune, conformément à l'article 4 de la loi du 14 février 1810 (Ecole des communes, 1862, p. 77).

Les contestations qui s'élèvent entre un architecte et une commune au sujet de la responsabilité qui pèserait sur cet architecte, aux termes de l'article 1792 du Code Napoléon par suite des dégradations survenues à un presbytère construit sous sa direction, doivent être jugées par le conseil de préfecture, conformément à l'article 4 de la loi du 28 pluviôse an VIII.

La construction d'un presbytère aux frais d'une commune a le caractère de travail public, et les difficultés qui s'élèvent entre la commune et l'architecte rentrent, dans les contestations relatives au sens et à l'exécution des marchés de travaux publics (Décret sur conflit du 15 avril 1857).

VI. — Constructions et reconstructions des chapelles de secours.

Les chapelles de secours ne se distinguent, sous aucun rapport, des églises paroissiales ou succursales dont elles dépendent et dont elles forment une sorte de démembrement, puisqu'elles sont administrées par la même fabrique, desservies par le même clergé, et qu'enfin, elles n'ont pas de circonscription particulière. Il suit de là que les règles établies par le décret du 30 décembre 1809 à l'égard des frais de réparation, de reconstruction ou d'agrandissement des églises paroissiales ou succursales sont également applicables aux chapelles de secours, et que les travaux intéressant ces dernières constituent pour les communes une dépense obligatoire lorsque les fabriques se trouvent dans l'impossibilité d'y pourvoir (Décision min. int., 1859).

VII. — Direction des travaux de construction des édifices du culte.

D'après la jurisprudence établie entre les deux ministères de l'intérieur et des cultes, la direction des travaux de *construction* et de *grosses réparations* des édifices religieux doit être confiée à la fabrique, lorsque celle-ci est en état de supporter la totalité ou la plus forte partie de la dépense ; elle appartient, au contraire, à l'administration municipale, quand c'est la commune qui prend à sa charge la totalité ou la majeure partie des travaux.

En ce qui concerne les travaux d'*entretien*, d'*appropriation intérieure* et d'*embellissement*, il est admis que la direction des travaux appartient aux fabriques, conformément à l'article 76 de la loi organique du 18 germinal an x, et aux articles 1er, 37, 41 et 46 du décret du 30 décembre 1809.

Le choix de l'architecte est une conséquence naturelle du droit de direction. L'autorité municipale ou ecclésiastique, selon les cas, l'exerce à titre de maître de l'œuvre.

L'intervention des curés et desservants comme entrepreneurs de constructions relatives aux édifices du culte est inadmissible, vu l'impossibilité d'exercer avec convenance un recours contre eux s'il y a malfaçon.

VIII. — Travaux d'entretien ou d'embellissement des églises ou presbytères.

Il est admis en principe que les simples travaux d'entretien, d'appropriation ou d'embellissement que les fabriques font exécuter avec leurs propres ressources peuvent être faits avec la seule autorisation de l'évêque, en vertu des dispositions combinées de la loi du 18 germinal an x, et du décret du 30 décembre 1809 ; au contraire, s'il s'agit de travaux plus importants pouvant modifier la disposition primitive des édifices, la fabrique, à moins qu'elle ne soit propriétaire, ne saurait se passer de l'assentiment du conseil municipal, alors même qu'elle subviendrait à la totalité des dépenses (Décret min. int. de 1856).

IX. — Aliénations d'églises ou de chapelles.

Une commune qui possède une ancienne chapelle pourrait-elle, dans le but de se procurer des ressources, aliéner cet édifice, bien qu'il soit classé au nombre des monuments historiques ?

Le classement de cette nature ayant pour objet ex-

clusif de désigner les monuments à l'entretien ou la conservation desquels l'État a l'intention de concourir par
des subventions, on ne saurait le considérer comme dé-
pouillant les communes de la propriété de leurs édifices
classés. Elles ont donc toujours, en principe, la faculté
de les aliéner. Mais l'intérêt des arts ou des études archéologiques et les sacrifices faits par l'État pour prévenir la
destruction de ces édifices, exigent que l'aliénation n'en
soit autorisée que dans des circonstances exceptionnelles, et avec l'assentiment de l'administration centrale
(Décret min. int. et min. d'État de 1855).

CHAPITRE IV.

SECOURS POUR RÉPARATIONS, CONSTRUCTIONS OU ACQUI-SITIONS D'ÉGLISES ET DE PRESBYTÈRES.

Aux termes de l'article 1er du décret du 30 décembre
1809 sur les fabriques, dans le cas où il est reconnu
que les habitants d'une paroisse sont dans l'impuissance
de fournir aux réparations des églises et presbytères,
même par levées extraordinaires, on se pourvoit devant
les ministres de l'intérieur et des cultes, sur le rapport
desquels il est fourni à cette paroisse tel secours qui est
par eux déterminé, et qui est pris sur le fonds commun
établi par la loi du 15 septembre 1807, relative au budget de l'État.

Le crédit général ouvert chaque année au ministre des
cultes est défini par la loi des finances ; il est destiné aux
communes et ne constitue qu'un fonds de secours ; de là
deux conséquences absolues :

1° Il faut que la circonscription en faveur de laquelle
le concours de l'État est réclamé soit constituée à titre
de *cure,* de *succursale* ou de *chapelle,* selon le vœu du

décret du 30 septembre 1807, que son église soit régie en ce qui touche les intérêts temporels, par un conseil de fabrique, et qu'elle ait des ressources propres et spéciales, après l'épuisement desquelles elle ait le droit de recourir, au besoin, à l'administration municipale. Ainsi donc, nulle demande pour une église qui ne se trouverait pas dans ces conditions n'est, sous aucun prétexte, admissible.

Les circonscriptions nouvellement érigées sous un titre légal ne sont point elles-mêmes admises à participer aux subventions de l'État dans le cours des premières années qui suivent la date du décret d'érection, hors le cas d'événements extraordinaires et de force majeure. La raison en est que la faveur dont elles ont été l'objet ne leur a été faite que parce qu'elles ont justifié de l'existence, dans leur chef-lieu, d'abord d'une église convenable, et puis d'un presbytère en bon état, ou que tout au moins elles ont pris l'engagement de loger le desservant qui leur a été donné, ou de lui fournir une indemnité convenable (Circulaire min. du 30 août 1838 et 6 août 1861).

Le secours n'est dû qu'aux paroisses et communes qui sont à bout de ressources et de sacrifices. Quelle que soit la dépense, si les ressources locales peuvent y suffire, il n'y a pas lieu, il ne saurait y avoir droit au secours. Le secours est d'autant plus largement obtenu que les sacrifices qu'on a faits sont plus considérables. Il faut que ces sacrifices et l'épuisement des ressources, qui ne permettent pas d'en faire de plus grands, soient justifiés par les engagements des fabriques et des communes (ou des particuliers) et par leurs budgets (Circulaire min. des cultes du 15 novembre 1850).

Le secours n'est accordé que pour les constructions ou grosses réparations, jamais pour des dépenses d'entretien, d'embellissement, de décoration intérieure ou pour achat de meubles et ornements, de quelque nature qu'ils soient (Circulaire min. du 6 août 1841 et 15 novembre 1850).

Les communes rurales ont plus particulièrement droit au secours. Les villes ou les communes de grande population ne peuvent concourir qu'exceptionnellement dans la répartition des crédits mis à la disposition du ministre (Circulaire min. du 15 novembre 1850 et 12 août 1859).

Le ministre n'admet aucune proposition d'allocation pour des travaux achevés ou même en cours d'exécution. La plupart du temps, en effet, elles concernent des communes qui ont entrepris des constructions en dehors de toutes les règles, afin de se soustraire au contrôle de l'administration supérieure, et se sont ainsi lancées imprudemment dans des entreprises mal conçues, mal dirigées, et que les besoins justifient rarement.

La proportion du secours est ordinairement du quart ou du tiers de la dépense totale. Cette proportion tend à baisser lorsque la dépense s'élève, et réciproquement elle peut dépasser même le tiers dans certains cas très-exceptionnels, lorsque la dépense n'est pas considérable, qu'il s'agit de travaux de première nécessité, et que la commune est dépourvue de ressources. En général, les plus petits secours sont le plus largement et le plus promptement accordés, parce qu'ils atteignent le plus grand nombre de communes et les plus pauvres.

Dans tous les cas le secours n'est accordé que lorsqu'on justifie qu'on a déjà les autres ressources qui doivent aussi suffire à toute la dépense (Circulaire min. du 15 novembre 1850).

Il importe à un haut degré que les communes n'entreprennent la reconstruction de leurs églises qu'avec mesure et économie, sur un devis sérieusement étudié. Lorsqu'elles sollicitent le concours de l'État, ce ne peut être qu'en raison de l'insuffisance de leurs ressources comparées à leurs besoins. La limite de ces besoins ne doit donc pas être dépassée dans les projets. Le ministre des cultes a fait dresser, par le comité des inspecteurs généraux, un tableau du *maximum* de la dépense nécessaire pour construire des églises d'une importance graduée sur le chiffre de la population. Voici ce tableau, sur lequel les demandes de secours doivent se régler :

Population de la paroisse.	Maximum de la dépense admise par l'administration au delà duquel les communes ne peuvent réclamer de secours.
De 500 âmes et au-dessous...	20,000 francs.
De 500 à 1,000 âmes...	35,000
De 1,000 à 2,000...	60,000
De 2,000 à 3,000...	90,000
De 3,000 à 4,000...	120,000
De 4,000 à 5,000...	150,000
De 5,000 à 6,000...	190,000
De 6,000 à 7,000...	230,000
De 7,000 à 8,000...	280,000
De 8,000 à 9,000...	330,000
De 9,000 à 10,000...	400,000

Les communes qui renferment dans ces limites les travaux qu'elles projettent sont dans les conditions voulues pour participer aux secours du gouvernement, s'il est bien établi, d'ailleurs, que les ressources locales sont insuffisantes. Celles, au contraire, qui auront adopté des projets plus dispendieux seront, sans doute, libres d'y donner suite et d'en poursuivre l'exécution, s'il y a lieu, mais, si leurs revenus sont insuffisants, elles n'auront pas à espérer que le gouvernement contribue à la dépense, parce qu'elles pourront facilement, en réduisant leurs projets, les mettre à la portée de leurs moyens propres (Circulaire min. des cultes du 1er août 1853).

Les demandes de secours doivent, à moins de cas exceptionnels, parvenir au ministère des cultes **avant le** 15 octobre (Circulaire min. du 12 août 1859).

Les formalités de l'instruction à laquelle doit être soumise toute demande de secours sont les suivantes : Un homme de l'art doit être appelé d'abord à rédiger un projet régulier, faisant ressortir la nécessité des travaux à entreprendre ; toutes les fois qu'il s'agit de constructions ou réparations, il faut qu'il en dresse le devis exact et que le but soit approuvé par l'autorité compétente, conformément aux dispositions de l'article 45 de la loi du 18 juillet 1837. Lorsqu'il s'agit de constructions ou de réparations importantes, l'architecte chargé de la rédaction du projet doit fournir un rapport ou des dessins propres à faire connaître l'état de l'édifice à remplacer ou à restaurer.

A l'égard des menus travaux qui ne changent pas l'état du lieu et ne sont pas de nature à en compromettre la solidité, il est inutile de faire dresser des plans ; il suffit d'un devis très-exact des travaux à faire (Circulaire min. du 15 novembre 1850).

Une fois les plans et devis approuvés, il ne doit y être fait aucune espèce de changement pendant l'exécution des travaux.

Le devis des travaux étant dressé, quand il y a lieu, le conseil de fabrique doit délibérer et faire connaître jusqu'à concurrence de quelle quotité il lui sera possible de contribuer à la dépense, soit qu'il s'agisse de constructions ou de réparations à faire, soit qu'il s'agisse d'une acquisition reconnue nécessaire, sur sa provocation ou sur celle de la commune. S'il est réduit à l'impossibilité d'y pourvoir en totalité ou seulement en partie, il aura à s'adresser au conseil municipal, et à lui produire les justifications en pareil cas requises ; ce conseil énoncera son opinion sur la nécessité, l'urgence ou seulement l'opportunité de la dépense proposée ; il dira dans quelles limites aussi il est possible à la commune d'y contribuer et délibérera sur la nécessité d'un recours au gouvernement pour en obtenir une subvention.

Ces préliminaires remplis, les délibérations de la fabrique et de la commune sont adressées au préfet avec le budget de la fabrique, revêtues de l'approbation de l'évêque diocésain (Décret du 30 décembre 1809, art.49); celui de la commune, réglé suivant l'article 33 de la loi du 18 juillet 1817, et en outre un certificat du percepteur ou du receveur municipal annonçant le chiffre des impositions extraordinaires qu'elle supporte et le nombre d'années durant lesquelles elle en sera grevée.

A la réception des pièces, le préfet se concerte avec l'évêque pour mettre ce prélat à même de donner son avis sur chaque demande de secours et de faire toutes les observations dont il les jugera susceptibles.

Le préfet adresse le dossier complet avec l'avis de l'évêque et celui de l'architecte diocésain au ministre des cultes. Dans ce dossier doivent se trouver les plans, coupes, détails graphiques et devis nécessaires du projet de construction ou de réparations pour le bien faire connaître et mettre la commission des arts et édifices religieux à même de se prononcer dès qu'il lui sera soumis (Circulaire min. du 15 novembre 1850).

Les dossiers qui comprennent à la fois une demande de secours et le vote d'un impôt extraordinaire, doivent être adressés directement au ministre des cultes, qui les transmet ensuite au ministre de l'intérieur avec avis de la décision sur le secours (Circulaire du 1er octobre 1835).

Lorsque la subvention est accordée, elle est versée dans la caisse municipale, lors même que la fabrique pourvoit seule, avec le secours de l'État, au montant de la dépense.

Elle n'est du reste définitivement payée qu'autant que l'architecte diocésain ou, à son défaut, son inspecteur, ont pu constater si les conditions auxquelles le secours a été accordé ont été fidèlement observées. Leur attestation est jointe aux pièces justificatives de la dépense (Circulaire min. du 15 novembre 1850).

CHAPITRE V.

CONSTRUCTION D'UNE ÉGLISE AU MOYEN DE SOUSCRIPTIONS.

Les souscriptions recueillies par un desservant pour la reconstruction de l'église communale, sont considérées comme reçues au nom et dans l'intérêt de la commune, lorsqu'il résulte de l'instruction qu'elles ont été sollicitées pour suppléer à l'insuffisance des ressources que la commune s'était créées dans le même but.

Le prêtre qui a recueilli ces souscriptions et qui en a employé les fonds dans ces circonstances est comptable de deniers communaux et justiciable, à ce titre, du conseil de préfecture, aux termes des articles 64 et 66 de la loi du 18 juillet 1837, lorsque les revenus de la commune n'excèdent pas 30,000 fr.

L'application des règles sur la comptabilité communale ne peut être subordonnée à la déclaration faite par les souscripteurs qu'ils ont entendu laisser le prêtre, auquel ils ont remis leurs offrandes libre d'en disposer à son gré, sans avoir à rendre compte. Dès lors, l'intervention desdits souscripteurs est non recevable et mal fondée.

L'autorité chargée de statuer sur la question de savoir si une personne autre que le receveur municipal doit être considérée comme comptable de deniers communaux et de statuer sur ces comptes, est également compétente pour reconnaître préalablement si, en recueillant des souscriptions, cette personne a agi au nom ou dans l'intérêt de la commune et si, par là, elle s'est ingérée dans le maniement des deniers communaux (Arrêts du conseil d'État du 12 août 1848 et 1857 ; tribunal des conflits du 27 février 1851).

On ne voit aucun motif, et l'on pourrait ajouter aucun moyen de contraindre des habitants qui se sont obligés à verser leurs souscriptions entre les mains du trésorier de la fabrique à opérer ce versement dans la caisse municipale. La restauration d'une église est une œuvre qui intéresse à un égal degré la fabrique et la commune ; c'est même à la première qu'incombe principalement cette dépense d'après les lois sur la matière, et il est admis par la jurisprudence qu'elle a le droit de diriger les travaux de cette nature quand elle fournit la totalité ou la plus grande partie des ressources nécessaires.

Les fonds recueillis en vue d'une semblable entreprise n'ont donc qu'un caractère exclusivement communal, et rien ne s'oppose à ce qu'ils soient encaissés conformément au vœu des souscripteurs par le trésorier de l'établissement religieux.

D'après la jurisprudence, des souscriptions volontaires au profit d'une commune pour l'aider dans l'exécution de travaux ne sont pas des contrats synallagmatiques, ni des donations, mais de simples contrats unilatéraux et commutatifs auxquels ne sont pas applicables les articles 932 et 937 du Code Napoléon. Quant au recouvrement de ces souscriptions, il peut être effectué régulièrement sur des états, dressés par le maire et rendus exécutoires après qu'ils ont été visés par le sous-préfet de l'arrondissement, conformément à l'article 63 de la loi du 18 juillet 1837 (Décision min. 1858).

CHAPITRE VI.

LOGEMENT DES CURÉS ET DESSERVANTS.

I. — Des presbytères.

Les communes sont tenues de fournir au curé ou desservant un presbytère, ou, à défaut de presbytère, un logement, ou, à défaut de presbytère et de logement, une indemnité pécuniaire (Décret du 30 décembre 1809 art. 92).

Des motifs de convenance doivent engager les communes à chercher les moyens d'acquérir un presbytère qui présente au curé une habitation plus décente et moins susceptible de changement qu'un logement loué (Avis du Comité de l'intérieur du 10 juin 1835).

Le curé a, en ce qui concerne son presbytère, les mêmes obligations que le locataire. Ses principales obligations sont :

1° D'user du presbytère comme un bon père de famille userait de sa maison propre et d'apporter le même soin à sa conservation. Il doit faire ramoner les cheminées. Il ne peut, sans le consentement exprès de la commune, faire des changements ou augmentations pour lesquels il faudrait percer des murs, des planches, abattre des refends, démolir des cheminées, changer des escaliers, couper des poutres ou baliveaux, faire des constructions nouvelles sur celles existantes. Il ne pourrait non plus changer les distributions d'un jardin, détruire les allées sablées, abattre les berceaux ou arracher les arbres et arbustes sans le consentement du Conseil communal, et il doit avoir soin de demander ce consentement par écrit pour éviter plus tard des difficultés. — Si un curé a fait faire un état des lieux, il peut faire tel changement de distribution qui lui convient et qui n'exige pas de démolitions importantes, parce qu'alors il suffira qu'il rende les lieux tels qu'il les a reçus.

Les autres obligations principales d'un locataire et qui regardent de même un curé, sont : de veiller à ce qu'il ne se fasse aucune usurpation sur le presbytère et biens y attenant ; — de répondre des torts et préjudices occasionnés par lui ou par les personnes de sa maison ; — de souffrir les réparations urgentes à faire au presbytère ; — de faire les réparations locatives, et le droit les définit ainsi : — les réparations locatives ou de menu entretien dont le locataire est tenu, s'il n'y a clause contraire, sont celles désignées comme telles par l'usage des lieux, et, entre autres, les réparations à faire aux âtres, contre-cœurs, chambranles et tablettes des cheminées ou récrépiment du bas des murailles d'appartements et autres lieux d'habitation, à la hauteur d'un mètre ; aux carreaux des chambres, lorsqu'il y en a seulement quelques-uns de cassés, aux parquets, lorsqu'il y a quelques feuilles endommagées par la faute des personnes de la maison ; aux vitres, à moins qu'elles ne soient cassées par la grêle ou autres accidents extraordinaires et de force majeure ; aux portes, croisées, planches de cloison, gonds, targettes et serrures.

Sont mis par l'usage au rang des réparations locatives : le nettoyage des vitres ; le ramonage des cheminées ; le raccommodage des jalousies, des ressorts, mouvements, fils de fer et cordons de sonnettes ; le dégorgement de tuyaux de descente en plomb et en grès ; les réparations aux râteliers et séparations dans les écuries ; le remplacement des vases et des pots à l'usage des jardins, des bancs, chaises, treillages, arbres et arbustes ; l'entretien des bassins et jets d'eau ; enfin, les réparations de tout ce que la négligence ou le mauvais usage du locataire ou des personnes de sa maison a laissé casser ou se détériorer. (Pothier.)

Si un locataire a fait percer, dans une porte ou une cloison, un trou de chatière, il est tenu de faire remettre la planche entière où le trou a été pratiqué. Il en est de même lorsque l'on fait poser une serrure à une porte dans une autre place que celle où elle était ; le locataire n'eût-il fait que le trou nécessaire pour le passage d'une clef, le propriétaire peut exiger qu'on remplace, par une planche neuve, celle où s'est opéré ce changement, et qu'elle soit peinte de la même couleur que le reste de la porte. (Desgodets.)

Les dessus de porte ou autres tableaux, ainsi que leurs bordures, sont à la charge du locataire, lorsqu'ils ont été gâtés pendant la jouissance; on peut dire la même chose des objets de sculpture et des autres ornements, s'ils ont été cassés ou détériorés autrement que par vétusté ou force majeure. (*Id.*)

Les poulies des puits et les mains de fer, les poulies des greniers et les chapes des poulies sont à la charge du locataire. (*Id.*)

Aucune des réparation sréputées locatives n'est à la charge des locataires quand elles ne sont occasionnées que par vétusté ou force majeure (Code Napoléon, art. 1755).

Le locataire n'est pas ordinairement obligé de faire les réparations locatives avant de sortir des lieux, néanmoins, s'il y avait, dans le cours du bail, des dégradations causées par lui ou les personnes de sa maison qui pussent porter préjudice à la propriété par le défaut actuel de réparation, comme des carreaux, des volets cassés, par lesquels les eaux de pluie pourraient entrer et dégrader les planchers, et des trous aux cheminées, par lesquels le feu pourrait se communiquer aux boiseries ou armoires ; des tuyaux engorgés, par où les eaux ne pourraient point s'écouler, ou ceux des lieux d'aisance qui en empêcheraient l'usage, et autres dégradations, le propriétaire aurait le droit d'exiger qu'elles fussent réparées de suite, sans attendre la sortie du locataire.

Lors de la prise de possession d'un presbytère, il doit être dressé, aux frais de la commune et à la diligence du trésorier de la fabrique ou du maire, un état du presbytère et de ses dépendances, et le curé ou desservant sortant, ou ses héritiers ou ayants cause, sont tenus aux réparations locatives et aux dégradations survenues par sa faute (Décret du 30 décembre 1809, art 44).

L'exemption de la contribution foncière, introduite par l'art. 105 de la loi du 3 frimaire an VII, en faveur des bâtiments affectés à un service public, doit s'appliquer aux presbytères (Ordonnances rendues en matière contentieuse, des 29 avril 1836 et 26 novembre 1840).

Quand à la contribution des portes et fenêtres, elle est à la charge du curé ou desservant, à l'habitation personnelle duquel le presbytère est consacré (Loi du 21 avril 1832, art. 27).

II. — Logement et indemnité de logement aux curés et desservants.

Dans les communes où il n'existe pas de presbytère, il doit être fourni, au curé ou desservant, une maison et un jardin ; à défaut, il lui est alloué une indemnité de logement (Loi du 18 germinal an X, art. 72, et décret du 30 décembre 1809, art. 92).

Les communes ne sont tenues de fournir un logement en nature ou une indemnité de logement aux curés et desservants que subsidiairement et seulement lorsque les fabriques justifient de l'insuffisance de leurs revenus

(Avis du Conseil d'État. 21 avril 1839). — C'est à l'autorité administrative seule qu'il appartient de prononcer sur les contestations qui peuvent s'élever à ce sujet entre les curés et desservants, les fabriques et les communes (Arrêt du Conseil d'Etat, 21 avril 1842 et 14 mai 1858).

Dans le cas où la commune doit payer l'indemnité de logement, à défaut de revenus suffisants de la fabrique, et où le Conseil municipal refuse d'allouer les fonds nécessaires pour cette dépense, le recours du curé ou desservant ne peut être exercé que devant l'autorité administrative, dans les formes qui ont été réglées par l'art. 19 de la loi du 18 juillet 1837.

Il n'est pas dû d'indemnité aux curés et desservants pour la jouissance d'un jardin quand il ne peut leur en être fourni un en nature. — En imposant aux communes l'obligation de procurer un jardin à leurs desservants, et en déterminant l'étendue de ce jardin, on s'écarterait doublement de l'esprit et des termes de, l'art. 72 de la loi du 18 germinal an x. Cet article, en effet, disposait seulement que les anciens presbytères non encore aliénés seraient rendus aux curés et desservants avec les jardins attenants. Mais, quant aux communes où il n'existait pas de presbytère, la loi se bornait à leur accorder l'autorisation de fournir à leurs desservants un logement et un jardin. Cette disposition a été complétée, au surplus, par le décret du 11 prairial an xii et par celui du 30 décembre 1809 (Décision min. int. 1859).

D'où il résulte clairement que, si les communes sont tenues de procurer un logement à leurs desservants, elles ne le sont pas d'y joindre un jardin.

Tel est le droit strict ; mais, dans la pratique, l'administration encourage toujours les communes qui ont des ressources à faire la dépense dont il s'agit. C'est un moyen d'adoucir, autant que possible, la condition si digne d'intérêt du clergé des campagnes (Instruct. min. int., 1858).

Lorsqu'une ville est divisée en plusieurs paroisses, il est indispensable que chacun des curés ou desservants ait son habitation dans les limites de celle dont il est titulaire.

Aux termes de l'art. 29 de la loi du 18 germinal an **x**, les curés sont tenus de résider dans leurs paroisses ; ils ne peuvent, d'ailleurs, s'absenter du lieu de leur résidence obligée sans en avoir obtenu l'autorisation. Il suit de là que l'art. 92 du décret du 30 décembre 1809 et l'art. 30 de la loi du 18 juillet 1837, en voulant leur assurer un presbytère, ou, à défaut, un logement, ont entendu évidemment que ce presbytère ou ce logement serait situé dans la circonscription paroissiale. — Du reste, le ministre des cultes, consulté par son collègue de l'intérieur, au sujet de la question, a interprété dans le même sens les dispositions des lois précitées, lesquelles lui paraissent devoir être appliquées indistinctement à toutes les communes, soit qu'elles ne forment qu'une seule paroisse, soit qu'elles en contiennent plusieurs, parce que, dans les deux cas, les devoirs et les attributions des curés sont les mêmes (Décision min. int., 1859).

Le desservant ne peut louer à son profit une partie des dépendances du presbytère ni le céder à un tiers.

La jouissance des presbytères, accordée aux desservants pendant le temps seulement qu'ils exercent leur ministère dans la succursale, est d'une nature toute particulière. On ne peut l'assimiler entièrement à celle du locataire, puisque le desservant ne paye pas de loyer, bien qu'il soit tenu des réparations locatives et des dégradations survenues par sa faute (Décret du 30 déc.

1809, art. 44; 6 nov. 1813, art. 21). Cette jouissance n'est pas non plus celle de l'usufruitier, car le desservant n'a pas sur le presbytère des droits aussi étendus que ceux de l'usufruitier; il n'est pas, d'ailleurs, astreint à supporter les charges déterminées par les articles 605, 608 et 609 du Code Napoléon.

Suivant la jurisprudence constante de l'administration, les desservants n'ont que l'usage personnel des presbytères, ils ne peuvent ni les louer en tout ou en partie, ni les céder à un tiers, lors même qu'ils sont propriétaires dans la commune d'une maison qu'ils préfèrent par des motifs de convenance. Enfin, ils ne peuvent en tirer aucun lucre quelconque.

Sans doute, dans la pratique, on a reconnu que les curés et desservants pouvaient loger dans leur presbytère les gens attachés à leur service ou les membres de leur famille qui vivent habituellement avec eux. Dans ce cas, les parents et les domestiques, dont les soins leur sont nécessaires, font partie de leur maison et forment leur suite. Mais en partageant, sous la dépendance de ces ecclésiastiques, l'habitation curiale, ils ne changent point, par le fait de leur admission, la jouissance toute personnelle des presbytères (Décision min. int. 1857).

III. — Binage.

On désigne sous le nom de binage le double service qu'un desservant, curé ou vicaire de curé, à ce autorisé par l'évêque, fait, et dans la paroisse à laquelle il est attaché, et dans une autre cure ou succursale actuellement *vacante*.

Le mot *vacante* s'entend ici des seules succursales absolument dépourvues de titulaires recevant un traitement. L'absence prolongée du titulaire d'une paroisse peut bien donner lieu à ce que le binage y soit autorisé et exercé pour le bien des fidèles, mais elle ne donne pas lieu au paiement de l'indemnité, puisque effectivement la paroisse n'est pas vacante (Circulaire min., 12 avril 1823).

Il est un cas où le binage peut avoir lieu, bien que la paroisse ne soit pas vacante, c'est celui où un vicaire a été demandé par un desservant âgé ou infirme, conformément au droit qui lui est accordé par l'article 5, du décret du 17 novembre 1811, et autorisé dans les formes réglées par le décret du 30 décembre 1809. Si l'évêque ne peut, par défaut de prêtres, lui donner un vicaire, il peut, en pareil cas, y autoriser le binage (Circulaire, juin 1814).

Une indemnité, fixée jusqu'à ce jour à 200 francs par an, est accordée sur les fonds de l'État, au prêtre qui fait ce double service (Ordonnance, 6 novembre 1814; décis. roy., 28 mars 1820; circ. min., 2 août 1833).

Cette indemnité n'est acquise qu'autant que les desservants, curés ou vicaires de curés ont réellement desservi la paroisse, légalement *érigée en succursale*, en y disant la messe le dimanche ou tout autre jour de la semaine, suivant que l'évêque diocésain l'a ordonné, en y allant faire des instructions, en visitant les malades et en y administrant les sacrements (Instruction, 2 juin 1827 et 2 août 1833).

Les vicaires des desservants sont exclus des droits à l'indemnité, et si quelqu'un d'entre eux est appelé à faire ce service, il est censé ne le faire que pour le desservant lui-même, qui seul peut être porté sur l'état (Circulaire min., 2 août 1833).

Le prêtre d'une paroisse voisine qui desservirait une chapelle vicariale n'aurait pas droit à l'indemnité de binage, cette indemnité ne pouvant être accordée sur le budget des cultes qu'aux desservants, aux curés et vicaires de curés chargés d'un double service dans les succursales vacantes. Il a été constamment décidé par l'administration des cultes qu'elle ne doit pas être allouée pour le binage dans les chapelles vicariales ; dès lors le service de ces chapelles, qui n'ont pas de titulaire résidant, ne saurait être assuré qu'au moyen d'une allocation fixée à l'amiable entre le prêtre qui en serait chargé et les habitants de la localité, avec l'approbation de l'autorité diocésaine (Circulaire minist.).

Des certificats sur la durée et sur la réalité du binage en double service sont délivrés, tous les six mois, par les curés ou desservants du canton, que les évêques ont chargés spécialement de ce soin, et joints à l'état que l'administration diocésaine adresse au préfet. Ils sont annexés aux mandats de paiement, comme pièces justificatives (Circulaires, 20 juin 1827 et 2 août 1833).

Un même ecclésiastique autorisé à biner ne peut avoir droit à une double indemnité, lors même qu'il ferait ce service dans deux succursales vacantes (Circulaire minist., 2 août 1833).

Un ecclésiastique bine quelquefois dans un autre département que celui où il exerce comme desservant, curé ou vicaire de curé ; les deux départements peuvent même dépendre de deux diocèses, c'est le préfet du département où le service du binage est effectué qui délivre le mandat de paiement de l'indemnité (Instruction, 1er avril 1823).

Les communes, chefs-lieux de succursales et pourvues de presbytères, doivent mettre ces bâtiments à la disposition des curés et vicaires qui viennent chez elles faire le double service appelé *binage*. C'est ce qui résulte de l'article 2 de l'ordonnance du 3 mars 1825, sur les distractions de presbytères, ainsi conçu : « Les curés ou leurs vicaires, ainsi que les desservants, autorisés par leurs évêques à biner dans les succursales vacantes, ont droit à la jouissance du presbytère et dépendances de ces succursales, tant qu'ils exercent régulièrement ce service. » Mais les curés, vicaires ou desservants n'ont rien à réclamer des communes où il n'existe pas de maison curiale ; aucune indemnité de logement ne leur est due.

IV. — Distraction des parties superflues d'un presbytère.

Aucune distraction de parties superflues d'un presbytère, pour un autre service public, ne peut avoir lieu, sans une autorisation spéciale de l'Empereur, le conseil d'État entendu. Toute demande à cet effet doit être revêtue de l'avis de l'évêque et du préfet, et accompagnée d'un plan figurant le logement à laisser au curé ou desservant, et la distribution à faire pour isoler ce logement. Toutefois, il n'est point dérogé aux emplois et dispositions régulièrement faits antérieurement (Ordonnances roy., 3 mars 29 août 1825).

Lorsqu'il n'y a pas dissentiment entre le préfet et l'autorité diocésaine sur le mérite de la demande d'une commune, en distraction d'une partie du presbytère, c'est au préfet qu'il appartient maintenant de statuer sur le projet (Décret, 25 mars 1852, tableau A, § 45). Si l'autorité diocésaine s'oppose à la distraction demandée par la commune, le préfet n'est plus compétent, et doit transmettre, comme par le passé, les pièces au ministère de l'intérieur, avec son avis motivé (Circulaire, 3 mai 1852; instruct. minist., 1858).

Les demandes en distraction qui ne seraient fondées que sur le désir d'augmenter, sans nécessité, les ressources de la commune, doivent être rejetées. C'est par cette raison que l'ordonnance du 3 mars 1825, sans rien prescrire d'ailleurs en termes positifs, suppose que la distraction est réclamée pour un service public, et qu'elle peut s'opérer sans réduire le presbytère à des proportions trop exiguës; mais, lorsque ces deux conditions sont remplies, la commune qui sollicite la distraction ne saurait être astreinte à aucune compensation en nature ou en argent envers le desservant ou la fabrique (Circulaire minist. int., 5 mai 1852; décision minist., 1856).

L'ordonnance du 3 mars 1825, en réglant les formes dans lesquelles doivent s'instruire les demandes en distraction, paraît, à la vérité, avoir eu plus particulièrement en vue le cas où les portions distraites sont nécessaires pour un autre service; mais il ne s'ensuit pas que les communes ou fabriques ne puissent recourir, pour des besoins urgents, à l'aliénation pure et simple des mêmes portions, et surtout lorsqu'il s'agit de consacrer le produit de la vente à l'amélioration des parties conservées du presbytère (Décision minist., 3 février 1856).

Les règles relatives à la distraction des parties superflues des presbytères sont applicables, tant au bâtiment constituant l'habitation du desservant qu'aux dépendances de l'édifice. L'ordonnance du 3 mars 1825 et le décret du 25 mars 1852, qui régissent la matière, ne mentionnent, il est vrai, que les presbytères; mais, d'après l'esprit de leurs dispositions, cette expression indique à la fois les bâtiments composant le logement du desservant et les terrains qui y ont été réunis régulièrement, à titre de dépendances, tels que cours, jardins, etc. Dès lors, quand une commune sollicite l'autorisation de distraire un terrain qui a cette affectation, il doit être procédé conformément aux prescriptions de la circulaire du 5 mai 1832, et il appartient au préfet de statuer, s'il n'y a pas opposition de la part de l'autorité diocésaine (Décision minist., 1857).

En principe, les communes, à défaut d'une indemnité qui en tienne lieu, sont seulement obligées de fournir aux desservants une habitation convenable. Il est désirable que des jardins soient réunis aux presbytères, mais cette annexion est purement facultative, et il n'y a pas, à cet égard, d'obligation légale.

Il suit de là que, lorsque des distractions de presbytères sont opérées, soit pour un service communal, en vertu de l'ordonnance du 3 mars 1825, soit pour cause d'utilité publique par voie d'expropriation, il n'est dû aucune compensation aux desservants, si leur habitation reste pourvue des dépendances nécessaires. Il y a d'autant moins de motifs d'en réclamer une, dans le second cas, qu'il ne dépend pas de la commune propriétaire de se soustraire aux conséquences de la déclaration d'utilité publique (Décision minist., 1856).

Le ministre de l'intérieur avait décidé, en 1857, que les communes, sauf l'accomplissement des formalités légales, avaient la faculté de couper et de vendre, dans un but d'utilité communale, les arbres excrus dans les dépendances des presbytères; mais, sur les observations du ministre de l'instruction publique et des cultes, Son Exc. a reconnu, par une nouvelle décision, en 1859, que l'ordonnance du 3 mars 1825 ne saurait être invoquée pour justifier la coupe et la vente, au profit des communes, des arbres dépendant des presbytères, puisqu'une semblable opération ne modifierait aucunement la superficie de ces derniers, et qu'on ne peut, d'un autre côté, considérer comme inutiles pour les curés, des arbres qui leur procurent, avec un ombrage indispensable en été, le recueillement de la solitude.

Si, dans une circonstance quelconque, un curé et un conseil de fabrique ont consenti à laisser à la disposition de la commune une partie du presbytère, par exemple, une cave, cette concession tout à fait amiable et non régularisée ne peut créer aucun droit à la commune, et celle-ci ne peut se refuser à mettre de nouveau, quand elle en est requise, les lieux dont il s'agit à la disposition du curé. Il y a plus, dans le cas même où la distraction aurait été faite régulièrement, ce ne serait toujours là qu'une mesure purement administrative sur laquelle on pourrait toujours revenir, sans que la commune ait à faire valoir aucun droit par la voie contentieuse (Arrêt du Cons. 4 janvier 1851).

Lorsqu'une commune a un intérêt quelconque à obtenir la distraction des parties superflues d'un presbytère ou de ses dépendances, telles que granges, écuries, jardins, le maire en fait la proposition au conseil municipal, qui prend, à ce sujet, une délibération motivée. Cette délibération est transmise au sous-préfet avec un plan qui indique le logement laissé au curé ou desservant, ainsi que la distribution faite pour isoler ce logement; s'il s'agit de terrains, ce plan en indique la nature et la contenance; sur le vu de ces pièces, le sous-préfet ordonne une enquête de *commodo et incommodo*, dont il détermine la forme et la durée suivant les circonstances; il désigne, pour la diriger, un commissaire qui doit être autre que le maire. Puis, le plan, le procès-verbal de l'enquête et l'avis du commissaire enquêteur sont communiqués au conseil municipal ou au conseil de fabrique. Lorsque ces assemblées ont délibéré, le sous-préfet émet son avis et transmet le dossier au préfet qui le communique à l'évêque. Si ce dernier ne s'oppose pas à la mesure proposée, le préfet peut, par un arrêté, autoriser la distraction pour l'usage déterminé. Si l'évêque refuse son consentement, le préfet transmet les piècec, avec son avis motivé, au ministre de l'intérieur qui consulte le ministre des cultes. Puis l'affaire est soumise à la section de l'intérieur du conseil d'Etat, et, s'il y a lieu, la distraction est autorisée par un décret impérial.

CHAPITRE VII.

DÉPENSES DU CULTE.

I. — Charges de la fabrique.

Les charges ou dépenses des fabriques se divisent en dépenses ordinaires ou annuelles et en dépenses extraordinaires.

Charges ordinaires. — Les charges ordinaires sont :

1º Les frais nécessaires pour la célébration du culte, savoir : les ornements, les vases sacrés, le linge, le luminaire, le pain, le vin, l'encens (Décret du 30 déc. 1809, art. 27 à 37).

Les frais nécessaires pour la célébration des cérémonies religieuses ordonnées par le gouvernement, sont compris dans les frais du culte qui tombent à la charge des fabriques ; elles ne peuvent réclamer des communes le remboursement de ces frais et elles ne peuvent que les porter dans leurs comptes et budgets, et, en cas d'insuffisance de leurs ressources, demander aux conseils municipaux de subvenir à cette insuffisance dans la forme ordinaire (Avis du comité de l'intérieur, 21 juin 1838);

2º Le payement des vicaires, celui des sacristains,

chantres, organistes, sonneurs, suisses, bedeaux et autres employés au service de l'église, selon la convenance et les besoins des lieux ; l'honoraire des prédicateurs de l'avent, du carême et autres solennités (*Id.*, art. 37).

3° La décoration et les dépenses relatives à l'embellissement intérieur de l'église (*Id.*, art. 27) ;

4° L'entretien des églises, presbytères et cimetières (*Id.*, art. 37).

Charges extraordinaires. — Les charges extraordinaires sont :

1° Les grosses réparations et reconstructions des églises et presbytères (Décret du 30 déc. 1809, art. 37 ; Circulaire min., dn 14 avril 1812).

2° Le loyer d'un édifice pour célébrer le culte, s'il n'y a pas d'église, et l'indemnité du logement due au curé ou desservant, s'il n'y a pas de presbytère (Décret du 30 mai 1806, art. 4 ; 30 déc. 1809, art. 37, 46 et 93 ; Circulaire min., 14 avril 1812).

II. — Charges des communes.

Les charges des communes relativement au culte sont :

1° De suppléer à l'insuffisance des revenus de la fabrique pour les charges portées en l'article 37 du décret du 30 décembre 1809 ;

2° De fournir au curé ou desservant un presbytère, un logement ou une indemnité pécuniaire ;

3° De pourvoir aux grosses réparations des édifices consacrés au culte (décret du 30 décembre 1809, art. 37).

La loi du 18 juillet 1837, article 30, énumère, parmi les dépenses obligatoires des communes : 1° l'indemnité de logement aux curés et desservants, et aux ministres des cultes salariés par l'État, lorsqu'il n'existe pas de bâtiment affecté à leur logement ;

4.

2° Les secours aux fabriques des églises et autres administrations préposées aux cultes dont les ministres sont salariés par l'État, en cas d'insuffisance de leurs revenus, justifiés par leurs comptes et budgets.

Les grosses réparations aux édifices communaux, sauf l'exécution des lois spéciales concernant les édifices consacrés aux cultes ;

3° La clôture des cimetières, leur entretien et leur translation, dans les cas déterminés par les lois et les règlements d'administration publique.

Par cette énumération, la loi n'a eu pour objet que de résumer et de coordonner les charges imposées aux communes, d'une manière soit absolue soit éventuelle, par les différents actes de la législation antérieure, et il est impossible de conclure de son silence, à l'égard des fabriques, qu'elle ait voulu modifier la situation que leur avait faite le décret organique du 30 décembre 1809. Les fabriques doivent donc subvenir, lorsque leurs ressources sont suffisantes, à toutes les dépenses relatives à la célébration, aux édifices et au logement des ministres du culte, et ce n'est que dans le cas d'insuffisance de leurs revenus, que les communes sont tenues de subvenir à ces dépenses (Arrêt conseil d'État, du 21 août 1839).

Il résulte des dispositions combinées du décret du 30 décembre 1809, de la loi du 14 février 1810, de la loi du 18 juillet 1837 et de l'avis du conseil d'État du 14 décembre 1810, et le ministre des cultes l'a reconnu plusieurs fois avec le département de l'intérieur, que toutes les dépenses, tant ordinaires qu'extraordinaires du culte paroissial doivent être supportées, en premier lieu, par les fabriques, et, à défaut de celles-ci par les communes ou sections de communes composant la paroisse ; qu'il n'y a ainsi, par exemple, aucune distinction à établir entre les dépenses énumérées dans les articles

37 et 92 du décret du 30 décembre 1809, qu'elles doivent, les unes comme les autres, être acquittées par les communes, si les fabriques sont hors d'état d'y pourvoir (Décision min. int. 1857 et 1861).

Le décret du 30 décembre 1809, en ordonnant qu'en cas d'insuffisance des revenus de la fabrique, il sera pourvu par la commune aux réparations et reconstruction du presbytère, n'a pas entendu limiter l'obligation de la commune, au cas où elle serait propriétaire du presbytère. En conséquence, dans le cas d'insuffisance des revenus de la fabrique dûment constatée, la commune est tenue de subvenir aux dépenses d'entretien du presbytère, lors même que ledit presbytère appartiendrait à la fabrique (Arrêt Cons. d'État du 21 août 1849).

Lorsqu'un vicaire a été régulièrement institué dans une paroisse par l'autorité diocésaine, son traitement fait partie des dépenses obligatoires que le décret du 30 décembre 1809 met en première ligne à la charge de la fabrique et, subsidiairement, à celle de la commune. Dès lors que l'insuffisance des ressources de la fabrique est dûment constatée, la commune ne peut pas se dispenser de subvenir à ce traitement, et, en cas de refus de sa part, l'administration supérieure a pour devoir de l'y forcer, sauf au conseil municipal à se pourvoir, comme les articles 96 et 97 du décret de 1809 lui en donnent les moyens, contre la création même du vicariat s'il persiste à le considérer comme inutile (Décision min. int. 1857).

On ne peut ranger parmi les dépenses obligatoires des communes les indemnités pour le binage exercé dans les églises sans titre. Ces églises, en effet, ne sauraient être assimilées aux cures, succursales, chapelles vicariales et indépendantes qui ont été légalement rétablies, soit à l'époque de la circonscription générale des paroisses, en 1808, soit postérieurement; quelle qu'ait été leur position avant la réorganisation ecclésiastique, elles se trouvent maintenant en état de suppression légale et le culte n'y est célébré que par tolérance. L'article 30 de la loi du 28 juillet 1837 impose aux communes l'obligation d'accorder des secours, non pas à toutes les églises sans distinction, mais seulement aux fabriques des églises qui justifient de l'insuffisance de leurs revenus ; or, les églises sans titre n'ont pas le droit d'avoir un conseil de fabrique (Décision min. int. 1857).

L'engagement contracté par les habitants, par voie de souscriptions volontaires, de payer une indemnité annuelle au desservant de la paroisse pour la célébration du service religieux dans l'église de leur commune, qui n'est qu'une simple annexe, a un caractère privé, et est entièrement étranger à la commune; il n'a point pour objet une dépense communale (Décision min. int. 1861).

Les cloches des églises, qu'elles fassent ou non partie intégrante des églises, étant spécialement affectées au service de la religion, suivant un avis de principe du conseil d'Etat, en date du 17 juin 1840, la refonte ou les réparations des cloches constituent une dépense du culte qui incombe, en premier ordre, à la fabrique et subsidiairement à la commune (Décision min. int. 1857).

Aux termes des dispositions combinées du décret du 30 décembre 1809, et de la loi du 18 juillet 1837, lorsqu'une commune est obligée de suppléer à l'insuffisance des revenus de la fabrique, pour les dépenses qui incombent à celle-ci, le dernier compte de l'établissement religieux et son budget de l'exercice courant doivent être soumis préalablement au conseil municipal. L'évêque diocésain est appelé à émettre ensuite son avis. Il est également indispensable que le devis des travaux à exécuter soit dressé de la manière prescrite par l'article 95 du décret précité (Décision min. int. 1857 et 1859).

Si les fabriques qui demandent aux communes des subventions, afin de suppléer à l'insuffisance de leurs revenus pour pourvoir aux dépenses mises à leur charge par l'article 3 du décret du 30 décembre 1809, doivent établir cette insuffisance par la production de leurs budgets et de leurs comptes accompagnés, au besoin, de pièces justificatives, et si, d'autre part, les conseils municipaux peuvent demander la réduction de quelques articles de la célébration du culte, il ne suit pas de là que ces derniers aient le droit de faire vérifier par des délégués spéciaux la nécessité des dépenses votées dans ce but par la fabrique et approuvées par l'évêque (Décision min. int. 1860).

Dans le cas où une commune repousse la demande de subvention formée par une fabrique, la difficulté ne doit être portée, soit devant le ministre des cultes, soit devant le chef de l'Etat, que si le préfet et l'évêque ne sont pas d'accord. C'est ce qui résulte des articles 93, 96 et 97 du décret du 30 décembre 1809.

III. - Répartition des dépenses entre les communes réunies pour le culte.

En principe, les communes ou sections de communes réunies pour le culte sont tenues, à défaut de ressources de la fabrique, de concourir aux dépenses du culte, dans le chef-lieu de la circonscription religieuse, tant qu'elles en font partie, aux termes de l'article 4 de la loi du 14 février 1810, qui n'a pas cessé d'être en vigueur. La répartition de ces dépenses entre les communes ou fractions de communes composant la paroisse, a lieu au marc le franc de leurs contributions respectives, savoir :

de la contribution mobilière et personnelle, s'il s'agit de frais pour la célébration du culte ou de réparations d'entretien, et au marc le franc des contributions foncière et mobilière, s'il s'agit de grosses réparations ou reconstructions.

Le contingent sectionnaire, une fois fixé, doit être supporté par toute la commune, et, en cas d'imposition, par la généralité des habitants, en prenant pour base le principal des quatre contributions directes. En effet, d'après les avis du conseil d'État des 25 novembre et 5 décembre 1858, qui forment jurisprudence, les communes qui sont divisées en plusieurs paroisses se doivent une mutuelle assistance pour les travaux qui les concernent, notamment ceux d'église, et les impositions qu'il y a lieu d'établir pour cet objet doivent embrasser la commune entière et n'être pas, comme autrefois, perçues sur la section ou fraction de commune directement intéressée (Décision min. int. 1859 et 1860).

A l'égard de la distribution des contingents communaux entre les contribuables, il est procédé suivant le mode usité pour la perception des centimes additionnels affectés aux dépenses du service communal, c'est-à-dire que le montant des contingents doit être payé par les redevables, proportionnellement au principal des quatre contributions directes (Décision min. int. 1860).

Si la fraction annexée, dont le concours est réclamé par le chef-lieu de succursale, se trouve déjà en instance devant l'administration pour obtenir la séparation religieuse, et que la demande soit de nature à être accueillie prochainement, elle est fondée à répondre négativement à l'appel qui lui est fait (Décision min. int. 1860).

La règle d'après laquelle l'imposition nécessaire pour réparer l'église d'une commune qui comprend plusieurs paroisses, doit être répartie sur l'ensemble de la com-

mune n'est pas applicable aux impositions extraordinaires
votées par les conseils municipaux pour payer le supplé-
ment de traitement accordé aux desservants, à raison de
secondes messes qu'ils disent le dimanche pour la commodité des paroissiens, attendu qu'il s'agit d'une dépense
essentiellement facultative, laquelle doit naturellement
être acquittée, en cas d'imposition, par les fractions de la
commune qui en profitent.

Quant aux refontes de cloches, ce sont là, au contraire,
des dépenses qui ne se distinguent pas des frais d'entretien et de réparation des églises, qui présentent, à ce
titre, un caractère obligatoire et qui tombent, dès lors,
évidemment sous l'application de la règle ci-dessus.

S'il s'agit d'un achat de cloches, la jurisprudence tend
à considérer cette dernière dépense plutôt comme facultative que comme obligatoire (Décision min. int. 1856).

D'après la loi du 14 février 1810, les propriétaires fo-
rains ne devaient pas être compris au rôle des impositions
extraordinaires destinées à couvrir les dépenses annuelles
de la célébration du culte ; il n'étaient assujettis à contribuer qu'aux réparations des bâtiments. Mais il résulte
des articles 39, 40, 41, 42 et 43 de la loi des finances
du 15 mai 1818, qu'en cas d'insuffisance des cinq centimes additionnels, ayant pour objet de subvenir aux dépenses communales, lorsqu'il y a lieu de recourir à une
imposition extraordinaire, tous les contribuables inscrits
aux rôles des quatre contributions dans la commune
sont passibles de ladite imposition. La distinction faite
par la loi du 14 février 1810, est, par suite, désormais
inapplicable (Arrêt du Conseil d'État du 27 janvier
1859.)

Une commune à laquelle une section est réunie pour
le culte et qui a fait construire *à ses frais* le presbytère
de la paroisse, peut demander que la section soit tenue

de lui payer annuellement une part proportionnelle de la valeur locative de cette habitation.

Les bases à adopter pour déterminer la quote-part de la section sont établies par l'article 4 de la loi du 14 février 1810, qui règle la répartition des frais du culte entre plusieurs communes formant une seule paroisse. D'après cet article, qui n'a pas cessé d'être en vigueur, la quote-part doit être fixée au prorata de leurs contributions *personnelle* et *mobilière*, s'il s'agit d'une dépense ordinaire, et de leurs contributions *foncière* et *mobilière*, quand il y a lieu de pourvoir à un besoin extraordinaire. Dès lors, comme les frais de logement du desservant rentrent évidemment dans la première catégorie, c'est d'après le montant des contributions personnelle et mobilière acquittées par la section, que doit être déterminée la portion de la dépense à mettre à la charge de cette dernière (Décision min. int. 1859).

D'après la législation et la jurisprudence, les communes annexées pour le culte ne sauraient, en principe, être contraintes à participer, *pour le capital,* aux frais d'acquisition, de construction, de reconstruction et d'appropriation d'une maison pour le logement du desservant au chef-lieu de la paroisse. Mais on peut exiger d'elles, s'il y a insuffisance des ressources de la fabrique, le payement d'une part proportionnelle à la *valeur locative de cette maison.* Ce serait seulement dans le cas où le presbytère appartiendrait en toute propriété à la commune chef-lieu paroissial, en vertu de la concession générale faite par la loi du 18 germinal an x, ou par suite d'une disposition entre-vifs ou testamentaire, qu'il ne serait pas équitable d'imposer une dépense de cette nature aux communes annexes (Arrêt du Conseil d'État du 22 mai 1855 ; instructions min. de 1856 et 1859).

CHAPITRE VIII.

I. — Police et distributions intérieures de l'église.

Police. — L'église est exclusivement consacrée au culte auquel elle a été affectée; elle ne peut servir ni à la célébration d'un autre culte, ni à aucun usage étranger à sa destination (Loi du 18 germinal an x, art. 46 et 53). La police intérieure de l'église appartient au curé ou desservant, sous la direction de l'évêque. Le curé se conforme aux règlements de l'évêque pour tout ce qui concerne le service divin, le prières et les instructions (Décret du 21 pluviôse an xiii; décret du 30 décembre 1809).

En général et particulièrement pendant les cérémonies du culte, la police et le soin de maintenir l'ordre dans l'église appartiennent au curé seul qui a pour agents, sous ce rapport, les appariteurs, suisses, bedeaux, tous serviteurs de l'église (Décret du 21 pluviôse au xiii; décret du 30 décembre 1809, art. 29).

L'autorité civile n'aurait à intervenir que s'il se commettait dans l'église un délit ou un crime.

Service de l'horloge. — L'horloge qu'une commune a placée dans le clocher de son église, ayant surtout une destination civile, la direction et la surveillance appartiennent plus particulièrement à l'autorité municipale.

Toutefois, le pouvoir du maire, à cet égard, doit se combiner avec le droit de police que le desservant exerce à l'intérieur de l'église. Il convient, par conséquent, que le curé ou desservant soit appelé à donner son avis sur le choix de l'agent chargé de la conduite de l'horloge; mais, lorsqu'il a été consulté sur ce choix, il ne peut refuser à l'agent de la commune les clefs du clocher nécessaires pour le service qui lui est confié.

Lorsque l'entrée du clocher se trouve dans un vestibule ayant deux issues, l'une ouvrant sur la voie publique, l'autre dans l'église, le desservant n'excède pas son pouvoir de police en exigeant que l'agent chargé du service de l'horloge passe, pour se rendre au clocher, par telle porte de l'église, à l'exclusion de telle autre qu'il faudrait ouvrir pour lui livrer passage (Décision min. int. 1858).

Cloches. — Les cloches ont deux usages : d'une part, elles sont au nombre des choses nécessaires à la célébration du service divin ; en raison de ce service, elles sont généralement placées dans les églises et en font partie ; par suite, la garde et le service en sont confiés à la fabrique et au curé ou desservant, qui sont spécialement chargés de la surveillance des édifices et des objets consacrés au culte (Décision min. 1813).

D'autre part, les cloches offrent aussi, surtout dans les communes rurales, le moyen le plus efficace d'avertir et de convoquer les habitants ; il est donc souvent utile de s'en servir pour des objets purement civils.

Le droit de faire sonner les cloches appartient donc à deux autorités, mais à chacune pour un objet distinct : à l'autorité ecclésiastique, c'est-à-dire au curé ou desservant, appartient le droit de faire sonner pour tout ce qui concerne le service divin ; toutefois, il ne peut user de ce droit que dans les limites fixées et de la manière déterminée par un règlement arrêté de concert entre l'évêque et le préfet (Loi du 18 germinal an x, art. 45 ; —VUILLEFROY, *Traité de l'administration du culte catholique,* au mot *Cloches*).

A l'autorité civile, c'est-à-dire au maire qui exerce la police locale, appartient le droit de disposer des cloches pour les usages civils (*Id.*; — Avis du comité de l'intérieur du 21 juillet 1825). Lorsque le maire croit devoir exercer ce droit et faire sonner, il peut en intimer directement l'ordre au sonneur.

Toutefois, il est désirable que, pour les sonneries habituelles, telles que celles qui ont pour objet d'annoncer l'ouverture, la suspension, la fin des travaux des champs, le terme de l'école, etc., un concert préalable ait lieu entre le curé ou desservant, afin que ces sonneries ne puissent être confondues avec celles qu'exige la célébration du service divin. Pour les sonneries accidentelles, autres que celles qui, déterminées pour un cas de péril commun, ne peuvent évidemment être soumises aux usages ordinaires, il est également désirable qu'un avis, *sans indication de motifs*, soit donné par le maire ou de sa part, au curé ou desservant (Avis du comité de l'intérieur du 21 juillet 1835).

A l'occasion d'une contestation survenue entre Mgr l'évêque de Coutances et le maire de cette ville, le comité de législation du conseil d'État a émis, le 17 juin 1840, l'avis :

1° Que les cloches des églises sont spécialement affectées aux cérémonies de la religion catholique; d'où il suit qu'on ne peut en exiger l'emploi pour les célébrations concernant des personnes étrangères au culte catholique, ni pour l'enterrement de celles à qui les prières de l'Église auraient été refusées en vertu des règles canoniques ;

2° Que le curé ou desservant doit avoir seul la clef du clocher, comme il a celle de l'église, et que le maire n'a pas le droit d'avoir une seconde clef ;

3° Que les usages existants dans les diverses localités, relativement au son des cloches des églises, s'ils ne présentent pas de graves inconvénients et s'ils sont fondés sur de vrais besoins, doivent être respectés et maintenus ;

4° Qu'à cet égard, le maire doit se consulter avec le curé ou desservant ; que les difficultés qui pourraient s'élever entre eux sur l'application de cette règle doivent être soumises à l'évêque et au préfet, lesquels s'entendront pour la résoudre et pour empêcher que rien ne trouble la bonne harmonie qui doit régner entre l'autorité ecclésiastique et l'autorité municipale ;

5° Que, dans ce cas, il paraît juste que la commune contribue au payement du sonneur des cloches de l'église, en proportion des sonneries affectées à ses besoins communaux ; mais que ce sonneur ne doit être nommé et ne peut être révoqué que par les curés ou desservants dans les communes rurales, et par les marguilliers, sur la proposition du curé et desservant, dans les communes urbaines, ainsi qu'il est prescrit par le décret du 30 décembre 1809 et par l'ordonnance du 12 janvier 1825 ;

6° Que toute nomination ou tout acte passé contrairement à ces prescriptions ne saurait être maintenu ;

7° Que, dans le cas de péril commun qui exige un prompt secours, ou dans les circonstances dans lesquelles des dispositions de lois ou de règlements ordonnent des sonneries, le curé ou desservant doit obtempérer aux réquisitions du maire, et qu'en cas de refus, le maire peut faire sonner les cloches de son autorité privée.

L'usage des cloches peut être suspendu momentanément, dans les circonstances où il pourrait devenir nuisible, notamment dans les temps d'épidémie et de contagion où leur son pourrait exercer de l'influence sur l'imagination des malades.

Le traitement des sonneurs est réglé par le conseil de fabrique et payé sur les fonds dont il a la disposition.

L'usage des cloches pour les cérémonies qui intéressent directement les particuliers, telles que les baptêmes, mariages, enterrements et anniversaires, peut être soumis à des droits ou oblations, mais ils ne peuvent être perçus que lorsqu'ils ont été déterminés dans le tarif des oblations, approuvé par le gouvernement (Décision min. du 29 mai 1806).

Le conseil municipal de la ville de M... a soumis à l'approbation du préfet une délibération d'après laquelle les habitants seraient admis, en acquittant une taxe de 25 ou de 40 francs, suivant les cas, à faire sonner la cloche du beffroi de l'hôtel de ville pour annoncer les événements qui intéressent les familles, tels que baptêmes, mariages, décès, etc.

Le préfet était disposé à penser qu'il y aurait des inconvénients réels à affecter ainsi une cloche communale à des usages purement privés, et que ce serait, eu outre, créer une sorte de concurrence aux fabriques qui sont autorisées à faire sonner les cloches des églises pour célébrer les cérémonies religieuses auxquelles donnent lieu les mêmes événements.

Toutefois, le préfet a cru devoir soumettre la question au ministre avant de statuer sur la délibération du conseil municipal de M...

La manière de voir de ce fonctionnaire, au sujet de la mesure projetée par le conseil municipal, a été partagée par Son Excellence, et il a été invité à y refuser son approbation (Décision min. int. de 1860).

Les maisons religieuses qui ont obtenu l'autorisation d'établir des oratoires ou chapelles particulières, peuvent y placer des cloches, mais le règlement qu'elles désirent adopter pour la sonnerie de ces cloches doit être soumis à l'approbation du préfet, comme ceux relatifs à la sonnerie des cloches placées dans les églises publiques (Avis du comité de l'intérieur du 28 août 1822).

La refonte des cloches de l'église est assimilée aux grosses réparations; elle peut avoir pour résultat de compromettre la solidité de l'édifice. Or, l'article 19 de la loi du 18 juillet 1837 dispose expressément que le conseil municipal délibère sur les projets de grosses réparations des édifices communaux et sur tout ce qui intéresse leur conservation. La fabrique, simple usufruitière de l'église, ne saurait donc entreprendre la refonte dont il s'agit, sans que le conseil municipal, organe de la commune propriétaire, ait été entendu. Lors même que l'église ne serait pas une propriété communale, il semblé que l'avis au moins du conseil municipal serait nécessaire, la dépense en question intéressant la commune, obligée de pourvoir à l'entretien des cloches, en cas d'insuffisance des ressources de la fabrique (Décision min. int. de 1859).

Officiers de l'église. — C'est au curé ou desservant qu'appartient le droit d'agréer les prêtres habitués et de leur assigner leurs fonctions ; mais leur nombre est fixé par l'évêque sur la délibération des marguilliers et du conseil municipal ; il désigne, dans les églises où il est établi, le sacristain-prêtre, le chantre-prêtre et les enfants de chœur ; dans les villes, il propose aux marguilliers la nomination et la révocation de l'organiste, des chantres, des sonneurs, des bedeaux, suisses et autres serviteurs de l'église ; dans les communes rurales il les nomme directement (Décret du 30 décembre 1809, art. 30, 33, 38 ; ordonnance du 12 janvier 1825, art. 7).

Le maire n'a aucun ordre à donner aux serviteurs de l'église, et un arrêt de la Cour de cassation du 16 février 1833 a décidé qu'un maire avait commis un excès de pouvoir en défendant, par un règlement, au sacristain de faire des quêtes chez les habitants.

Distributions intérieures. — Le curé règle, d'accord avec les fabriciens, la distribution intérieure de l'église. Le placement des bancs et chaises ne peut être fait par le bureau des marguilliers, sans son consentement; en cas de désaccord, c'est à l'évêque qu'il appartient de prononcer sur les distributions et d'ordonner la suppression des bancs et autres objets qui pourraient gêner le service divin (Décret du 30 décembre 1809, art. 30).

Lorsqu'il a été fait don à une église d'un objet mobilier, tel qu'un lustre, une lampe, un tableau, le curé peut, d'accord avec le donateur, placer cet objet au lieu qui lui paraît le plus convenable, sans en référer soit à la fabrique, soit à l'autorité diocésaine. Cependant la fabrique aurait le droit de s'opposer à ce que le curé plaçât un tableau devant une fenêtre, de façon à intercepter le jour ou à nuire à l'effet général que l'architecture de l'édifice est destinée à produire (École des communes, 1860, p. 294).

C'est au conseil de fabrique qu'il appartient de décider si des bancs seront placés dans l'église, dans quel endroit ils seront placés, comme d'en faire la concession ou la location, sauf au curé, qui d'ailleurs prend part aux délibérations du conseil de fabrique, à ne pas donner son consentement, si la décision lui paraissait contraire aux nécessités du service du culte.

Dans le cas de dissentiment entre le conseil de fabrique et le curé ou desservant, un recours peut être adressé à l'évêque. Le curé ou desservant ne peut, à lui seul, faire changer la forme des bancs qui sont dans l'église de temps immémorial.

Ni la fabrique, ni, à plus forte raison, le desservant seul, ne pourrait faire enlever de l'église un banc loué ou concédé à un particulier, par le motif que le locataire ou concessionnaire n'aurait pas fait changer, à ses frais, dans un certain délai, la forme de ce banc (École des communes, 1859, p. 125).

Les contestations relatives à l'emplacement des bancs

dans les églises, en ce qui intéresse l'exercice du culte et la police intérieure des églises, sont placées, par les dispositions du décret du 30 décembre 1809, en dehors des attributions de l'autorité judiciaire (Décret sur conflit du 14 décembre 1857).

Places et bancs. — Les bancs et places qui ne sont pas concédés appartiennent au premier occupant, sauf l'obligation de payer le prix de location (Circulaire min. du 7 frimaire an x). Il doit être réservé dans toutes les églises une place où les fidèles qui ne louent pas de bancs, ni de chaises, puissent commodément assister au service divin et entendre les instructions (Décret du 30 décembre 1809, art. 65).

Clefs. — Les clefs de l'église sont remises au curé, et, en cas d'absence, à celui des marguilliers désigné par l'évêque (Décision min. du 28 avril 1806).

Publicité du culte. — Les églises sont ouvertes gratuitement au public. En conséquence, il est expressément défendu de rien percevoir pour leur entrée, sous quelque prétexte que ce soit, ou d'exiger des billets d'entrée (Décret de 1806, art. 1er et 3 ; décision de 1809, art. 65, et décision min. du 20 thermidor, an xiii).

Un curé n'a pas le droit d'interdire l'entrée de l'église à qui lui plaît. Il a, il est vrai, la police du culte et de l'intérieur de l'église ; il peut en faire exclure ceux qui y troubleraient l'ordre ; il pourrait même, peut-être, en interdire l'entrée à une personne qui s'y présenterait dans un costume, par exemple, contraire à la décence ; mais, à part cela, l'entrée de l'édifice consacré au culte doit rester ouverte et libre pour les habitants, et le maire devrait, au besoin, intervenir pour faire disparaître les obstacles qu'on voudrait y opposer (École des communes, 1836, p. 169).

Par une circulaire du 17 octobre 1819, le ministre des cultes a invité les évêques à recommander aux curés d'interdire l'entrée de l'église aux enfants attaqués de la petite vérole, afin d'éviter de répandre la contagion de cette maladie. Il rappelle que lés observations des gens de l'art ont constaté que c'est principalement au moment où les boutons de la variole sont formés en croûtes sèches et tombantes, que le danger de la contagion devient plus général, parce qu'il suffit qu'on reçoive communication de la poussière qui s'en échappe, pour contracter la maladie.

II. — Locations ou concessions diverses.

Différentes locations ou concessions peuvent être faites dans les églises. Les objets auxquels elles s'appliquent sont : les chaises, les bancs et places, les chapelles, les inscriptions et monuments funèbres ou autres.

Les fabriques sont autorisées à prélever un prix pour la location des chaises dans l'église. Le prix doit être réglé, pour les différents offices, par délibération du bureau, approuvée par le conseil; cette délibération est affichée dans l'église (Décret du 30 décembre 1809, art. 64).

Le bureau des marguilliers peut être autorisé par le conseil, soit à régir la location des chaises, soit à la mettre en ferme (*Id*. art. 66).

Lorsque les chaises sont en régie, le bureau charge une ou plusieurs personnes de percevoir, à chaque office, le prix fixé par le conseil, et dont le tableau est affiché dans l'église. A la fin de chaque journée, le trésorier doit se faire rendre compte des sommes perçues par les préposés, à moins qu'il n'y ait un préposé principal chargé de surveiller la perception de détail et d'encaisser les produits, pour en compter au trésorier à la fin de chaque semaine ou de chaque mois. La fabrique peut, sans autorisation supérieure, mettre les bancs et les chaises en régie ; cependant ce mode est rarement adopté, parce qu'il offre trop de moyens de dissimuler le véritable produit.

Lorsque la mise en ferme est adoptée, le conseil doit dresser un cahier des charges qui indique, entre autres conditions : 1° le prix des chaises aux différents offices ; 2° le nombre de chaises à fournir par l'adjudicataire ; 3° l'espace qui doit être laissé libre pour les personnes qui n'ont ni bancs ni chaises. Ce cahier des charges est soumis à l'approbation du préfet.

L'adjudication a lieu le jour fixé par le cahier des charges, après trois affiches apposées de huitaine en huitaine.

Les enchères sont reçues au bureau de la fabrique par soumission, et l'adjudication est faite au plus offrant, en présence des marguilliers ; de tout quoi il est fait mention dans le bail, lequel est passé devant notaire (Décret du 30 décembre 1809, art 67).

On joint au bail la délibération du conseil par laquelle le prix des chaises a été fixé pour chaque office.

Le bail est soumis, comme celui de biens ruraux, à l'approbation du préfet, et, dans les vingt jours qui suivent cette approbation, à la formalité de l'enregistrement, aux frais de l'adjudicataire.

Aucun membre de la fabrique ne peut se présenter comme adjudicataire de la ferme des chaises.

Le trésorier doit exiger de l'adjudicataire que le prix de ferme soit acquitté exactement aux époques déterminées par le cahier des charges.

Celui qui apporte sa chaise dans l'église doit payer également cette commodité. Le règlement de 1809, en faisant mention des chaises, suppose toujours le payement. A l'égard des moyens coercitifs, les fabriques ont le droit de s'opposer au placement de la chaise apportée ; ceux qui résisteraient s'exposeraient aux peines encourues par ceux qui troublent le culte (Décision min. du 31 jan- 1812).

III. — Concessions de places et bancs dans l'église.

Les bancs et places peuvent, comme les chaises, être loués par le bureau des marguilliers, avec l'autorisation du conseil de fabrique, soit par le mode de régie, soit par le mode de mise en ferme, avec adjudication aux enchères ; les formalités à remplir sont les mêmes pour la fixation du prix et pour la manière de procéder. Des concessions de bancs, tribunes ou places peuvent encore être faites directement aux fidèles.

Sous le régime actuel, les concessions de bancs, tribunes ou places, dans ces édifices, ont pour principal objet de créer des ressources aux fabriques, sans aucunement déroger à la législation en vigueur, d'après laquelle il ne saurait exister ni priviléges, ni droits honorifiques (Décret du 30 décembre 1809, art 68). Elles sont faites ou par bail pour une prestation annuelle pendant un temps déterminé, ou au prix d'un capital ou d'un immeuble, pour un temps déterminé ou indéterminé, mais qui ne dépasse pas la vie du demandeur, ou, enfin, pour un temps plus ou moins long que la vie de ceux qui les obtiennent (*Id.*, art. 68).

Les formalités, les conditions et la compétence sont différentes, dans les trois cas suivants : 1° s'il s'agit d'une concession pour un immeuble ; 2° s'il s'agit de recevoir un capital ou une valeur mobilière une fois donnée; 3° s'il s'agit d'une concession au prix d'une prestation annuelle.

Bail. — La demande en concession d'un banc ou d'une place, moyennant un bail, pour une prestation annuelle, pendant un temps nécessairement déterminé, est présentée au bureau des marguilliers. Elle doit contenir l'offre faite par le demandeur et les conditions qui y sont attachées. Le bureau la fait publier pendant trois dimanches et afficher à la porte de l'église pendant un mois, afin que chacun puisse obtenir la préférence par une offre plus avantageuse (Décret du 30 décembre 1809, art. 68).

Après ces formalités remplies, le bureau fait son rapport au conseil de fabrique, et celui-ci autorise, s'il y a lieu, la concession. Sa délibération est un titre suffisant (Décret du 30 décembre 1809, art. 70), pourvu que la durée du bail n'excède pas la durée ordinaire des baux que les conseils de fabrique sont autorisés à consentir. L'acte de concession est ensuite passé entre les fabriciens et le concessionnaire. Son exécution est poursuivie, s'il y a lieu, par toutes les voies de droit, comme en matière civile ordinaire.

L'acte qui loue un banc est un contrat qui doit recevoir son exécution comme tout autre, et pour lequel la fabrique a action en justice (Décision min. de 1814). Le bureau des marguilliers est donc fondé à poursuivre devant les tribunaux les particuliers en retard d'acquitter le prix d'amodiation des bancs ou des places (Décision min. de 1817). Si les habitants de toute une commune se refusaient à payer leurs places, le ministre pourrait autoriser la fabrique à faire enlever les bancs de l'église (et à défendre à qui que ce soit d'y apporter des siéges Décision min. du 12 février 1806).

Concessions anciennes. — Les concessions de bancs faites sous l'ancien régime, sont éteintes ; les lois qui ont nationalisé les biens ecclésiastiques ont éteint tous droits de propriété particulière ou des fondateurs dans les églises. Nul ne peut donc posséder un banc ou une place que par l'effet d'une concession nouvelle, faite dans les formes prescrites par le décret du 30 décembre 1809 (Décision min. int. du 6 juillet 1811).

Concession viagère. — La concession moyennant le don d'un capital ou d'un immeuble pour un temps déterminé ou pour un temps indéterminé, *mais qui ne dépasse pas la vie du demandeur*, est soumise aux mêmes formalités préliminaires d'affiches et de publications que la demande de concession moyennant bail et prestation annuelle. S'il s'agit d'un immeuble, le prix de la concession ne forme pas une recette pour la fabrique ; il augmente la fortune immobilière de l'établissement, et le produit de l'immeuble est perçu au même titre que celui des autres propriétés.

Celui qui veut obtenir la concession présente sa demande au bureau des marguilliers ; le bureau fait évaluer le capital et le revenu de l'immeuble, et fait publier par trois dimanches et afficher à la porte de l'église pendant uu mois, tant la demande que l'évaluation de l'immeuble offert ; si, après un mois, il n'est pas fait d'offre plus avantageuse, le conseil délibère sur la demande et, si elle est acceptée, il sollicite l'autorisation de l'Empereur, si la valeur capitale du don excède 1,000 francs, tant en argent, objets mobiliers ou rentes, qu'en immeubles (Décret du 15 février 1862).

S'il s'agit de recevoir un capital ou une valeur mobilière ou immobilière une fois donnés, n'excédant pas 1,000 francs, le préfet peut accorder l'autorisation sur l'avis préalable de l'évêque. Les sommes d'argent que le trésorier peut être dans le cas de recevoir pour concessions de cette nature, sont portées en recette et comprises dans les comptes à titre de recettes extraordinaires

Après l'expiration du terme de la concession, les bancs retournent aux fabriques, qui peuvent les louer à d'autres (Décret du 16 brumaire an XII. — Décret du 15 février 1862).

Concession à la famille. — La concession d'un banc, d'une tribune ou d'une place dans l'église, pour un temps indéterminé et plus long que la vie, est une concession *exceptionnelle.* Elle ne peut être accordée au fidèle que pour lui et sa *famille,* tant qu'elle existera, et dans deux circonstances seulement : 1° à celui qui a entièrement bâti l'église; 2° au donateur et bienfaiteur de l'église.

Celui qui a entièrement bâti l'église peut *retenir* la propriété d'un banc ou de la place qu'il désire conserver pour lui et sa famille (Décret du 30 décembre 1809, art. 72). Le simple donateur ou bienfaiteur doit demander la concession au conseil de fabrique, et la délibération du conseil est soumise à l'approbation de l'évêque et du ministre des cultes (*Id.* art., 72).

Aux termes de l'art. 72 du décret du 30 décembre 1809, celui qui a entièrement bâti une église peut retenir la propriété d'un banc ou d'une chapelle pour lui et sa famille, tant qu'elle existera. On applique les dispositions de cet article, dans la pratique, aux personnes qui font donation d'une église et de son emplacement, lors même qu'elles ne l'auraient pas fait construire de leurs propres deniers, parce qu'en réalité, la libéralité produit dans les deux cas les mêmes effets pour la commune (Décision min. int. 1859).

La concession faite en faveur d'un fidèle, pour lui et

sa famille, s'éteint quand l'objet ou les conditions de la concession ne peuvent plus être remplis. Cet objet cesse de pouvoir être rempli : 1° par l'extinction de la famille; 2° par la non-résidence dans la commune où la concession est placée ; 3° par la perte dans la famille de la qualité de catholique (Décision min. int. du 25 novembre 1808).

Effets des concessions et produit. — L'effet des concessions n'est jamais, lors même que le banc ou la tribune concédés ont été construits par le concessionnaire, d'en enlever la propriété à la fabrique. Le concessionnaire en a seulement l'usufruit et l'usage.

Le produit de la location ou de la concession des bancs et places fait partie du revenu des fabriques, comme celui des chaises (Décret du 30 décembre 1809, art. 36, § 6).

Produit des chaises. — Le produit des chaises est un revenu de l'église et doit être appliqué aux dépenses journalières de l'exercice du culte et aux besoins de l'église. Il fait partie des recettes de la fabrique (Loi du 30 décembre 1809, art, 36, § 5).

La taxe sur le prix des places, prélevée pour les indigents dans les spectacles, fêtes, etc., ne peut, en aucun cas, être prise sur les chaises louées à l'église, dont le produit appartient exclusivement à la fabrique (Avis du conseil d'État, approuvé le 25 novembre 1806).

Le prix des chaises peut être différent pour les différents offices; mais une fois réglés, ils ne doivent pas changer, et les fabriques ne peuvent pas les régler arbitrairement, c'est-à-dire qu'un prix de chaises réglé pour une grand'messe, un autre réglé pour un sermon, doivent toujours être les mêmes pour les mêmes cérémonies ou offices (Décret du 18 mai 1806, art. 3 ; décision min. du 30 septembre 1806).

Chapelle. — Une chapelle particulière peut, comme un banc, et d'après les mêmes règles et les mêmes effets, être retenue pour lui et pour sa famille, par celui qui aurait bâti entièrement l'église. Elle peut également être concédée à tout donateur ou bienfaiteur de l'église.

Il est bien entendu que la donation ou le bienfait doit avoir une importance assez grande pour motiver la concession. La construction, la réparation ou l'entretien de la chapelle ne serait pas une dépense qui pût être considérée comme un bienfait (Décisions min. de septembre 1811 et 16 janvier 1813). En effet, ce n'est pas un profit pour la fabrique, c'est la conséquence du droit de jouir de la chapelle. Le seul titre est la donation à la fabrique, pour ses dépenses, d'une somme ou d'un revenu ayant quelque proportion avec le genre de distinction sollicitée (Décision min. de 1812).

Celui qui, dans la plus petite église de campagne, ne constituerait pas, soit en rentes, soit en fonds, un revenu de 50 francs au moins, pour le cas de concession pour la famille, ou de 25 francs au moins, pour celui de la concession à deux époux seulement, ne doit pas être réputé bienfaiteur et, comme tel, avoir droit à la concession (Décision min. de 1812). Dans une ville de 30,000 âmes, il faut au moins constituer une rente de 200 francs (Décision min. du 17 février 1813).

Les concessions de chapelles qui avaient été faites sous l'ancien régime, ont cessé d'exister. Elles ne peuvent même pas être réclamées par les familles de ceux qui auraient autrefois construit les chapelles, à la condtiion d'en avoir la jouissance. Les seules concessions valables aujourd'hui sont donc celles qui ont été faites en raison de bienfaits postérieurs au décret du 30 décembre 1809;

qui les a autorisées de nouveau, et conformément aux règles que ce décret a établies (Déc, min. de sept. 1811).

IV. — Inscriptions et monuments.

La permission de placer des cénotaphes, inscriptions, monuments funèbres ou autres, dans l'église, peut être accordée à deux classes de personnes : 1° à celles qui auraient rendu de grands services, et en faveur de qui cette autorisation serait demandée par le vœu des habitants, et alors la concession peut être gratuite ; dans ce cas, la délibération de la fabrique, qui exprime le consentement à la concession gratuite, doit être accompagnée de celle du conseil municipal, qui fait connaître le vœu des habitants (Décision min. de mars 1821) ; 2° à celles qui offriraient d'assurer à l'église des avantages suffisants. En effet, l'article 73 du décret du 30 décembre 1809, a eu pour principal objet l'avantage des fabriques (Décision min. du 6 mai 1612).

On ne peut obtenir la faveur qu'il autorise que par un bienfait réel en faveur des fabriques. Ce bienfait, pour une inscription doit être porté, au moins, dans la plus petite église de campagne, à 10 francs de rente (Décision min. du 11 décembre 1812). Le prix dépend, du reste, de l'objet et de l'importance de la commune où est placée l'église.

La demande doit être adressée à la fabrique. Elle doit contenir, s'il s'agit d'une inscription, le texte de cette inscription, et, s'il s'agit d'un monument, le plan général et l'indication de ses détails. La demande et les pièces à l'appui sont adressées à l'évêque. L'autorisation est accordée, sur sa proposition, par le ministre des cultes (Décision du 30 décembre 1809, art. 73). Aucun cénotaphe, inscription, monument funèbre ou autre, ne peut être placé dans l'église sans cette autorisation.

Le décret par lequel le chef de l'État autorise la fabrique d'une paroisse à placer dans l'église une inscription destinée à honorer la mémoire d'une bienfaitrice de l'église, et la décision du ministre de l'intérieur prise pour l'exécution dudit décret qui règle la forme de l'inscription et le lieu où elle sera placée, ne sont pas des actes susceptibles d'être attaqués devant l'Empereur, en conseil d'État, par la voie contentieuse (Arrêt du conseil d'État du 26 avril 1855).

V. — Inhumation.

Aux termes exprès du décret du 23 prairial an XII, aucune inhumation ne peut avoir lieu dans les églises et chapelles publiques, ni dans l'enceinte des villes et bourgs (Avis du comité de législation du 6 avril 1840). Cependant, des autorisations sont ordinairement accordées pour que les évêques et archevêques soient inhumés dans leurs cathédrales. Ces autorisations sont données sur un rapport du ministre, approuvé par l'Empereur.

L'autorisation de placer dans une église un monument destiné à recevoir des inhumations, ne peut, en conséquence, être accordée, et une fabrique ne pourra être autorisée à céder à une famille une chapelle ou un caveau pour en faire un lieu de sépulture commun à tous les membres de cette famille (Avis du comité de législation du 12 février 1841).

COMMENTAIRE

DÉCRET SUR LES SÉPULTURES

du 23 prairial an XII (12 juin 1804)

TITRE PREMIER.

DES SÉPULTURES ET DES LIEUX PUBLICS QUI LEUR SONT CONSACRÉS.

ARTICLE PREMIER.

Aucune inhumation n'aura lieu dans les églises, temples, synagogues, hôpitaux, chapelles publiques, et généralement dans aucun des édifices clos et fermés où les citoyens se réunissent pour la célébration de leurs cultes ou dans l'enceinte des villes et bourgs.

1. — En principe, aucune inhumation ne doit être tolérée dans les lieux consacrés à la célébration du culte, et cette règle ne souffre d'exception qu'à l'égard des évêques et archevêques qui peuvent être inhumés dans leurs cathédrales, en vertu d'une décision spéciale du chef de l'État. Ces dispositions prohibitives dans les édifices du culte sont absolues et s'appliquent aux chapelles dépendant des églises comme aux églises elles-mêmes (Décision min. int. de 1861 et 1862).

2. — La condition mise à une donation d'église d'être inhumé dans cet édifice ne saurait être admise, attendu qu'elle serait contraire aux dispositions de l'article 1er du décret du 23 prairial an XII (Décision min. int. 1860, et instruction du min. des cultes du 10 avril 1862).

3. — Les inhumations dans l'intérieur des hospices sont interdites aussi bien que dans les églises.

La commission administrative des hospices de V..... avait sollicité l'autorisation de faire inhumer dans une dépendance intérieure de l'hospice de Saint-Jean, le corps de la sœur Ch...., récemment décédée, et qui avait été pendant plus de trente ans supérieure des sœurs chargées du service de cet établissement.

Les services exceptionnels de la défunte et les bienfaits dont les pauvres lui étaient redevables, semblaient justifier aux yeux du préfet du département une dérogation à la règle générale posée dans l'article 1er du décret du 23 prairial an XII. Toutefois il a cru devoir consulter à ce sujet le ministre qui a fait la réponse suivante :

L'article précité interdit formellement toute inhumation dans les églises et hôpitaux. Cette règle ne souffre d'exception qu'à l'égard des évêques qui peuvent être inhumés dans leurs cathédrales en vertu de décisions spéciales du gouvernement; d'un autre côté, l'on ne saurait tirer de l'article 12 du décret de l'an XII, qui permet au propriétaire de se faire inhumer dans son domaine, une interprétation favorable à la demande dont il s'agit, car la sœur Ch..... n'est pas co-propriétaire de l'hospice de Saint-Jean, et l'inhumation devrait avoir lieu dans l'intérieur de cet établissement.

Enfin les monuments que les maires sont autorisés par le même décret (art. 13) à élever dans l'enceinte des hôpitaux pour les fondateurs et bienfaiteurs, sont purement commémoratifs et ne reçoivent pas de sépultures. Par ces divers motifs la demande ne saurait être accueillie (Décision min. 1862; *Bull. int.*, n° 50).

Art. 2.

Il y aura hors de ces villes et bourgs, à la distance de 35 à 40 mètres au moins de leur enceinte, des terrains spécialement consacrés à l'inhumation des morts (1).

1. — Si le décret du 23 prairial an XII et l'ordonnance du 6 décembre 1843, ont prescrit en principe la translation des cimetières établis au milieu des habitations, il est à remarquer que les mêmes actes n'ont fixé aucun délai pour cette opération, et qu'ils ont laissé ainsi à l'administration, du moins d'une manière implicite, le droit de n'appliquer la nouvelle règle aux communes que successivement, au fur et à mesure que l'urgence s'en fait sentir et en tenant compte tant de leur situation financière que des circonstances plus ou moins favorables dans lesquelles elles se trouvent placées (Décision min. de 1862, *Bull. int.*, n° 25).

2. — Les cimetières qui sont à proximité des églises doivent être transférés sur un autre emplacement. En effet, les églises, si elles ne forment pas le centre des habitations, sont appelées à le devenir tôt ou tard ; dès lors, les communes feraient obstacle au mouvement naturel de la population et contreviendraient à la loi en laissant subsister les lieux d'inhumation qui se trouvent dans le voisinage de ces édifices (Décision min. de 1857 ; *Bull. int.*, n° 76).

3. — Les communes ne peuvent opérer l'agrandissement des cimetières qui sont à moins de 35 mètres de leur enceinte ; elles doivent, au contraire, les transférer, dès que leurs ressources le permettent, sur d'autres emplacements, et il appartient au préfet, de faire au besoin, exécuter d'office cette translation, lorsque le mauvais vouloir de l'administra-

---

(1) D'après l'article 1er de l'ordonnance du 6 décembre 1843, ces dispositions peuvent être étendues à toutes les communes de l'Empire.

tion municipale paraît démontrée (Décision min. de 1857;
Bull. int., n° 84).

4.—Si une commune se trouvait, cependant, hors d'état de
de pourvoir aux dépenses qu'occasionnerait la translation de
son cimetière, l'agrandissement de ce lieu d'inhumation pou-
rait être autorisé comme présentant déjà une amélioration
sensible sous le rapport de la salubrité publique (Décision
min. 1857; *Bull. int.*, n° 46).

5. — La loi et la jurisprudence s'opposant formellement
à l'agrandissement des lieux de sépulture qui ne sont pas à la
distance prescrite, c'est-à-dire à 35 ou à 40 mètres de l'agglomération communale, il ne suffit pas, pour lever l'obstacle,
que les terrains destinés à l'extension du périmètre de ce
cimetière soient éloignés de 40 mètres environ de la masse
des habitations; c'est la situation même du cimetière par
rapport à l'enceinte de la commune qu'il faut considérer et
qui fait obstacle à la réalisation du projet d'agrandissement.
On peut, à raison de circonstances particulières, tolérer un
état de choses irrégulier, mais une mesure qui aurait pour
résultat de le consacrer n'est pas susceptible d'approbation
(Décision min. 1862; *Bull. int.*, n° 15).

6. — On ne saurait voir dans les articles 1 et 2 du décret
du 23 prairial an XII ni dans les autres dispositions qui régissent la matière, l'obligation pour chaque commune d'avoir
à elle seule un cimetière; on n'y trouve que des conditions
prescrites dans l'intérêt de la salubrité et de la décence publiques. Il est sans doute préférable au point de vue d'une
bonne police que toute commune possède exclusivement un
lieu de sépulture; mais rien ne s'oppose à ce que plusieurs
se réunissent pour établir un seul cimetière, lorsque leur situation financière ou d'autres circonstances qu'il appartient à
l'administration supérieure d'apprécier, justifient cette réunion
(Décision min. int. de 1856).

7. —En principe, les communes doivent avoir les terrains
consacrés aux inhumations sur leur propre territoire, et une
commune annexe par le seul fait de sa réunion pour le culte
à une commune voisine, n'a pu acquérir le droit d'inhumer

ses morts dans le cimetière du chef-lieu de la succursale.
Toutefois, lorsqu'une commune n'a pas assez d'importance
pour se procurer elle-même un lieu de sépulture, ou se trouve
dans l'impossibilité d'avoir sur son territoire un terrain qui
remplisse les conditions exigées par le décret du 23 prairial
an XII, il n'y a pas d'obstacle légal à ce qu'elle obtienne l'autorisation de faire usage du cimetière d'une autre commune,
sauf à lui payer un prix de location établi d'après le chiffre de
la population de chacune d'elles (Décision min. int. 1857; *Bull.
int.*, n° 48).

ART. 3.

Les terrains les plus élevés et exposés au nord seront choisis de préférence; ils seront clos de murs de
deux mètres au moins d'élévation. On y fera des plantations, en prenant les précautions convenables pour ne
point gêner la circulation de l'air.

1. — En cas d'obstacles provenant de la disposition des
localités, on pourrait certainement, à défaut d'autre, choisir
un emplacement situé dans des conditions différentes (Décision min. int. du 6 déc. 1863).

2. — Par qui doivent être faites les clôtures des cimetières.
Le décret de l'an XII et le décret sur les fabriques du 30 décembre 1809 sont muets sur cette question, mais l'article 30,
n° 17 de la loi du 18 juillet 1837, sur l'administration municipale, met l'établissement de ces clôtures à la charge des
communes.

ART. 4.

Chaque inhumation aura lieu dans une fosse séparée;
chaque fosse qui sera ouverte aura un mètre cinq décimètres à deux mètres de profondeur sur huit décimètres
de largeur, et sera ensuite remplie de terre bien foulée.

1. — La jurisprudence, après avoir varié à différentes
époques, admet aujourd'hui que plusieurs corps peuvent être

déposés, même en pleine terre, dans un terrain de 2 mètres seulement, à la condition d'observer strictement les règles tracées par le décret du 23 prairial an XII (art. 4, 5 et 6) dans l'intérêt de la décence et de la salubrité publiques, pour le creusement, l'espacement et le renouvellement des fosses (Décision min., de 1860 n° 60).

2. — La dame V..., concessionnaire à perpétuité dans le cimetière de M... d'un terrain de 2 mètres déjà affecté à une inhumation, a demandé l'autorisation de faire transporter les restes de deux autres membres de la famille décédés il y a plus de vingt ans dans une commune voisine.

Le maire de M... a pensé que cette demande n'était pas susceptible d'être accueillie, et le préfet du département a partagé sa manière de voir; mais ce dernier fonctionnaire a cru devoir soumettre la question au ministre de l'intérieur avant de se prononcer.

Il a été répondu : Si la dame V... avait fait construire sur le terrain dont elle est concessionnaire un caveau en maçonnerie comprenant un certain nombre de cases, il n'y aurait pas de motifs pour l'empêcher de déposer un corps dans chacune de celles-ci, mais, d'après les renseignements produits, les choses ne se présentent pas ainsi, et c'est en pleine terre que la dame V... voudrait superposer les trois personnes qui faisaient partie de la famille. Dans ces conditions, la demande est inadmissible au double point de vue de la décence et de la salubrité, et le maire ne doit pas hésiter à lui refuser cette autorisation (Décision min. int., 1863, n° 3).

ART. 5.

Les fosses seront distantes les unes des autres de trois à quatre décimètres sur les côtés, et de trois à cinq décimètres à la tête et aux pieds.

ART. 6.

Pour éviter le danger qu'entraîne le renouvellement trop rapproché des fosses, l'ouverture des fosses pour de nouvelles sépultures n'aura lieu que de cinq années en cinq années. En conséquence, les terrains destinés à former les lieux de sépulture seront cinq fois plus étendus que l'espace nécessaire pour y déposer le nombre de morts qui peuvent y être enterrés chaque année.

TITRE II.

DE L'ÉTABLISSEMENT DES NOUVEAUX CIMETIÈRES.

ART. 7.

Les communes qui seront obligées, en vertu des articles 1er et 2 du titre 1er, d'abandonner les cimetières actuels et de s'en procurer de nouveaux, hors de l'enceinte de leurs habitations, pourront, sans autre autorisation que celle qui leur est accordée par la déclaration du 10 mars 1776, acquérir les terrains qui leur seront nécessaires, en remplissant les formes voulues par l'arrêté du 7 germinal an ix (1).

1. — En principe, les communes sont réputées propriétaires des cimetières situés sur leur territoire, sauf la preuve contraire à administrer par les tiers qui prétendraient à cette propriété ; en effet, chaque commune, par mesure d'ordre public a dû, abstraction faite de l'exercice des cultes, assurer le service des inhumations et se procurer un emplacement destiné à les recevoir. D'un autre côté, les cimetières sont soumis exclusivement à l'autorité, police et surveillance de l'ad-

---

(1) Aujourd'hui la forme de procéder pour les acquisitions de terrains est tracée par la loi du 18-22 juillet 1837 (art. 46), modifiée par le décret de décentralisation administrative du 25-30 mars 1852.

Voir, sur la translation des cimetières, l'article 2 de l'ordonnance royale du 6 décembre 1843.

ministration municipale. C'est d'après ces considérations qu'il a été décidé depuis longtemps que les fabriques des églises catholiques ne peuvent être autorisées à accepter les donations de terrains destinés à servir de lieu de sépulture (Décision min. 1859, n° 9).

2. Le décret du 23 prairial an XII considère tellement les cimetières comme étant la propriété des communes que par son article 7, il impose aux communes l'obligation *d'abandonner les cimetières actuels et de s'en procurer de nouveaux*. Les cimetières sont donc leur propriété.

3. — La nécessité de la translation, si elle est contestée par l'administration locale, doit être préalablement établie par un rapport circonstancié d'hommes de l'art chargés par le préfet de constater les dangers ou les inconvénients résultant, soit de la disposition topographique, soit de l'insuffisance d'étendue, soit de la nature du sol du cimetière ou de toute autre cause.

C'est sur ce rapport, et après que le conseil municipal en a délibéré, que le préfet prend un arrêté pour déclarer qu'il y a lieu à la suppression de l'ancien cimetière.

Mais avant de déterminer le nouvel emplacement, une formalité préliminaire est obligatoire : c'est l'enquête *de commodo et incommodo* qui doit porter uniquement sur le choix du terrain. Cette enquête est d'autant plus rigoureusement exigible que l'établissement des nouveaux cimetières a pour effet de grever les propriétés avoisinantes de servitudes assez onéreuses, et qu'il importe, dès lors, que les propriétaires intéressés soient mis en état de faire valoir leurs motifs d'opposition, que le conseil municipal est ensuite appelé à examiner.

Ces formalités accomplies, le préfet prend un nouvel arrêté, le conseil municipal entendu, pour déterminer l'emplacement sur lequel le nouveau cimetière sera transféré.

Quant aux formes de l'enquête, ce sont celles qu'indique la circulaire ministérielle du 20 août 1825.

Ainsi cette enquête doit être annoncée huit jours à l'avance à son de trompe ou de tambour, et par voie d'affiches placardées au lieu principal de réunion publique. L'annonce doit toujours être faite le dimanche, qui est le jour où les intéressés se trouvent habituellement réunis. Il est essentiel que le préambule du procès-verbal dont il est donné communication aux déclarants, contienne un exposé exact de la nature, des motifs et des fins du projet annoncé (Circulaire min. int., du 20 août 1825).

Tous les habitants appelés et admis sans distinction à émettre leur vœu sur l'objet de l'enquête, doivent expliquer librement ce qu'ils en pensent, et déduire les motifs de leur opinion, principalement lorsquelle est opposée aux vues de l'administration qui les consulte. Les déclarations sont individuelles et se font successivement ; elles sont signées des déclarants, ou certifiées conformes à la déposition orale, pour ceux qui ne savent point écrire, par la signature du commissaire enquêteur qui les reçoit et en dresse immédiatement procès-verbal. Lors même que les déclarations sont identiques, elles doivent être consignées distributivement dans le procès-verbal, indépendamment les unes des autres, avec leurs raisons respectives, et, autant qu'il est possible, dans les termes propres aux déclarants (*Idem*).

Si l'enquête donne lieu à des réclamations, elles doivent être consignées au procès-verbal avec l'avis du commissaire enquêteur. Le conseil municipal répond aux observations qui ont pu être faites, et l'affaire est ensuite transmise au préfet qui statue en conseil de préfecture (Loi du 18 juillet 1837 et décret du 25 mai 1852, tableau A, § 41).

Le maire procède ensuite comme en matière d'acquisitions ordinaires. Ainsi il fait faire l'estimation du terrain à acquérir, il en fait lever le plan dans lequel doivent être indiqués les confins, la situation et l'éloignement du terrain de l'enceinte des habitations, et il fait souscrire une promesse de vente par le propriétaire.

Si le propriétaire du terrain désigné refusait de le céder à l'amiable, il devrait être procédé suivant les règles tracées par la loi du 3 mai 1841 sur l'expropriation pour cause d'utilité publique. Néanmoins, on ne doit recourir à cette mesure extrême qu'avec la plus grande réserve et qu'autant qu'il serait absolument impossible de trouver à acheter amiablement dans la commune aucun autre terrain propre aux inhumations ; car la convenance ou l'avantage que trouvera la commune à prendre tel terrain ne serait pas un motif suffisant pour en exproprier le propriétaire.

Lors donc qu'il s'agit de procéder par voie d'expropriation, il devient indispensable de produire, à l'appui du procès-verbal d'enquête, dressé dans les formes prescrites par l'ordonnance réglementaire du 23 août 1835, un certificat du maire et du commissaire enquêteur, attestant qu'il n'existe, en effet, sur le territoire de la commune, aucun autre emplacement également convenable pour servir de cimetière, et que le propriétaire consentirait à céder à l'amiable (Décision min. int., 1835).

ART. 8.

Aussitôt que les nouveaux emplacements seront disposés à recevoir les inhumations, les cimetières existants seront fermés et resteront dans l'état où ils se trouveront sans que l'on puisse en faire usage pendant cinq ans.

Les familles des décédés sont fondées à invoquer cet article pour empêcher que les tombes de ces derniers ne soient troublées avant l'expiration de ce délai, et le préfet ne peut qu'inviter l'administration municipale à respecter leur volonté (Décision min. int. 1859).

2. — Une commune avait fait l'acquisition d'un nouveau cimetière et désirait transformer immédiatement en place publique le cimetière actuel qui entourait l'église.

Dans ce but et pour ne pas subir le délai fixé par l'article 8 du décret du 23 prairial an XII, elle a entrepris de transférer dans le nouveau lieu d'inhumation les restes déposés dans l'ancien depuis quelques années. Mais les familles d'un certain nombre de décédés ont déclaré s'opposer à la mesure et réclamer la clôture du cimetière pendant cinq ans, conformément à la loi.

Le préfet a demandé s'il devait autoriser l'administration à passer outre aux oppositions qu'elle rencontrait. Il lui a été répondu : « La négative n'est pas douteuse.» Les dispositions de l'article 8 précité sont formelles ; elles portent que, lorsqu'un nouveau cimetière est créé, l'ancien doit être fermé et demeurer pendant cinq ans dans l'état où il se trouve au moment de la clôture. Les familles des décédés sont donc fondées à invoquer cet article pour empêcher que les tombes de ces derniers ne soient troublées avant l'expiration de ce délai, et le préfet ne peut, dans l'espèce, qu'inviter l'administration municipale à respecter leur volonté (Décision min. de 1859, n° 77).

ART. 9.

A partir de cette époque, les terrains servant maintenant de cimetières peuvent être affermés par les communes auxquelles ils appartiennent, mais à condition qu'ils ne seront qu'ensemencés ou plantés, sans qu'il puisse y être fait aucune fouille ou fondation pour des constructions de bâtiment, jusqu'à ce qu'il en soit autrement ordonné.

1. Aux termes des dispositions combinées de la loi du 15 mai 1791, art. 9, ainsi conçu : « Les cimetières ne peuvent être mis dans le commerce qu'après dix années, à compter depuis les dernières inhumations », et du décret du 23 prairial an XII (articles 8 et 9), tout usage des anciens cimetières est interdit pendant cinq ans à partir de leur suppression ; les cinq années suivantes, on a la faculté de les ensemencer et de les planter, et c'est seulement à l'expiration de cette période de dix ans qu'il est permis d'y faire des fouilles ou fondations pour construire des bâtiments.

Telles sont, d'après la jurisprudence et conformément à un avis du conseil d'État du 13 nivôse an XIII, les conditions sous lesquelles les communes peuvent être autorisées à échanger et à vendre les cimetières dont la fermeture ne remonte pas au delà de dix ans. Il importe, dès lors, que l'administration municipale, aussitôt la réalisation de la vente ou de l'échange,

6.

veille soigneusement à ce que les nouveaux propriétaires exécutent les conditions dont il s'agit (Décisions min. de 1859 et 1860).

2. Lorsque les dix années se sont écoulées depuis les dernières inhumations, c'est-à-dire lorsqu'il ne reste plus de traces des sépultures, un ancien cimetière peut être affecté à telle construction qu'il convient à la commune propriétaire d'y faire élever (Décision min. de 1861).

3. Un maire peut défendre à un particulier de continuer les travaux de construction par lui commencés sur le terrain d'un ancien cimetière, en vertu d'un alignement que le maire lui avait précédemment donné, et le refus de se soumettre à cette défense est une contravention de police (Arrêt cass. du 15 novembre 1837).

TITRE III.

DES CONCESSIONS DE TERRAINS DANS LES CIMETIÈRES.

ART. 10.

Lorsque l'étendue des lieux consacrés aux inhumations le permettra, il pourra y être fait des concessions de terrains aux personnes qui désireront y posséder une place distincte et séparée pour y fonder leur sépulture et celle de leurs parents ou successeurs, et y construire des caveaux, monuments ou tombeaux (1).

1. — Un particulier ne peut se plaindre de ce que l'administration municipale refuse de lui concéder dans le cimetière communal un terrain pour y fonder une sépulture de famille. En effet, en matière de concessions, l'article 10 ne prescrit rien aux communes, c'est une simple faculté qu'il

---

(1) Voir, sur les concessions de terrain, l'article 3 de l'ordonnance du 6 décembre 1843.

leur attribue, et l'autorité supérieure ne saurait les contraindre à en user si elles croient avoir intérêt à ne pas le faire (Décision min. int. 1861).

2. Les fabriques ne peuvent faire des concessions dans les cimetières dont elles sont propriétaires. Ce droit appartient exclusivement à la commune ; elle le tient de la loi du 18 juillet 1837, art. 31, § 9, et des lois de finances qui consacrent chaque année la perception de cette recette communale (Décision min. int. de 1857, n° 43).

3. Par l'expression de *successeurs* énoncée en l'article 10 du décret du 23 prairial an XII, et précédée de celle de parents, on entend ordinairement les héritiers qui, n'étant pas parents, succèdent au défunt en vertu de dispositions testamentaires et non pas les personnes qui remplacent le concessionnaire dans les fonctions publiques dont il était revêtu, ou dans ses biens par voie d'acquisition, car elles peuvent lui être entièrement étrangères (Décision min. int. de 1856).

4. A s'en tenir strictement aux termes de l'article 10 du décret du 23 prairial an XII, l'emplacement dont une famille est concessionnaire à perpétuité dans un cimetière communal, ne peut servir à l'inhumation d'une personne étrangère à cette famille.

Mais, dans la pratique, la loi est souvent interprétée d'une manière moins rigoureuse, et il est admis que le propriétaire d'un emplacement peut y faire inhumer, outre les membres de sa famille, des personnes auxquelles l'attachaient des liens d'affection ou de reconnaissance (Décision min. int. de 1863, n° 42).

5. La réserve d'une sépulture particulière pour le donateur et les membres de sa famille n'a rien qui puisse blesser les convenances ni la légalité ; mais il y aurait un véritable abus à étendre cette faculté à des étrangers (Décision min. int. de 1835).

6. Les caveaux de famille peuvent être établis aussi bien dans des terrains concédés temporairement que dans des terrains concédés à perpétuité. La loi n'ayant établi aucune distinction à cet égard entre les concessions perpétuelles et les

concessions temporaires, il n'y aurait pas de motifs pour favoriser, sous ce rapport, les unes plus que les autres (Décision min. int. 1860).

7. Les communes ne sont pas tenues de mettre un caveau provisoire à la disposition des familles pour leur laisser le temps d'établir des sépultures définitives, et, lorsqu'elles en font construire un, afin d'éviter les formalités toujours pénibles des exhumations, elles ont le droit d'attacher un prix à ce service rendu et d'exiger un prix de location fixé par un tarif régulièrement approuvé (Décision min. int. de 1863 n°s 32 et 41).

La famille B... a eu un enfant inhumé, en 1848, dans le cimetière de la commune de... En 1856, le même terrain a reçu le corps d'un autre enfant appartenant à la famille S..., qui a fait élever un monument sur sa tombe.

Les deux familles ayant demandé la concession à perpétuité de ce terrain et, pour le cas où la préférence serait accordée aux héritiers S..., les héritiers B... ayant sollicité l'autorisation d'y opérer des fouilles pour retirer et placer ailleurs les restes de leur enfant, le ministre de l'intérieur consulté a répondu :

« Il est évident que la famille B..., qui a négligé de s'assurer la possession du terrain où son enfant avait été inhumé, et qui a laissé la commune y déposer un autre coprs, n'est plus à temps pour en demander la concession. On n'admet pas davantage que, pour se livrer à des recherches qui seraient probablement inutiles, après quinze années, elle puisse troubler la sépulture de la famille S.... Il y a donc lieu de concéder à cette dernière le terrain en question et d'empêcher les héritieré B... d'y pratiquer aucune fouille (Décision min. int. de 1863, n° 50). »

Art. 11.

Les concessions ne seront néanmoins accordées qu'à ceux qui offriront de faire des fondations ou donations en faveur des pauvres et des hôpitaux, indépendamment d'une somme qui sera donnée à la commune, et, lorsque ces fondations et donations auront été autorisée, par le gouvernement, dans les formes accoutumées, sur l'avis des conseils municipaux et la proposition des préfets (1).

1. On a demandé si une commune peut, en reconnaissance d'un legs fait à ses pauvres sans aucune charge, concéder gratuitement et à perpétuité, dans son cimetière, un terrain pour la sépulture du bienfaiteur, lorsque le montant de la libéralité dépasse le prix que l'on pourrait exiger de la famille, d'après le tarif en vigueur.

En principe, a répondu le ministre, les communes ne font pas de libéralités. Or, le legs dont il s'agit n'étant subordonné à aucune condition et n'intéressant qu'indirectement la commune, celle-ci ne saurait être autorisée à faire une concession qui aurait, dans l'espèce, le caractère d'une véritable donation (Décision min. int. de 1858, n° 24).

2. La condition imposée par l'article 11 du décret du 23 prairial an XII, aux concessionnaires de sépultures privées, dans les cimetières communaux, de faire une donation aux pauvres ou aux hôpitaux, est obligatoire, même pour le vendeur d'un terrain destiné à l'établissement d'un cimetière et qui s'en réserve une partie pour sa sépulture et celle de sa famille (Décision min. int., de 1835).

3. La concession gratuite par une commune d'un terrain dans un cimetière, ne détruit pas l'obligation imposée au concessionnaire de faire un don aux établissements de charité. C'est au conseil municipal à régler en pareil cas le droit de ces derniers, en même temps qu'il règle sa propre concession (Décision min. int. de 1834).

4. Lorsqu'un legs a été fait au directeur d'un cimetière pour la conservation d'une tombe, il n'y a pas lieu de considérer la commune du lieu comme intéressée à la libéralité et

---

(1) Voir l'article 3 de l'ordonnance du 3 décembre 1843, et le décret du 25-30 mars 1852, qui modifient cet article.

par conséquent, de l'autoriser à recueillir cette libéralité (Décision min. int. de 1859).

5. On ne saurait approuver la donation d'un terrain pour la construction d'une église, avec réserve d'une concession dans le cimetière, qu'autant que le donateur s'engagerait à verser le capital qui doit profiter aux pauvres, ou que la commune donataire consentirait à payer cette somme aux lieu et place du donateur. En effet, en admettant que le don d'un emplacement pour construction d'église fait à une commune puisse tenir lieu de la somme qui doit être versée dans la caisse municipale, il faut que les pauvres ne soient pas privés du capital qui doit leur revenir aux termes du décret du 23 prairial an XII et de l'ordonnance du 6 décembre 1843 (Décision min. int. de 1859).

ART. 12.

Il n'est point dérogé par les articles précédents aux droits qu'a chaque particulier, sans besoin d'autorisation, de faire placer sur la tombe de son parent ou de son ami, une pierre sépulcrale ou autre signe indicatif de sépulture, ainsi qu'il a été pratiqué jusqu'à présent.

Deux décisions ministérielles de 1856 et 1858 avaient reconnu que les pierres sépulcrales pouvaient subsister tant que le service des inhumations ne nécessitait pas la réouverture des fosses, et qu'il n'était dû, d'ailleurs, aucune taxe pour le maintien de ces signes distinctifs de sépulture. Toutefois, une autre décision de 1860 a déclaré que d'après les dispositions de l'article 12 du décret du 23 prairial an XII, combinées avec celles de l'article 16, l'administration municipale n'était pas tenue de laisser subsister plus de cinq ans les pierres tumulaires placées sur les sépultures.

ART. 13.

Les maires pourront également, sur l'avis des administrateurs des hôpitaux, permettre que l'on construise, dans l'enceinte de ces hôpitaux, des monuments pour les fondateurs et bienfaiteurs de ces établissements, lorsqu'ils en auront déposé le désir, dans leurs actes de donation, de fondation ou de dernière volonté.

Les monuments que les maires sont autorisés à élever dans l'enceinte des hôpitaux pour les fondateurs et bienfaiteurs sont purement commémoratifs et ne reçoivent pas de sépulture (Décision min. int. de 1862, n° 50).

ART. 14.

Toute personne pourra être enterrée dans sa propriété, pourvu que ladite propriété soit hors et à la distance prescrite des villes et bourgs, c'est-à-dire hors de l'enceinte des communes et à la distance d'au moins 35 à 40 mètres de cette enceinte.

1. Cet article fait exception à la règle générale d'après laquelle toute inhumation doit être faite dans le cimetière où a lieu le décès (Arrêté du conseil d'État, 1861).

2. La législation sur les sépultures ne permet pas la création de cimetières privés. Le décret du 22 prairial an XII reconnaît seulement à toute personne le droit de se faire inhumer sur sa propriété, si elle se trouve à 35 mètres au moins de l'enceinte des villes et bourgs (Décis. min. int. de 1859).

3. Le législateur n'a pas entendu, par les dispositions de l'art. 14, laisser au caprice de chacun la liberté pleine et entière de faire enterrer où il voudrait, dans les champs, le long des chemins, les membres de sa famille, pourvu que ce soit sur son terrain et à 35 ou 40 mètres des villes et villages. Des motifs de salubrité publique, et plus encore, des considérations puisées surtout dans le respect dû à la cendre des morts, s'opposaient à ce qu'il en fût ainsi. Aussi l'art. 16 du décret du 23 prairial vient-il immédiatement expliquer et limiter la portée de l'art. 14. Cet article, en soumettant les lieux

de sépulture privée, non pas seulement à la police et surveillance, mais textuellement à l'*autorité* des administrations municipales, confère implicitement aux maires, sauf recours aux préfets, le droit de réglementer les conditions dans lesquelles pourront avoir lieu les inhumations, et même de les interdire, s'il y échet. De cette prescription résulte l'obligation, pour celui qui veut user de la faculté de l'art. 14, d'en référer préalablement à l'autorité administrative et de n'agir que sous sa direction (Arrêt cass., du 11 juillet 1856).

4. En reconnaissant à tout propriétaire le droit individuel de se faire enterrer sur sa propriété, l'art. 14 n'a pas entendu conférer à des individus qui ne seraient ni parents ni alliés, l'autorisation générale et indéfinie de se faire enterrer successivement dans un certain terrain indivisément possédé par eux, et d'établir ainsi de véritables cimetières.

Le principe général, en matière de sépulture, est que tout homme, après son décès, doit être inhumé dans le cimetière communal, et que, s'il peut être exceptionnellement déposé dans un terrain privé, ce ne sera qu'en vertu d'une autorisation spéciale et particulière, que l'administration est libre, selon les circonstances, d'accorder ou de refuser (Arrêt du conseil d'État du 12 mars 1846).

5. L'emplacement qu'un individu a acquis pour sa sépulture, dans le cimetière privé d'une famille, ne constitue pas une propriété particulière dans le sens de l'art. 14, où l'on puisse se faire enterrer. En conséquence, le fait de l'inhumation de cet individu dans l'emplacement ainsi acquis, est une contravention à l'arrêté municipal qui défend toute inhumation ailleurs que dans le cimetière communal ou dans les autres lieux prescrits par les lois (Cass., 24 janvier 1840).

6. Le législateur n'a entendu accorder de privilége qu'au seul propriétaire et à sa famille, autrement il se serait exprimé comme il l'a fait dans l'art. 10 relatif aux concessions de terrains dans les cimetières, lequel dispose que les concessionnaires pourront y fonder leur sépulture et celle de leurs parents et successeurs. Du reste, il résulte de la jurisprudence de la cour de cassation (arrêt du 14 avril 1838), que l'article

en question doit être entendu dans le sens le plus restrictif (Décis. min. int. de 1856 et 1861).

7. L'article 14 ne permet pas d'autoriser, d'une manière générale, la fondation d'une sépulture de famille dans une propriété particulière, mais seulement des inhumations individuelles. Il faut se pourvoir d'un permis du maire à chaque décès d'un membre de la famille. On comprend les raisons d'ordre et de surveillance qui commandent cette restriction (Décis. min. int. de 1856, n° 50).

L'autorisation préalable de l'administration est toujours nécessaire pour l'établissement d'une sépulture de famille, dans une propriété privée (Décis. min. int. de 1862; jurisprudence du conseil d'État).

8. On ne saurait admettre, qu'en exécution de l'article 14, il soit permis de fonder une sépulture de famille dans un terrain de peu d'étendue qui aurait été acheté uniquement pour la réalisation de ce projet et dans le but d'éviter le payement des droits de concession (Décis. min. int. de 1861).

9. On ne peut établir une sépulture de famille dans un terrain quelconque situé à la distance légale des habitations. Le législateur n'a entendu accorder qu'au propriétaire seul, et non à sa famille, le droit de se faire inhumer dans sa propriété, lorsqu'elle est d'une certaine étendue et à la distance prescrite (Décision min. int. de 1861).

10. L'article 14 n'est applicable qu'au cas où un particulier, propriétaire d'un immeuble plus ou moins considérable, désire en affecter une partie à sa sépulture et à celle de ses proches parents. Il n'en est pas ainsi dans le cas où quelques propriétaires, qui ont des membres de leurs familles inhumés dans le cimetière, se sont rendus acquéreurs d'un terrain sur lequel ils demandent à faire transférer les restes de leurs parents, puisqu'il s'agit d'une collection d'individus appartenant à des familles différentes, qui ont acquis un terrain dans le but spécial d'y établir une sorte de cimetière privé et de se soustraire à la règle générale (Décis. min. int. de 1860).

11. D'après la jurisprudence actuelle du conseil d'État adoptée comme règle plus conforme à l'esprit de la législation

sur les sépultures, les congrégations religieuses ne sauraient être autorisées à ouvrir des cimetières particuliers pour les membres qui les composent. L'administration locale pourrait seulement, par application de l'article 14 du décret du 23 prairial an XII, leur permettre, sur une demande formée à chaque décès, des inhumations individuelles dans une de leurs propriétés réunissant les conditions légales de distance et de salubrité (Décision min. int. de 1860).

12. En principe, toute personne doit être inhumée dans le cimetière de la commune où elle est décédée. Non-seulement on priverait les communes des revenus provenant des concessions, mais encore on rendrait la police des cimetières illusoire, si chacun avait la faculté de se faire enterrer dans l'endroit qui lui convient. Les inhumations dans un lieu autre que le cimetière de la commune sont des exceptions à la règle générale. Ces exceptions ne doivent être autorisées que dans des circonstances particulières et lorsqu'il s'agit notamment de donner satisfaction à des habitudes résultant de la situation topographique des localités (Décisions min. de 1856, 1859 et 1860).

ART. 15.

Les lieux de sépulture, soit qu'ils appartiennent aux communes, soit qu'ils appartiennent à des particuliers, seront soumis à l'autorité, police et surveillance des administrations municipales.

1. L'autorité municipale a bien pour mission de surveiller les lieux d'inhumation, au point de vue général de la police, de la décence et de la salubrité, mais l'entretien et la conservation des sépultures particulières échappe à ses attributions, et on ne verrait, par conséquent, aucun motif de les faire intervenir pour cet objet (Décis. min. int. de 1857).

2. Le cimetière d'une commune est exclusivement réservé pour les décès qui arrivent dans cette commune. Toutefois, il faut comprendre au nombre des corps qui doivent être inhu-

més dans une commune ceux qui, sans appartenir à des personnes mortes sur le lieu même, y auraient été apportés par quelque accident imprévu. Si, par exemple, le décédé avait manifesté le désir d'être enterré dans le cimetière d'un lieu autre que celui de son décès, soit parce qu'il lui aurait fait quelque don, soit parce qu'il y serait né, soit parce qu'il y serait attaché par des souvenirs de famille, l'autorisation pourrait être accordée, mais il faudrait le consentement, non-seulement du maire de la commune du décès, mais aussi celui du maire et même du conseil municipal de la commune où l'inhumation serait demandée, puisqu'il s'agit d'une propriété communale (*École des communes.*, 1835, p. 194).

3. La circonscription des succursales peut s'écarter de celle des communes, mais le maire peut prescrire que les habitants distraits de la commune pour le culte seront inhumés dans le cimetière de la commune (Décision min. int. de 1834).

Il résulte de l'ensemble de la législation sur les sépultures que c'est aux communes à pourvoir aux frais des inhumations, et c'est ainsi que l'acquisition et la clôture des cimetières sont une charge entièrement communale. La sépulture donnée aux morts n'est pas d'ailleurs seulement un devoir de convenance et de religion, c'est aussi une affaire de salubrité, et, dès lors, il y a pour la commune un intérêt positif à faire ensevelir tout individu trouvé mort sur son territoire, lors même qu'il n'appartient pas à la circonscription. Les administrations municipales se refuseraient donc à tort à admettre dans leurs budgets cette nature de dépenses (Décision min. int. de 1834).

4. Le curé n'a pas le droit d'avoir à sa disposition exclusive une clef du cimetière, car l'autorité municipale ne pourrai talors remplir sa mission de surveillance, et elle serait fondée à décliner la responsabilité qui en résulte, si elle était tenue de remettre au curé une clef du cimetière.

Il existe bien quelquefois, dans les cimetières, des chapelles où l'on célèbre des services religieux ; mais ces chapelles ne se trouvent guère que dans les grandes villes, et, en pareil cas, il est permis de croire que les maires s'empressent de faciliter l'accès des lieux de sépulture pour l'accomplissement des services religieux (Décision min. int. de 1856).

5. Les lois qui régissent en France le service des sépultures interdisent rigoureusement toute communication du dehors avec l'intérieur des sépultures (Décision min. int. de 1862).

6. Une dame avait formé une demande en autorisation de construire dans un cimetière un monument où les restes de son fils seraient déposés et, par exception, recouverts seulement d'une pierre sépulcrale mobile qui lui permettrait de ne pas en être séparée définitivement. Il lui a été répondu :

« Les lois qui régissent en France le service des inhumations sont formelles ; elles interdisent rigoureusement toute communication du dehors avec l'intérieur des sépultures. Il n'y a pas d'exemple qu'on ait dérogé à ce principe qui n'a pas été établi seulement en vue du respect dû aux morts et de la salubrité, mais qui a encore pour objet de sauvegarder la responsabilité de l'administration chargée de la surveillance des cimetières (Décision min. int. de 1862, n° 32). »

7. L'autorité municipale a le droit d'ordonner le murage des portes d'un cimetière appartenant à un particulier. L'arrêté pris à cet effet par le maire devient obligatoire par le seul fait de sa publication (Cassation, 28 décembre 1839).

8. Elle a également le droit de supprimer, par mesure de police, un passage sur le cimetière dont l'existence est contraire aux prescriptions du décret du 23 prairial an XII (art. 3, 16 et 17).

9. Aux termes de l'article 2226 du Code Napoléon, la prescription ne peut pas être invoquée à l'égard des choses qui ne sont pas dans le commerce, et c'est là une disposition évidemment applicable aux lieux des inhumations (Décision min. int. de 1861).

114

cimetière, il n'y a point d'obstacle légal à ce que ce cimetière soit établi sur le territoire d'une commune voisine. Mais, dans ce cas, le droit de police attribué au maire de la commune propriétaire du sol du cimetière est restreint à ce qui concerne les inhumations. A celui de la commune du lieu reste dévolue la juridiction de police municipale comme sur les autres parties du territoire communal dont cet emplacement ne cesse pas de faire partie, c'est-à-dire qu'en cas de désordre, de tumulte, de vol ou de tout autre délit ou crime qui pourrait s'y commettre, c'est à ce dernier magistrat d'intervenir, de verbaliser et de provoquer les poursuites nécessaires (Décision min. int. de 1857).

2. On ne doit pas déplacer un monument funèbre, pour la rectification d'un chemin d'accès, sans le consentement du propriétaire.

Il est de principe que le repos des morts ne doit pas être troublé, sauf le cas de nécessité absolue. On ne saurait procéder dans les cimetières comme sur des terrains libres, et, s'il importe d'y introduire de la régularité au point de vue de la circulation, cette régularité doit être obtenue graduellement et sans porter atteinte à des situations acquises (Décision min. int. de 1861).

3. Les gardiens des cimetières et les fossoyeurs sont nommés par le maire qui peut les révoquer ; leurs traitements sont fixés par le conseil municipal, sauf l'approbation de l'autorité supérieure.

4. Le maire seul a le droit de donner des ordres pour l'ouverture des fosses, pour leur emplacement, ainsi que pour toutes les autres dispositions que nécessitent le bon ordre et la décence des inhumations. Il a le droit de prendre des arrêtés à cet effet (Décision min. de la justice de 1837).

5. Aux termes des articles 16 et 17 du décret du 23 prairial an XII, les lieux de sépulture sont soumis à l'autorité, police et surveillance des administrations municipales, et les autorités locales sont spécialement chargées de maintenir l'exécution des règlements qui prohibent les exhumations non autorisées. D'après ces dispositions, lorsqu'il s'agit de l'exhumation d'un

corps qui doit être réinhumé, soit dans une autre partie du même cimetière, soit dans toute autre partie du territoire de la même commune, cette double opération doit être autorisée par le maire. En outre, si la réinhumation doit être faite hors de la commune, l'autorisation, soit du sous-préfet, soit du préfet, soit du ministre de l'intérieur, est nécessaire, suivant que le corps doit être transporté d'une commune à une autre, ou dans un autre arrondissement ou un autre département.

Dans ces divers cas, le commissaire de police doit être présent pour veiller à ce que les opérations soient accomplies avec toutes les précautions convenables. Cette assistance d'un fonctionnaire à l'exécution de mesures autorisées dans un intérêt privé ne saurait être gratuite : une rétribution leur est due en principe.

Fixée à Paris par le préfet de la Seine, elle doit être déterminée, dans les autres départements, par l'autorité municipale, soit au moyen d'un tarif permanent, soit au moyen d'une taxe arrêtée pour chaque cas particulier. Une rémunération est due au commissaire de police toutes les fois qu'il est appelé à donner son concours à l'exhumation, à l'enlèvement, à l'arrivée ou à la réinhumation d'un corps. Dans les villes dont la population excède 10,000 habitants, il appartient au préfet, en vertu de l'article 50 de de la loi du 5 mai 1855, de déterminer la rétribution due aux commissaires de police pour leur assistance à ces diverses opérations (Décision min. de 1860, n° 12).

TITRE V.

DES POMPES FUNÈBRES.

ART. 18.

Les cérémonies précédemment usitées pour les convois, suivant les différents cultes, seront rétablies, et il sera libre aux familles d'en régler la dépense suivant leurs moyens et facultés ; mais hors de l'enceinte des églises et des lieux de sépulture, les cérémonies religieuses ne seront permises que dans les communes où l'on ne professe qu'un seul culte, conformément à l'article 45 de la loi du 18 germinal an x (1).

Art. 19.

Lorsque le ministre d'un culte, sous quelque prétexte que ce soit, se permettra de refuser son ministère pour l'inhumation d'un corps, l'autorité civile, soit d'office, soit sur la réquisition de la famille, commettra un autre ministre du même culte pour remplir ces fonctions ; dans tous les cas, l'autorité civile est chargée de faire porter, présenter, déposer et inhumer les corps.

1. La sépulture donnée aux morts peut être considérée sous deux points de vue :

1° L'acte pur et simple de l'inhumation que la loi civile régit, dont elle détermine les conditions, et pour lequel sont établies des règles fondées sur les convenances d'ordre public et de salubrité (c'est là un point de police municipale dont l'autorité administrative doit seule connaître et pour lequel elle ne prend conseil que d'elle-même ;

2° La cérémonie religieuse qui, de sa nature, touche au grand principe de la liberté des cultes, et à laquelle préside le ministre de chaque culte dans l'enceinte du temple.

On ne saurait valablement attribuer à l'autorité civile le droit de faire ouvrir les portes d'une église dans le but d'y introduire le corps d'un homme à qui le clergé refuserait la sépulture ecclésiastique.

2. L'article 19 charge l'autorité civile de commettre, lorsqu'un ministre refuse son concours, un autre ministre du même

---

(1) Cet article est ainsi conçu : « Aucune cérémonie religieuse n'aura lieu *hors* des édifices consacrés au culte catholique dans les villes où il y aura des temples consacrés à différents cultes. »

7.

culte ; mais cette commission ne peut être obligatoire. Quoi qu'il advienne, l'autorité civile est chargée de faire porter, présenter, déposer et inhumer les corps, mais elle n'a pas le droit de les introduire dans l'église contre le gré du ministre du culte. L'autorité se bornera à faire présenter le corps à l'entrée des lieux consacrés au culte lorsque le prêtre n'aura point accompagné le convoi après son départ de la maison mortuaire, afin que le prêtre puisse le recevoir et procéder aux cérémonies conformes au rit de la communion ; s'il y a refus de sépulture ecclésiastique, l'autorité doit faire transporter les corps au lieu des inhumations et veiller à ce que jamais on ne force les portes du temple (Circulaire min. de la justice et de l'intérieur des 15 et 16 juin 1847).

3. Si les refus de sépulture étaient inspirés par des sentiments autres que ceux du devoir, les familles trouveraient dans les dispositions des articles 6 et suivants de la loi du 8 germinal an x (1) les moyens d'obtenir la répression de tels abus.

Art. 20.

Les frais et rétributions à payer aux ministres des cultes et autres individus attachés aux églises et temples, tant pour leur assistance aux convois que pour les services requis par les familles, seront réglés par le gouvernement, sur l'avis des évêques, des consistoires et des préfets, et sur la proposition du conseiller d'État chargé des affaires concernant les cultes (aujourd'hui le ministre de la justice et des cultes). Il ne sera rien alloué pour leur assistance à l'inhumation des individus inscrits aux rôles des indigents.

---

(1) L'article 6 de cette loi est ainsi conçu : « Le conseil d'État connaîtra de *toutes les entreprises* du ministre des cultes et de toutes dissensions qui pourront s'élever entre ces ministres. »

Art. 21.

Le mode le plus convenable pour le transport des corps sera réglé suivant les localités, par les maires, sauf l'approbation des préfets.

Art. 22.

Les fabriques des églises et les consistoires jouiront seuls du droit de fournir les voitures, tentures, ornements, et de faire généralement toutes les fournitures quelconques nécessaires pour les enterrements et pour la décence ou la pompe des funérailles. Les fabriques et consistoires peuvent faire exercer et affermer ce droit, d'après l'approbation des autorités civiles sous la surveillance desquelles ils sont placés (1).

1. On doit distinguer, en cette matière, le service des cérémonies intérieures de l'église et celui de la pompe extérieure des convois. Les tarifs relatifs au premier sont dressés par les fabriques et communiqués aux conseils municipaux. Ceux-ci, à leur tour, préparent les tarifs du service extérieur, sauf à prendre l'avis des fabriques. Ces règles sont tracées par le décret du 18 mai 1806 qui soumettait ces tarifs à l'approbation du chef de l'État.

Les préfets doivent veiller à ce que les classes des convois soient, autant que possible, composées d'une manière invariable, sauf à en augmenter le nombre pour les proportionner à la variété des fortunes. Il importe que la fixité des classes et leur ordonnance simple et claire préviennent les obsessions et les artifices dont les familles sont souvent l'objet de la part des entrepreneurs auxquels les fabriques afferment le ser-

---

(1) Voir le décret du 18 mai 1806.

vice des pompes funèbres (Circulaire min. int. du 5 mai 1852).

2. Dans les communes où le service des pompes funèbres est confié à des entreprises, ce sont les entrepreneurs qui fournissent tous les objets nécessaires moyennant une remise versée pour la caisse des fabriques.

3. En principe, les hospices n'ont pas le droit de profiter du produit des frais d'inhumation et des services funéraires célébrés dans les chapelles de ces établissements.

Les décrets du 23 prairial an XII et 18 mai 1806 ont attribué aux fabriques des églises, paroisses et consistoires le droit exclusif de faire les fournitures pour les inhumations, la décence et la pompe des funérailles, et, d'un autre côté, le décret du 30 décembre 1809 comprend, par son article 36 dans les revenus des fabriques le produit des droits et oblations et celui des frais d'inhumation.

Les fabriques peuvent donc, si elles le jugent à propos, exercer leurs droits sur le casuel dont il s'agit ; mais, dans ce cas, les commissions administratives des hospices sont fondées; de leur côté, à demander que les fabriques paroissiales soient chargées de pourvoir gratuitement à la sépulture des indigents décédés dans les hospices.

Art. 23.

L'emploi des sommes provenant de l'exercice et de l'affermage de ce droit sera consacré à l'entretien des églises, des lieux d'inhumation, et au payement des desservants. Cet emploi sera réglé et réparti sur la proposition du conseiller d'État chargé des affaires concernant les cultes, aujourd'hui du ministre des cultes, et d'après l'avis des évêques et des préfets.

Art. 24.

Il est expressément défendu à toutes autres personnes, quelles que soient leurs fonctions, d'exercer le droit susmentionné, sous telle peine qu'il appartiendra, sans préjudice des droits résultant des marchés existants et qui ont été passés entre quelques entrepreneurs et les préfets ou autres autorités civiles, relativement aux convois et pompes funèbres.

Art. 25.

Les frais à payer par les successeurs des personnes décédées, pour les billets d'enterrement, le prix des tentures, les bières et le transport des corps, seront fixés par un tarif proposé par les administrations municipales et arrêté par les préfets.

Art. 26.

Dans les villages et autres lieux où le droit précité ne pourra être exercé par les fabriques, les autorités locales y pourvoiront, sauf l'approbation des préfets.

Décret concernant le service dans les églises et les convois funèbres.

(18 mai 1806.)

TITRE II.

SERVICE POUR LES MORTS DANS LES ÉGLISES.

ART. 4.

Dans toutes les églises, les curés, desservants et vicaires feront gratuitement le service exigé pour les morts indigents; l'indigence sera constatée par un certificat de la municipalité.

ART. 5.

Si l'église est tendue pour un convoi funèbre et qu'on présente ensuite le corps d'un indigent, il est défendu de détendre jusqu'à ce que le service de ce mort soit fini.

ART. 6.

Les règlements déjà dressés et ceux qui le seront à l'avenir par les évêques, sur cette matière, seront soumis par notre ministre des cultes à notre approbation.

ART. 7.

Les fabriques feront par elles-mêmes, ou feront faire par entreprise aux enchères, toutes les fournitures né-

essaires au service des morts dans l'intérieur de l'église
t toutes celles qui sont relatives à la pompe des convois,
ans préjudice aux droits des entrepreneurs qui ont des
narchés existants. — Elles dresseront à cet effet des
arifs et des tableaux gradués par classe, ils seront com-
nuniqués aux conseils municipaux et aux préfets, pour y
onner leur avis, et seront soumis, par notre ministre des
ultes, pour chaque ville, à notre approbation. Notre mi-
istre de l'intérieur nous transmettra pareillement, à
et égard, les avis des conseils municipaux et des
réfets.

1. Sous l'empire du décret du 25 mars 1852, concernant
a décentralisation (art. 1er, tableau A, nᵒ 46), le préfet est
ompétent pour approuver le tarif des pompes funèbres. Le
nême pouvoir lui a été conféré précédemment par le décret
u 18 mai 1806 (art. 7), et par la loi du 18 juillet 1837
rt. 20), en ce qui touche le mode de transport des corps ;
lais, d'après l'esprit de cette loi et la jurisprudence actuelle,
e droit du préfet, en pareille matière, consiste à donner ou
refuser son approbation à la délibération municipale ; il ne
ui permet pas de la modifier. Il a seulement, pour atteindre ce
ut, la faculté de lui réserver son approbation, en indiquant
es conditions auxquelles il la donnerait (Décision min. de
862, nᵒ 17).

2. La connaissance des contestations entre un entrepreneur
lu service des pompes funèbres et une fabrique, au sujet de
ertaines clauses du marché entre eux, est attribuée aux con-
eils de préfecture, jugeant au premier degré, sauf recours
ontre leurs décisions devant le conseil d'État (Décision min.
nt. de 1860).

3. Un préfet a consulté le ministre sur le point de savoir si
es fabriques des églises d'une ville qui font par elles-mêmes
ux familles toutes les fournitures nécessaires au service des
nhumations, et qui, jusqu'à présent, se les sont procurées par
a voie de l'adjudication, pourraient être autorisées aujour-

d'hui à passer des marchés de gré à gré avec certains indus-
triels pour déjouer une coalition organisée entre les précédents
propriétaires.

Aux termes de l'article 7 du décret du 18 mai 1806, les fabriques ne sont pas aussi rigoureusement tenues de procéder
par voie d'adjudication, lorsqu'elles font par elles-mêmes les
fournitures nécessaires au service des inhumations, que lorsqu'elles les font faire par entreprise.

En conséquence, s'il paraît bien démontré que la fabrique
de la ville ait plus d'intérêt pour le moment à se procurer ces
fournitures, au moyen de traités de gré à gré, rien ne s'oppose à ce que le préfet leur en accorde l'autorisation (Décision
min. de 1862, n° 16).

Art. 8.

Dans les grandes villes, toutes les fabriques se réuniront pour ne former qu'une seule entreprise.

Décret portant fixation du rayon des servitudes aux abords des cimetières.

(7 mars 1808.)

Article premier.

Nul ne pourra, sans autorisation, élever aucune habitation, ni creuser aucun puits, à moins de 100 mètres
des nouveaux cimetières transférés hors des communes,
en vertu des lois et règlements.

Art. 2.

Les bâtiments existants ne pourront également être restaurés ni augmentés sans autorisation. Les puits pourront, après visite contradictoire d'experts, être comblés en vertu d'ordonnance du préfet du département, sur la demande de la police locale.

1. L'ordonnance de 1843 garde le silence sur la distance à observer pour la construction des habitations et le creusement des puits aux abords des cimetières transférés, distance portée à 100 mètres par le décret du 7 mars 1808, tandis que celui du 23 prairial an XII exige seulement que les nouveaux cimetières soient éloignés de 35 à 40 mètres des enceintes habitées.

Malgré l'espèce de contradiction que semblent présenter l'article 2 du décret de prairial an XII et le décret du 7 mars 1808, les dispositions de ces deux décrets sont toujours en vigueur et s'étendent à toutes les communes, sans distinction, en vertu de l'article 1er de l'ordonnance du 6 décembre 1843; mais dans la pratique, il y a une distinction essentielle à observer.

Ainsi, pour la plupart des cas, et à moins de circonstances tout à fait exceptionnelles, lorsqu'une commune a satisfait à l'obligation que lui impose le décret de l'an XII, et qu'elle a transporté son cimetière à 35 ou 40 mètres de ses murs, il ne serait ni juste ni d'ailleurs vraiment utile d'étendre les prohibitions prononcées par le décret du 7 mars 1808 sur un rayon de 100 mètres, du côté des habitations que la translation du cimetière à la distance légale a dû avoir pour effet d'exonérer de toute servitude : c'est donc seulement du côté des terrains non bâtis que doivent porter les prohibitions qui ont pour objet non-seulement de garantir la salubrité publique, mais de ménager autour des cimetières transférés une zone de terrain libre qui en facilite l'agrandissement, si c'était plus tard reconnu nécessaire.

Dans tous les cas, aux termes du décret du 7 mars 1808, ces prohibitions ne sont pas absolues et elles se bornent à la défense d'élever des habitations ou de creuser des puits sans une autorisation préalable dont il appartient au préfet d'apprécier l'opportunité (Circulaire min. du 6 décembre 1843).

2. Les servitudes dont le décret du 7 mars 1808 fait mention grèvent seulement les propriétés voisines des cimetières transférés hors des communes. Quant aux bâtiments situés aux abords des anciens cimetières, les propriétaires en ont le libre usage et peuvent à leur gré les réparer ou les augmenter : il est de principe, en effet, que les servitudes ne s'étendent point (Décision min. de 1856, nᵒ 75).

3. Un maire peut-il, en vertu du décret du 7 mars 1808, empêcher de construire des maisons d'habitation et de creuser des puits à moins de 100 mètres de distance du cimetière communal situé à proximité de l'église et dont la translation n'a jamais été opérée?

A cette question le ministre de l'intérieur a répondu : « Les dispositions du décret précité ont un caractère exceptionnel; elles s'appliquent exclusivement aux cimetières établis ou transférés en exécution soit de la déclaration du roi en date du 10 mars 1776, soit du décret impérial du 23 prairial an XII. Or, le cimetière de la commune de... ne se trouve pas dans ces conditions. Il semble donc qu'on ne saurait, en ce qui le concerne, invoquer les servitudes créées par le décret de 1808. Le maire paraissait donc d'autant moins fondé à se prévaloir des dispositions de ce décret que le lieu de sépulture dans la commune pouvait être considéré comme ayant été agrandi irrégulièrement (Décision min. int. de 1863, nᵒ 43).

4. Les propriétaires de maisons isolées et qui ne forment pas d'agglomération ne peuvent se prévaloir des dispositions du décret du 23 prairial an XII, pour demander la translation des cimetières à la distance fixée par ce décret à l'égard des villes ou bourgs. Ils se trouvent, au contraire, placés dans le cas de l'application du décret du 7 mars 1808, qui dispose que nul ne pourra construire, sans autorisation, à moins de 100

127

.128

effet que d'assurer aux fabriques les produits spontanés des cimetières catholiques; elles n'ont aucun droit aux produits spontanés des cimetières protestants.

On doit poser en règle générale que les cultes qui possèdent un lieu d'inhumation particulier dont l'entretien est exclusivement à leur charge jouissent à titre de compensation des produits dont il est question dans l'article 36 du décret précité de 1809; les mêmes charges existant de part et d'autre, il est juste d'attribuer par analogie aux protestants les avantages conférés aux catholiques (Décision min. int. de 1857, n° 44).

FRAIS D'ÉTABLISSEMENT, DE TRANSLATION, DE CLÔTURE ET D'ENTRETIEN DES CIMETIÈRES.

La *clôture* des cimetières, les frais de *premier établissement,* leur translation dans les cas déterminés par les lois et règlements, sont des dépenses obligatoires à la charge des communes. L'*agrandissement* des cimetières, quand il n'a pour objet que de pourvoir à une insuffisance de terrain pour la sépulture des morts, doit également être considérée comme une dépense obligatoire (Décision min. int. de 1859, n° 88).

1. Pour éviter des frais trop considérables, eu égard aux ressources municipales, on se contente, dans beaucoup de communes rurales, d'une clôture de haies. Encore faut-il qu'il y en ait une, qu'elle soit assez forte pour interdire l'accès du cimetière aux animaux, et que l'entrée soit fermée par une grille en bois (BRAFF, *Principes d'administration communale*).

2. Quant aux *frais d'entretien,* cette dépense rentre dans la catégorie de celles auxquelles les fabriques sont tenues en première ligne, aux termes du décret du 30 décembre 1809,

et ce n'est qu'en cas d'insuffisance constatée des ressources de ces établissements que la dépense incombe à l'établissement.

3. La question s'est élevée de savoir si c'est aux communes ou aux fabriques à supporter la dépense de la croix qui est ordinairement placée dans chaque cimetière.

L'administration des cultes avait exprimé l'opinion que cette croix, destinée à donner aux lieux d'inhumation une consécration religieuse, était devenue, par l'usage, un complément nécessaire, un accessoire indispensable de ces derniers; que c'était dès lors une dépense qui ne se distinguait pas des autres frais d'établissement et d'appropriation des cimetières, et à laquelle, par conséquent, les communes étaient naturellement tenues de subvenir.

Cette manière de voir n'a pas été partagée par le ministre de l'intérieur qui a fait remarquer que l'obligation imposée par la loi aux communes d'assurer le service des inhumations avait spécialement un caractère civil, les cimetières étant destinés à recevoir les restes de tous les décédés sans acception de culte. On ne voyait pas, dès lors, comment il serait possible de contraindre une commune qui s'y refuserait à décorer son cimetière d'un signe distinctif particulier au culte chrétien, ni surtout comment une dépense de cette nature pourrait être mise d'office à sa charge.

Ainsi, lorsque les communes, comme cela arrive le plus souvent, comprennent la pose d'une croix dans les frais d'établissement de leur cimetière, l'administration supérieure n'a pas de motif pour s'y opposer, mais, dans le cas contraire, elle ne saurait user à cet égard d'aucun moyen coercitif (Décision min. int. de 1857).

Commentaire de l'ordonnance du 6 décembre 1843 relative aux cimetières.

TITRE PREMIER.

DE LA TRANSLATION DES CIMETIÈRES.

ARTICLE PREMIER.

Les dispositions des titres 1er et 2 du décret du 23 prairial an XII, qui prescrivent la translation des cimetières hors des villes et bourgs, pourront être appliquées à toutes les communes du royaume (de l'empire).

1. Aux termes de cet article, les dispositions du décret du 23 prairial an XII, qui prescrivent la translation des cimetières hors des villes et bourgs à une distance de 35 mètres au moins des habitations, sont applicables à toutes les communes de l'empire. Dès lors, l'administration supérieure ne doit pas autoriser l'agrandissement d'un lieu de sépultures qui ne remplit pas les conditions prescrites par ce décret, à moins qu'il ne soit constaté qu'il n'existe dans la commune aucun autre emplacement propre aux inhumations; autrement on perpétuerait indéfiniment un abus que le législateur a entendu faire cesser. Ces principes sont surtout d'une application absolue lorsqu'il s'agit de recourir à la voie rigoureuse de l'expropriation (Décision min. du 2 février 1856).

ART. 2.

La translation du cimetière, lorsqu'elle deviendra nécessaire, sera ordonnée par un arrêté du préfet, le conseil municipal de la commune entendu. Le préfet déterminera également le nouvel emplacement du cimetière, sur l'avis du conseil municipal, et après enquête *de commodo et incommodo* (1).

Lorsque la translation d'un cimetière est devenue indispensable et que cette commune, ne trouvant sur son territoire aucun emplacement convenable pour l'établissement d'un nouveau lieu d'inhumation, se propose d'acquérir un terrain qui dépend d'une autre commune, il est nécessaire de consulter le conseil municipal de cette dernière commune et d'ouvrir une enquête dans la localité. Au surplus, il faut des circonstances tout exceptionnelles pour justifier une mesure semblable, et l'autorité supérieure aurait pour devoir de s'y opposer s'il ne lui était pas clairement démontré que la commune est dans l'impossibilité absolue d'établir le nouveau cimetière sur son propre territoire (Décision min. int. de 1861).

2. Un préfet avait pris un arrêté pour autoriser une commune à acquérir un terrain nécessaire à la translation du cimetière. Un décret antérieur avait déclaré d'utilité publique l'acquisition, pour la même destination, d'un autre emplacement qui a été abandonné et reconnu impropre au service des inhumations. Le préfet a demandé au ministre de faire rapporter ce décret, afin que le propriétaire du terrain délaissé ne restât pas indéfiniment soumis à l'expropriation.

Il n'est pas nécessaire, a répondu le ministre, de recourir à une pareille mesure. La translation du cimetière une fois réalisée conformément à l'arrêté préfectoral, le propriétaire dont il s'agit ne saurait redouter sérieusement une dépossession pour le même objet (Décision min. de 1858, n° 64).

---

(1) Voir le commentaire sur l'article 7 du décret du 24 prairial an XII.

TITRE II.

DES CONCESSIONS DE TERRAINS DANS LES CIMETIÈRES POUR FONDATION DE SÉPULTURES PRIVÉES.

ART. 3.

Les concessions de terrains dans les cimetières communaux, pour fondation de sépultures privées, seront, à l'avenir, divisées en trois classes :

1° Concessions perpétuelles ;

2° Concessions trentenaires ;

3° Concessions temporaires.

Aucune concession ne peut avoir lieu qu'au moyen du versement d'un capital, dont deux tiers au profit de la commune et un tiers au profit des pauvres ou des établissements de bienfaisance. Les concessions trentenaires seront renouvelables indéfiniment, à l'expiration de chaque période de trente ans, moyennant une nouvelle redevance qui ne pourra dépasser le taux de la première. A défaut du payement de cette redevance, le terrain fera retour à la commune; mais il ne pourra cependant être repris par elle que deux années révolues après l'expiration de la période pour laquelle il avait été concédé, et, dans l'intervalle de ces deux années, les concessionnaires ou leurs ayants cause pourront user de leur droit de renouvellement. Les concessions temporaires seront faites pour quinze ans au plus, et ne pourront être renouvelées.

1. En présence des dispositions impératives de l'article 3, un conseil municipal n'a pas la faculté d'établir un règlement qui n'admette que des concessions perpétuelles, et il doit néces-

sairement **y** faire figurer les deux autres catégories ; on ajou-
tera même que l'économie de ce règlement devrait tendre à
imposer aux familles une préférence pour les concessions
trentenaires ou temporaires, qui ne présentent pas les mêmes
inconvénients que les concessions perpétuelles au point de
vue de l'envahissement des cimetières.

D'un autre côté, d'après les principes de la matière et de la
jurisprudence, le prix du mètre de terrain doit être fixé inva-
riablement pour chaque classe de concession et ne pas changer, suivant que les familles demanderaient, par exemple, une
concession plus ou moins étendue (Décision min. int. de 1856,
n° 76, et 1859, p. 12).

2. Il importe d'assigner, dans chaque cimetière où ces dispositions pourraient être appliquées, une portion de terrain affectée à chacune des trois classes de concessions qu'elles
déterminent. Cette subdivision doit être opérée en raison
combinée du chiffre de la population, de l'étendue du cimetière et du nombre des concessions de chaque classe supputé
selon les besoins présumés.

Il est entendu que les dispositions de l'ordonnance de 1843
n'affectent en rien les concessions anciennes, qui, bien que
faites à des conditions différentes, n'en doivent pas moins être
respectées.

3. Quant à la répartition du produit des concessions entre la
commune et les pauvres ou les hospices, la fixation du tiers
au profit de ces derniers ne peut être considérée que comme
un *minimum* que le concessionnaire demeure parfaitement
libre de dépasser, pourvu, toutefois, que la commune reçoive
au moins la somme qui lui est due aux termes du tarif. A cet
égard, il est virtuellement dérogé, en ce qui touche les donations de cette nature, aux dispositions de l'article 1er de l'ordonnance royale du 2 avril 1817. Le préfet peut donc en
autoriser l'acceptation, à quelque somme qu'elles s'élèvent.
Seulement, il convient de prescrire, en pareil cas, et comme
règle générale, l'emploi en achat de rentes sur l'État, au nom
de l'établissement charitable, du montant de ces libéralités.
(Circulaire min. du 30 déc. 1843).

4. En principe, les communes sont réputées propriétaires des cimetières situés sur leur territoire, sauf la preuve contraire à administrer par les tiers qui prétendraient à cette propriété; en effet, chaque commune, par mesure d'ordre public, a dû, abstraction faite de l'exercice du culte, assurer le service des inhumations et se procurer un emplacement destiné à les recevoir. Au surplus, quel que soit le propriétaire d'un cimetière, question qui, en cas de contestation, ne peut être résolue que juridiquement, le vœu formel de la loi est que le produit des concessions soit exclusivement perçu par la commune, sauf la part attribuée aux pauvres dans une certaine proportion (Décision min. de 1856, n° 70).

5. L'intervention des notaires n'est pas nécessaire pour la validité des ventes de biens communaux; or, le recours à ces officiers ministériels est bien moins utile encore pour la délivrance des concessions, que l'on ne saurait assimiler à des ventes proprement dites, qui ne confèrent pas un droit réel de propriété, mais seulement un droit de jouissance et d'usage avec affectation spéciale et nominative.

De plus, comme la présence d'un notaire, en pareille circonstance, pourrait faire supposer que la commune entend opérer une translation ordinaire de propriété, il convient d'engager l'autorité municipale à délivrer exclusivement, dans la forme administrative, les concessions dont il s'agit (Décision min. de 1856, n° 72).

Il n'y a pas lieu d'autoriser une commune à faire des concessions de terrain, pour sépultures privées, dans une chapelle abandonnée au milieu d'un ancien cimetière qui a cessé de servir aux inhumations. D'après l'esprit et les termes des décrets et ordonnances qui régissent la matière, les communes ne peuvent effectivement obtenir cette autorisation en dehors des cimetières en exercice. La création, pour cet objet, de cimetières spéciaux offrirait le double inconvénient de rendre plus difficile la surveillance de l'administration et de multiplier les servitudes dont se trouvent grevées, d'après la législation, les propriétés voisines des lieux d'inhumation (Décision min. de 1856, n° 73).

6. Les conseils municipaux ne sont point libres de n'adopter qu'une des trois classes de concessions, à l'exclusion des deux autres, et ils doivent absolument diviser ces concessions en trois catégories, pour que les habitants puissent choisir celle qui leur convient le mieux. Le préfet devrait refuser son approbation à toute délibération qui tendrait à s'écarter de cette règle (Décision min. de 1856, n° 76).

7. Il est plus rationnel de fixer le prix du terrain à tant le mètre que de forcer les familles à prendre une portion déterminée à l'avance. En effet, les familles peuvent être plus ou moins nombreuses, et, dans certains cas, elles achèteraient plus de terrain qu'il ne leur en faudrait; dans d'autres, elles n'en auraient pas assez. L'objection tirée souvent, en pareille matière, de ce qu'il est nécessaire d'espacer les concessions, n'est pas fondée ; car on peut élever le prix du mètre, sauf à l'administration municipale à laisser, comme elle y est obligée par l'ordonnance du 6 décembre 1843, un terrain libre autour des sépultures (Décision min. de 1858, n° 74).

8. L'ordonnance du 6 décembre 1843 (article 3) concerne les concessions dans les trois classes qu'elle établit, mais, pour éviter un trop prompt envahissement des cimetières, les terrains concédés à perpétuité ne pouvant plus faire retour à la commune, ces sortes de concessions ne doivent être accordées qu'à des prix très-élevés. Il y a d'autant moins de raisons de craindre de les taxer trop haut, d'abord qu'elles constituent un véritable privilége au profit des classes riches, et en second lieu qu'il est désirable, vu les inconvénients inhérents aux concessions perpétuelles, que la préférence des familles se porte sur les deux autres classes de concessions, c'est-à-dire aux concessions trentenaires ou simplement temporaires.

Les concessions trentenaires ont une grande analogie avec les concessions perpétuelles, puisque la faculté de les renouveler indéfiniment tend effectivement à en perpétuer la jouissance ; elles ont toutefois sur les premières l'avantage de ne pas engager absolument l'avenir, le défaut de payement de la redevance fixée, à l'expiration de chaque période de renouvellement, donnant à la commune le droit de remettre le terrain en service. Il importe donc d'établir une différence notable dans le prix de ces concessions par rapport à celui qui sera réglé pour les concessions perpétuelles proprement dites, afin de déterminer la préférence des familles en faveur d'un mode qui leur présente, à moins de frais, des résultats à peu près équivalents.

9. Les terrains concédés par périodes trentenaires ne peuvent être repris par la commune que deux années révolues après l'expiration du terme de renouvellement; il en est de même à l'égard des matériaux provenant des tombes et monuments élevés sur ces terrains, aux termes de l'article 3 de la loi du 22 novembre et 1er décembre 1790, et des articles 529 et 713 du Code Napoléon. Ces objets devant revenir au domaine de l'État comme biens vacants et sans maîtres, le ministre des finances a consenti, par une décision du 18 décembre 1843, à ce que, vu le peu d'importance de leur valeur en général, ils fussent abandonnés aux communes pour être employés à l'entretien des cimetières.

L'exécution de cette décision entraîne deux obligations essentielles que les administrations communales doivent observer soigneusement : la première c'est de mettre les familles en demeure, par tous les moyens ordinaires de publicité, d'enlever dans un délai fixé les constructions existantes sur les terrains dont la concession est expirée, et de n'en prendre possession qu'après avis itératif et une année révolue à compter du jour du premier avertissement. La seconde condition c'est de ne faire emploi des matériaux provenant des tombes abandonnées que pour l'entretien et l'amélioration des cimetières ; des raisons de convenance ne permettraient pas qu'ils fussent vendus au profit de la commune pour être employés à un autre usage.

10. Lorsqu'une libéralité est faite à une fabrique avec l'obligation de fournir au testateur un emplacement dans le cimetière, cette libéralité doit être recueillie par l'établissement religieux, à la condition de s'entendre avec la commune, ainsi que pourrait le faire tout autre héritier, sur le prix de la place à concéder. Il n'y a pas lieu d'insérer dans l'autorisation à

intervenir une disposition à l'effet d'autoriser la concession, attendu que le préfet ou le maire, suivant les cas, a le pouvoir de faire la délivrance des terrains aux termes de l'ordonnance du 6 décembre 1843 et de la circulaire du 30 du même mois. (Décision min. int. de 1856).

1. Sont soumis au timbre et à l'enregistrement comme tous les actes administratifs translatifs de jouissance, les actes portant concession de terrains dans les cimetières (Instruction 1757).

A défaut d'actes, l'administration est fondée à exiger le payement des droits d'enregistrement; à l'égard des concessions perpétuelles et de celles faites pour trente années ou plus, le droit de ces concessions est de quatre pour cent; à l'égard des concessions temporaires de terrains dans les cimetières auxquelles l'administration de l'enregistrement applique le tarif des baux à ferme ou à loyer (vingt centimes pour cent), les droits ne sont exigibles que lorsqu'elles reposent sur un acte ou un arrêté dont l'existence est constatée, attendu qu'il n'est dû de droit d'enregistrement que pour les baux écrits.

ART. 4.

Le terrain nécessaire aux séparations et passages établis autour de concessions devra être fourni par la commune.

1. Cet article a pour but de rendre applicables aux emplacements concédés les dispositions de l'article 5 du décret du 23 prairial an XII, relatif à l'espacement des fosses. Cet espacement étant, dans l'un comme dans l'autre cas, prescrit comme mesure d'ordre public, c'est à la commune que doit nécessairement incomber la charge d'y pourvoir. (Circulaire du 9 décembre 1843).

ART. 5.

En cas de translation d'un cimetière, les concessionnaires ont droit d'obtenir, dans le nouveau cimetière, un emplacement égal en superficie au terrain qui leur aurait été concédé, et les restes qui y avaient été inhumés seront transportés aux frais de la commune.

1. Aux termes des articles 1er et 2 du décret du 23 prairial an XII et de l'ordonnance du 6 décembre 1843, aucune inhumation ne peut être faite que dans les cimetières en exercice. Il n'y a pas d'exception à cet égard en faveur des concessions de terrains précédemment autorisées dans un lieu de sépultures supprimées, car l'ordonnance précitée décide, article 5, que, en cas de translation d'un cimetière, les concessionnaires ont droit d'obtenir dans le nouveau cimetière un emplacement égal en superficie au terrain qui leur avait été délivré dans l'ancien, et que les restes seront transportés aux frais de la commune (Décision min. de 1856).

2. En décidant que, dans le cas de translation d'un cimetière, les concessionnaires n'ont droit qu'au remplacement du terrain qui leur avait été concédé par un autre terrain d'une égale superficie dans le cimetière nouveau, l'ordonnance consacre ce principe que les concessions faites à titre perpétuel ne constituent point des actes de vente, et n'emportent pas un droit réel de propriété en faveur du concessionnaire, mais simplement un droit de jouissance et d'usage avec affectation spéciale et nominative.

En conséquence de ce principe, qui régit le passé comme l'avenir, les concessions anciennement faites ne peuvent être un obstacle à ce que les cimetières existants dont la translation serait reconnue nécessaire soient interdits et, plus tard, aliénés au profit des concessionnaires, dans les délais prescrits par le décret de prairial an XII, sous la seule réserve du remplacement dont parle l'article 5 du nouveau règlement. Mais il en résulte un autre droit pour l'administration : c'est celui de s'opposer à ce que les terrains concédés qui, dépourvus du caractère de la propriété, sont conséquemment inaliénables de leur nature, soient l'objet de ventes ou de transactions particulières.

Quant à la prescription qui termine l'article 5, et en vertu de laquelle les restes inhumés dans les terrains concédés doivent être transportés, aux frais de la commune, dans le cimetière nouvellement établi, les administrations locales doivent d'abord prendre toutes les mesures nécessaires pour que les familles soient averties afin que les exhumations et réinhumations soient opérées, s'il est possible, par leurs soins ou avec leurs concours; en second lieu, veiller à ce que, dans tous les cas, il soit procédé à ces opérations avec tout le respect en même temps qu'avec toutes les précautions de salubrité qu'elles exigent.

A l'égard des frais que les communes ont à supporter dans ce cas, il ne peut être question que des frais matériels, tels que creusement des fosses et transport des restes, et, au besoin, des matériaux des tombes érigées sur les terrains abandonnés, toute dépense accessoire de pompe funèbre ou autre devant rester à la charge des familles (Circulaire min. du 20 déc. 1841).

3. Un ancien cimetière a été fermé comme trop exigu, et le nouveau lieu de sépulture qui le remplace est depuis longtemps en plein exercice. Une famille à laquelle des concessions perpétuelles ont été délivrées dans l'ancien cimetière pour l'inhumation de plusieurs de ses membres a demandé que, conformément à l'article 5 de l'ordonnance du 6 décembre 1843, d'autres terrains fussent mis à sa disposition dans le nouveau cimetière, et que de plus la commune y fît transporter à ses frais les anciennes sépultures.

Le Conseil municipal a repoussé la réclamation de la famille en objectant qu'il n'y a pas eu dans l'espèce translation du cimetière, mais simplement ouverture d'un lieu d'inhumation, puisque l'ancien cimetière est conservé, quoique fermé, comme champ de repos.

L'objection du Conseil n'a pas paru fondée au ministre, qui a fait les observations suivantes :

Le cimetière s'est évidemment trouvé transféré du moment où le cimetière a cessé de recevoir des inhumations et où un autre lieu de sépulture a été ouvert. En laissant fermé son ancien cimetière pendant un certain temps, la commune n'a fait que se conformer aux prescriptions de l'article 8 du décret du **20** prairial an xii, et cette circonstance ne saurait la dispenser d'aucune des obligations que lui impose l'ordonnance de 1843 à l'égard des familles qui étaient en possession de terrains concédés dans ledit cimetière. Elle n'est donc pas tenue seulement de leur fournir des terrains de la même étendue dans le nouveau lieu de sépulture, mais encore de procéder immédiatement, si les familles l'exigent, à l'exhumation et à la translation de ceux de leurs membres déjà déposés dans l'ancien cimetière. (Décision min. de 1858, n° 65).

4. **Aux** termes stricts de l'article 5 de l'ordonnance de 1843, les communes sont uniquement obligées de mettre à la disposition des concessionnaires, dans le nouveau cimetière, des terrains de la même dimension que ceux qui leur ont été délivrés dans l'ancien, et de faire transférer à leurs frais les restes qui y sont déposés.

Mais, d'après la jurisprudence, basée sur la circulaire du 30 décembre 1843, il est admis qu'en pareil cas les communes doivent également pourvoir au transport des matériaux des tombes existantes sur les terrains abandonnés, si les concessionnaires le requièrent, les frais de reconstruction restant d'ailleurs à la charge de ceux-ci.

D'un autre côté, le même article n'ayant établi aucune distinction entre les concessions perpétuelles et celles dont la durée est limitée, il en résulte que les communes ont les mêmes obligations à remplir à l'égard des unes et des autres.

TITRE III.

DE LA POLICE DES CIMETIÈRES.

Art. 6.

Aucune inscription ne pourra être placée sur les pierres tumulaires ou monuments funèbres sans avoir été préalablement soumise à l'approbation du maire.

Cet article est l'application générale d'une règle de jurisprudence établie par une ordonnance rendue au contentieux le 7 janvier 1842. Déjà, et en vertu de l'article 16 du décret du 23 prairial an XII, l'autorité municipale était investie d'un droit absolu de police et de surveillance sur les cimetières, qui emportait implicitement celui de prévenir les atteintes à la morale publique ou religieuse, à l'ordre et aux lois qui pourraient résulter des inscriptions de cette nature.

En pareille matière, la plus grande latitude doit être laissée au pouvoir municipal. Une inscription, même inoffensive, par cela seul qu'elle pourrait servir de prétexte à des désordres et devenir une occasion de scandale et de trouble, doit pouvoir être interdite : c'est au maire qu'il appartient de juger s'il doit la permettre ou la défendre; ce qu'il importe de considérer avant tout, ce sont les conséquences qui pourraient résulter de l'autorisation réclamée, et si, abstraction faite de toute intention, les paroles gravées sur une tombe ne seraient pas de nature à provoquer des manifestations contraires au bon ordre et au respect dû aux lieux de sépulture; conséquences que l'autorité municipale est seule en état d'apprécier.

TITRE IV.

DISPOSITIONS TRANSITOIRES.

ART. 7.

Des tarifs présentant des prix gradués, pour les trois classes de concessions énoncées en l'article 3, seront proposés par les conseils municipaux des communes et approuvés par les arrêtés des préfets. Les tarifs proposés pour les communes dont les revenus dépassent 100,000 francs seront soumis à notre approbation (1).

---

(1) Aux termes du décret du 25-30 mars 1852, sur la décentralisation administrative, les préfets ont actuellement le pouvoir

1. Ordinairement le prix du mètre de terrain dans les cime-
ières des communes rurales n'excède pas 50 francs pour les
concessions perpétuelles et 25 francs pour les concessions
à temps limité. Au surplus, le conseil municipal doit cher-
her, en arrêtant le nouveau tarif, à le mettre en harmonie
avec ceux des autres localités des départements ayant à peu
près la même importance ; autrement l'administration supé-
ieure serait dans la nécessité de rejeter ces propositions et de
arir ainsi une source de revenu précieuse pour les communes.

2. Il n'existe dans la législation, notamment dans le décret du
23 prairial an XII et l'ordonnance du 6 décembre 1843,
aucun texte qui permette à l'autorité municipale d'établir une
axe de conceission sur les personnes qui se font inhumer
dans leurs propriétés. Des perceptions de cette nature im-
pliquent nécessairement la délivrance d'un terrain communal
Décision min. de 1856 no 71).

3. Le préfet n'a rien à prescrire d'une manière impérative
aux administrations municipales, en ce qui concerne l'établissement des tarifs de concession, la loi du 18 juillet 1837
article 19, no 1) laissant aux conseils municipaux l'initiative
dans la création des recettes communales de toute nature; mais
l doit leur représenter qu'il est de leur intérêt bien entendu
l'adopter un tarif général qui permette au maire de délivrer, sans autre formalité, les concessions qui lui seraient

---

d'approuver les tarifs des concessions dans les cimetières, quels
que soient les revenus des communes et, d'après le décret du
13 avril 1861, les sous-préfets ont le droit d'homologuer les
tarifs quand ils sont établis d'après les conditions fixées par arrêté préfectoral.

Lorsqu'un tarif de concession de terrain dans les cimetières,
pour sépultures privées, a été régulièrement homologué par le
sous-préfet, le maire se trouve suffisamment autorisé à délivrer
ensuite chaque concession en se conformant à ce tarif sans que
l'administration supérieure ait à intervenir de nouveau (Décision
min. int. de 1862).

demandées et dont le produit peut, dans tous les cas, offrir une ressource précieuse aux communes.

4. Les membres d'un conseil municipal ont demandé l'autorisation de déroger, dans la rédaction du tarif des concessions dans le cimetière, à la disposition de l'article 9 de l'ordonnance du 6 décembre 1843, portant qu'un tiers du prix des concessions doit être versé au profit des pauvres, et des établissements de bienfaisance. Ils se fondaient sur ce que, d'une part, la commune ne renfermait pas de pauvres, et que, d'autre part, elle n'avait pas les ressources nécessaires pour acquitter des dettes déjà anciennes et exécuter d'importants travaux.

Cette demande a été jugée inadmissible et on ne saurait, en effet, porte la décision, déroger dans une espèce particulière, quelque intéressante qu'elle soit, à une prescription générale établie d'une manière absolue par un règlement d'administration publique. Si, comme l'allègue le conseil municipal, il n'existe actuellement dans la commune qu'un petit nombre d'indigents, c'est une circonstance purement accidentelle et qui ne doit pas entraîner l'abandon du droit des pauvres. D'un autre côté, si la commune a besoin de nouvelles ressources, rien ne s'oppose à ce qu'elle avise à d'autres moyens pour améliorer sa situation financière. (Décision min, de 1862, n° 14)

5. On ne peut soumettre les individus non domiciliés dans la commune à payer pour les concessions de terrain dans les cimetières un prix plus élevé que les habitants (Avis du conseil d'État du 10 février 1835).

La disposition d'un règlement qui prescrit le payement d'une somme pour chaque superposition de corps dans les terrains concédés ne présente en réalité rien d'illicite, mais il est plus conforme à l'esprit des lois sur la matière, et d'ailleurs préférable, sous plusieurs rapports, de fixer un prix unique de concession à raison de tant le mètre, en laissant aux familles la libre disposition du terrain pourvu qu'au moyen de précautions nécessaires l'intérêt de la salubrité et de la décence publique se trouve suffisamment sauvegardé (Décision min. 1858, n° 42).

Le prix des concessions doit être exclusivement sur le

nombre de mètres de terrain qu'elles comportent. Une fois ce prix acquitté, les familles peuvent inhumer successivement les membres qu'elles perdent, sans être astreintes à d'autre obligation que celle de se conformer aux mesures prescrites dans l'intérêt de la décence et de la salubrité.

Il y a des règlements anciens qui contiennent des dispositions qui s'écartent de cette jurisprudence ; mais l'administration supérieure, sans infirmer les anciens règlements tend à imposer à l'avenir une règle uniforme pour toutes les communes de l'empire (Décision min.).

Art. 8.

Les dispositions du présent règlement ne sont pas applicables aux cimetières de la ville de Paris.

INHUMATIONS, EXHUMATIONS, TRANSPORT DES CORPS.

§ 1er. — *Inhumations.*

Aux termes de l'article 77 du Code Napoléon, aucune inhumation ne doit avoir lieu sans une autorisation émanant de l'officier de l'état civil, qui ne peut la délivrer qu'après s'être transporté auprès de la personne décédée, pour s'assurer du décès, et que vingt-quatre heures après le décès, hors les cas prévus par les règlements de police. En prescrivant un délai de vingt-quatre heures au moins entre le décès et l'inhumation, en exigeant la déclaration de deux témoins, en ordonnant la vérification du décès par l'officier de l'état civil en personne, ou par un médecin spécialement chargé de constater la cause et la réalité du décès, le législateur a voulu donner aux familles et à la société toutes les garanties désirables.

Les maires doivent donc se conformer strictement aux prescriptions relatives à la constatation des décès (Circ. min. nt. du 2 septembre 1863).

Lorsqu'il y a danger pour la salubrité publique à attendre vingt-quatre heures après le décès pour procéder à l'inhumation, comme, par exemple, dans les cas de putréfaction rapide ou de maladie contagieuse ou épidémiqne, l'officier de l'état civil peut autoriser l'inhumation avant l'expiration de ce délai ; dans ce cas, les motifs d'urgence doivent être mentionnés dans le permis d'inhumer. Ceux qui, sans l'autorisation préalable de l'officier public, ont fait inhumer un individu décédé, sont punis de six jours à deux mois d'emprisonnement et d'une amende de 16 à 50 francs. La même peine a lieu contre ceux qui ont contrevenu, de quelque manière que ce soit, à la loi et aux règlements relatifs aux inhumations précipitées (C. pén., art. 358).

L'article 358 du Code pénal ne peut être appliqué que par les tribunaux correctionnels ; mais un arrêt de la cour de cassation du 27 janvier 1853 a décidé qu'il ne s'agit, dans l'article précité, que des personnes ayant intérêt à l'inhumation ; qu'ainsi un *ministre du culte* ne commettrait qu'une *contravention de police* en procédant à une inhumation non autorisée.

Il est défendu à toutes fabriques d'église, ou autres ayants droit, de faire les fournitures requises pour les funérailles, de livrer lesdites fournitures à tous curés et desservants, d'aller lever aucun corps et de l'accompagner hors des églises, qu'il ne leur apparaisse de l'autorisation donnée par l'officier de l'état civil pour l'inhumation (Décision du 4 thermidor an XIII, art. 1er).

§ 2. — *Exhumations et transport des corps.*

Les citoyens ont la faculté dont ne parle pas le décret du 23 priarial an XII, de faire transférer d'un département dans un autre les corps de leurs parents ou amis. L'exercice de ce droit naturel, qui doit être précédé des opérations nécessaires pour empêcher la putréfaction de ces corps, réclame des mesures administratives contre l'abus qu'on pourrait en faire en les soustrayant par ce moyen à la surveillance de l'autorité publique. Lors de la déclaration du décès à l'officier public de la commune où il a eu lieu, on doit donc faire mention dans l'acte des intentions soit du décédé, soit de ses parents ou amis. L'officier public doit, de suite, dresser procès-verbal de l'état du corps au moment où on l'enlève, ou à l'instant où on l'enferme dans la bière. Il délivre ensuite un passe-port motivé au conducteur du corps , et il adresse directement au maire du lieu où il doit être déposé, et ce aux frais des parents ou amis du décédé, une expédition de l'acte de décès et du procès-verbal de l'état du corps, afin que le maire de cette dernière commune veille à l'exécution des règles tracées par l'administration (Cir. min. int. du 26 messidor an XII).

Les prescriptions de la circulaire du 26 messidor an XII, bien que n'ayant jamais été rapportées d'une manière expresse, ont été modifiées dans la pratique. Voici les dispositions qui régissent actuellement la matière.

L'exhumation d'un cadavre, quelle que soit sa destination, ne peut avoir lieu qu'en vertu d'une autorisation spéciale du maire (Cir. min. int., du 10 mars 1856).

Le transport d'un cadavre d'un lieu à un autre, dans l'étendue de la même commune, doit être autorisé par le maire.

Le transport d'une commune à une autre dans le même arrondissement doit être autorisé par le sous-préfet.

Dans les cas d'urgence bien constatés, et lorsqu'ils se sont assurés qu'il n'existe aucun empêchement au transport du corps, les sous-préfets peuvent autoriser ce transport dans l'arrondissement limitrophe de celui qu'ils administrent ; ils sont tenus, dans ce cas , de rendre immédiatement compte à l'autorité préfectorale de leur décision , qu'ils doivent notifier en même temps à leur collègue de l'arrondissement et au maire de la commune où devra avoir lieu l'inhumation du corps transporté (Circ. min. int. de 1857).

Le transport d'un arrondissement dans un autre, dans le même département, doit être autorisé par le préfet (Cir. min. int. du 10 mars 1856).

Enfin, le transport d'un département dans un autre département doit être autorisé par le ministre de l'intérieur.

Lorsque le corps d'une personne décédée hors de France est présenté à la frontière de terre, c'est au préfet du département frontière qu'il appartient d'autoriser le transport du corps dans l'étendue de sa juridiction ; mais s'il s'agit de transporter le corps dans un autre département ou de lui faire traverser la France, l'autorisation du ministre de l'intérieur est nécessaire. Toutefois, dans les cas d'urgence et lorsqu'ils auront la conviction qu'un retard serait de nature à offrir des inconvénients, les préfets pourront accorder exceptionnellement l'autorisation de transporter le corps ; mais, alors, ils auront le soin de prévenir immédiatement ceux de leurs collègues que la translation devra intéresser, et d'en rendre compte au ministre de l'intérieur par un rapport spécial indiquant les motifs qui n'auront pas permis d'attendre ses ordres.

La décision du ministre de l'intérieur devra toujours être réclamée lorsqu'il s'agira de laisser entrer en France, par la frontière de terre, ou de laisser passer d'un département dans un autre les corps de personnes décédées dans des pays où régnera une maladie contagieuse, et, dans ce cas, MM. les préfets, en provoquant l'autorisation du ministre, devront joindre à leur rapport l'avis du conseil de salubrité.

Les autorisations accordées dans les limites ci-dessus indiquées ne changent rien, du reste, aux mesures prescrites dans l'intérêt de la salubrité publique. Les précautions d'usage à prendre pour l'enlèvement des corps durant le trajet, à l'arrivée, conformément à la circulaire du 26 thermidor an XII, doivent toujours être observées (Circulaire min. int. du 10 mars 1856).

La translation du corps d'un individu récemment décédé ne peut être effectuée hors du département où a eu lieu le décès que dans un cercueil en bois de chêne, dont les compartiments auront 4 centimètres d'épaisseur, seront fixés avec des clous à vis et maintenus par trois frettes en fer serrées à écrou. Quand le trajet à parcourir excédera 200 kilomètres, le corps devra être placé dans un cercueil en plomb renfermé lui-même dans une bière en chêne. Le cercueil en plomb sera alors confectionné avec des feuilles de plomb laminé de 2 millimètres au moins d'épaisseur et solidement soudées entre elles.

Le cercueil de plomb pourra également être exigé, même pour des distances moindres, toutes les fois que des circonstances exceptionnelles rendront cette mesure nécessaire.

Dans tous les cas, le fond du cercueil contenant le corps devra être rempli par une couche de 6 centimètres d'un mélange pulvérulent composé d'une partie de poudre de tan et de deux parties de charbon de bois pulvérisé. Le corps devra ensuite être entièrement couvert de cette même poudre avant la fermeture du cercueil.

Les autorisations de transport ne sont accordées qu'après l'accomplissement des formalités ci-dessus (Circulaire min. int. du 8 août 1859).

Les demandes d'autorisation de transport d'un cadavre doivent être formées sur papier timbré et accompagnées d'une feuille de papier timbré du prix de 1 fr. 50 c. pour servir à l'expédition, s'il y a lieu, de cette autorisation. Ces demandes doivent indiquer d'une manière précise : 1º les nom, prénoms, âge de la personne décédée; 2º la date du décès; 3º le lieu où il s'agit de faire inhumer les restes mortels.

Les personnes autorisées à faire transporter un cadavre sont tenues de présenter à l'officier de l'état civil du lieu où il doit être inhumé une expédition authentique de l'acte de décès et l'autorisation du transport.

Un maire a le droit de surveiller dans toute l'étendue de la commune le transport des corps ; mais ce droit dérivant du pouvoir de police qui ne lui appartient que dans la localité où il exerce ses fonctions, il ne saurait l'exercer sur un autre territoire. Rien, au surplus, ne s'oppose à ce qu'il en fasse usage, dans son ressort, au moyen d'un agent de l'administration municipale; mais la famille du défunt ne peut être tenue de payer une indemnité à cet auxiliaire dont elle n'a pas réclamé le concours et qui accomplit un service de la nature de ceux à raison desquels il doit être rémunéré par la commune (Décision min. int. de 1856).

Lorsqu'un agent de la commune (par exemple, un sergent de ville) a dirigé et surveillé des opérations d'exhumation autorisées par l'administration municipale dans un intérêt purement privé, il a droit à une rémunération qui soit en rapport avec la valeur du service rendu (Décision min. int. de 1860).

§ 3. — *Droits de la fabrique sur le transport des corps.*

Pour déterminer les droits de la fabrique sur le transport des corps, il faut distinguer trois sortes de communes : celles qui n'ont ni entreprises ni marchés, comme sont les villages, les bourgs et quelques petites villes ; celles qui ont une entreprise, mais dont le cimetière n'est pas très-éloigné et qui n'ont qu'un transport peu coûteux ; enfin celles dont le transport est très-coûteux, en raison de la grande distance du cimetière (Décision du 23 prairial an XII).

Dans les premières, le mode de transport des corps est réglé par les conseils municipaux et les préfets (Décision du 23 prairial an XII et 18 mai 1806). La rétribution due aux porteurs des corps n'est jamais ou presque jamais réglée dans les campagnes ; les fabriques n'y perçoivent point de droits sur le transport des corps.

Dans les secondes, le mode de transport est réglé par le préfet, sur la proposition du maire ; mais la fourniture des voitures et des autres objets nécessaires est faite par la fabrique elle-même ou donnée à ferme.

Le tarif est approuvé de la même manière que celui des tentures; il doit renfermer différentes classes (Décision du 23 prairial an XII, art. 22, et 18 mai 1806, art. 10 et 14). On peut, dans ce cas, ne faire qu'un seul tarif pour le transport et pour la tenture, n'avoir qu'une seule régie ou une seule entreprise.

Enfin, dans les villes où le transport des corps est très-coûteux, en raison de la grande distance du cimetière, le tarif est dressé par la fabrique et le conseil municipal, et l'évêque y joint son avis ; il est ensuite communiqué au préfet et soumis à l'approbation impériale par le ministre de l'intérieur (Décision du 18 mai 1806, art. 10, 11 et 14.)

Il y a trois modes de perception pour le recouvrement des droits sur le transport des corps, savoir : la régie simple, la régie intéressée et la bail à terme (Décision du 18 mai 1806, art. 14).

La régie simple est l'exécution du service et la perception des droits sous la direction immédiate du bureau. La fabrique se sert, dans ce cas, des mêmes préposés que pour la tenture.

La régie intéressée consiste à traiter avec un régisseur, à la condition d'un prix fixe et d'une portion déterminée pour les frais.

La ferme est l'adjudication pure et simple moyennant un prix convenu, sans surtaxe de bénéfices et sans allocation de frais.

Si la mise en ferme ou en régie intéressée a été adoptée, le bureau, après l'avoir annoncée par voie d'affiches, procède à l'adjudication. Lorsque l'entreprise présente de l'importance, il est bon que l'adjudication soit faite devant notaire.

Les conditions de l'entreprise sont déterminées par un cahier des charges proposé par la fabrique, délibéré par le conseil municipal, et arrêté définitivement par le préfet, d'après l'avis de l'évêque (Décision du 18 mai 1806, art. 14).

Au nombre des conditions imposées à l'adjudicataire doit se trouver particulièrement celle de fournir, avant d'être mis en jouissance, un cautionnement en immeubles, en numéraire ou en effets publics. Le cahier des charges doit stipuler, en outre, que l'adjudication ne sera définitive qu'après l'approbation du bail par le préfet.

En général, l'adjudication ne doit pas excéder le terme de trois années, excepté lorsqu'il y a lieu d'y comprendre l'année commencée, et, dans tous les cas, elle doit avoir pour terme le 31 décembre.

Le produit des droits sur les inhumations est affecté, comme les autres revenus, au payement des charges ordinaires des fabriques, sauf le cas où l'emploi en aurait été spécialement déterminé par le règlement qui a fixé la rétribution attachée à chaque classe (Roy, *Traité de l'organisation et de la comptabilité des fabriques*).

ANNEXES

ÉDIFICES RELIGIEUX

CONSTRUCTIONS, RÉPARATIONS, DEMANDES DE SECOURS

Nº 1.

(Églises et presbytères. — Secours pour réparations, constructions ou acquisitions.)

Paris, le 29 juin 1841.

Le ministre de la justice et des cultes (M. *Martin du Nord*) aux préfets.

. . . .

L'examen des demandes de secours et des dossiers (relatifs aux acquisitions, constructions, ou réparations des églises et presbytères) m'a fait reconnaître, monsieur le préfet, que souvent les instructions données par mes prédécesseurs, notamment dans les circulaires des 20 mai, 20 et 29 décembre 1834, 22 juillet 1836, 25 février 1837 et 25 juin 1838, ont été plus ou moins négligées. J'ai remarqué aussi la disposition fâcheuse des conseils municipaux à se soustraire aux obligations que leur impose le décret du 30 décembre 1809 et la loi du 18 juillet 1837.

Il est nécessaire de remédier aux abus qui tendent à s'introduire dans l'action administrative, et je suis fermement résolu à refuser toute allocation aux communes qui n'auraient pas préliminairement assuré l'exécution franche et entière de toutes les conditions auxquelles seulement elles peuvent y prétendre : c'est pourquoi je vais poser avec précision les principes qui dirigent l'administration des cultes en cette matière, et auxquels il ne sera dérogé sous aucun prétexte.

Le crédit général qui m'est ouvert est défini par la loi de finances ; je ne puis en changer la nature : il est destiné aux *communes*, et ne constitue qu'un fonds de secours ; de là deux conséquences absolues :

1° Il faut que la circonscription en faveur de laquelle le concours de l'État est réclamé soit constituée à titre de *cure*, de *succursale* ou de *chapelle*, selon le vœu du décret du 30 septembre 1807 ; que son église soit régie, en ce qui touche ses intérêts temporels, par un conseil de fabrique, et qu'elle ait des ressources propres et spéciales après l'épuisement desquelles elle ait le droit de recourir, au besoin, à l'administration municipale.

Ainsi donc, nulle demande, pour une église qui ne se trouverait pas dans ces conditions, n'est, sous aucun prétexte, admissible.

J'ajoute immédiatement une observation importante : les circonscriptions nouvellement érigées sous un titre légal ne seront point elles-mêmes admises à participer aux subventions dont il s'agit dans le cours des premières années qui suivront l'ordonnance d'érection, hors les cas d'événements extraordinaires et de force majeure. La raison en est que la faveur dont elles ont été l'objet ne leur a été faite que parce qu'elles ont justifié de l'existence, dans leur chef-lieu, d'abord d'une église convenable, et puis d'un presbytère en bon état, ou que, tout au moins, elles ont pris l'engagement de loger le desservant qui leur a été donné ou de lui fournir une indemnité convenable (Circulaire du 30 août 1838).

2° Nul secours ne sera accordé aux mêmes fins qu'autant que la fabrique, se trouvant réduite à l'impossibilité de subvenir à la dépense, la commune aura contracté l'obligation d'y contribuer pour une somme notable. Ce ne serait plus, en effet, un simple *secours*, une *subvention* proprement dite, que l'on voudrait obtenir du trésor, s'il était possible de le charger, au principal, de la dépense entière pour laquelle on ne réclame que son concours.

Le décret du 30 décembre 1809, article 37, énumère les obligations des fabriques et leur enjoint, en cas d'insuffisance de leurs revenus, de faire toute diligence pour qu'il soit pourvu aux réparations et reconstructions des édifices du culte, ainsi que tout est réglé au chapitre IV du même décret. Dans ce chapitre est compris l'article 92 qui dispose que les communes sont tenues de suppléer à l'insuffisance des revenus de la fabrique, dans les cas indiqués en l'article 37, de fournir aux curés ou desservants un presbytère ou, à défaut de presbytère et de logement, une indemnité pécuniaire, et enfin de pourvoir aux grosses réparations des édifices consacrés au culte.

La loi du 18 juillet 1837 rappelle le même principe et déclare obligatoires pour les communes les charges qui en dérivent (article 30, §§ 14 et 16). Ainsi donc, ces charges pèsent sur les fabriques d'abord, et subsidiairement sur les communes qui, légalement, ne peuvent s'en affranchir. S'il le juge à propos, l'État vient en aide aux communes. Son intervention est une faveur, et cette faveur n'est accordée qu'à titre de *subvention*.

D'un autre côté, dans l'esprit de la loi de finances, dans l'intention du gouvernement et des chambres, les fonds de secours aux communes pour les édifices du culte sont exlusivement affectés aux grosses réparations et aux frais d'acquisition ou de construction des églises et presbytères ; ils ne peuvent donc être appliqués, en aucun cas, à des dépenses d'entretien, d'embellissement, de décoration intérieure, ou à l'achat de meubles et ornements de quelque nature qu'ils soient.

Tout cela posé, il est facile de déterminer les formalités de l'instruction à laquelle doit être soumise toute demande de secours à prélever sur le chapitre xi du budget des cultes.

Il faut, avant toutes choses, que le besoin soit constaté ; que la dépense à faire soit connue et réglée.

Un homme de l'art devra donc être appelé, d'abord à rédiger un projet régulier faisant ressortir la nécessité des travaux à entreprendre, toutes les fois qu'il s'agira de constructions ou de réparations ; il faudra qu'il en dresse le devis exact et que le tout soit approuvé par l'autorité compétente, conformément aux dispositions de l'article 45 de la loi du 18 juillet 1837.

A cet égard, monsieur le préfet, je dois renouveler une recommandation que mes prédécesseurs ont faite à diverses reprises, et sur laquelle j'insiste particulièrement. La plupart de nos églises ont un caractère monumental plus ou moins remarquable ; souvent les réparations, qu'on a cru nécessaire de leur faire subir, ont été dirigées avec une telle ignorance ou tout au moins avec une insouciance si étrange, qu'elles n'ont produit que d'affligeantes mutilations. Vous devez exercer à ce sujet, soit par vous-même, soit par vos délégués, la surveillance la plus constante, vous opposer à toute entreprise dont il ne vous aurait pas été donné communication et que vous n'auriez pas autorisée. Ce n'est qu'au moyen de la vigilance la plus active que vous pourrez prévenir les actes d'un déplorable vandalisme, et assurer le bon emploi des fonds, quelle que soit leur origine.

Le devis dont je viens de vous parler étant dressé, quand il y a lieu, le conseil de fabrique doit délibérer et faire connaître jusqu'à concurrence de quelle quotité il lui sera possible de contribuer à la dépense, soit qu'il s'agisse d'une acquisition reconnue nécessaire, sur sa provocation ou sur celle de la commune. S'il est réduit à l'impossibilité d'y pourvoir en totalité ou seulement en partie, il aura à s'adresser au conseil municipal et à lui produire les justifications en pareil cas requises ; ce conseil énoncera son opinion sur la nécessité, l'urgence ou seulement l'opportunité de la dépense proposée ; il dira dans quelles limites aussi il est possible à la commune d'y contribuer, et délibérera sur la nécessité d'un recours au gouvernement pour obtenir une subvention.

Ces préliminaires remplis, les délibérations de la fabrique et de la commune vous seront adressées, monsieur le préfet, avec le budget de la fabrique, revêtu de l'approbation de l'évêque diocésain (article 47 du décret du 30 décembre 1809) ; celui de la commune réglé suivant l'article 33 de la loi précitée du 18 juillet 1837, et en outre un certificat du percepteur ou du receveur municipal énonçant le chiffre des impositions extra-ordinaires qu'elle supporte et le nombre d'années durant lesquelles elle en sera grevée.

Sur le vu de ces pièces diverses, vous apprécierez, selon votre conscience, la demande à fin de secours qu'on aura formulée, et vous m'enverrez le dossier contenant tous les documents ci-dessus, auxquels vous joindrez votre avis et votre proposition.

Si, afin de contribuer pour sa part au besoin qui s'est produit, la commune a voté quelques centimes additionnels ; si, pour régulariser son vote, elle a à recourir au département de l'intérieur ; si, pour toute autre cause, le même département doit être saisi de l'affaire, vous devrez surveiller l'exécution des articles 40, 45 et 46 de la loi du 18 juillet 1837 ; mais vous n'aurez pas besoin d'attendre que les autorisations dont il est question dans ces articles soient accordées pour me transmettre directement les pièces relatives au secours qui me serait demandé. L'envoi simultané de vos propositions au département de l'intérieur et au département des cultes aura même le double avantage de hâter l'expédition des affaires et de ménager entre mon collègue et moi un concert utile et souvent indispensable dans ces sortes de circonstances.

Il est arrivé que les allocations accordées aux communes ont été quelquefois détournées de leur destination, ou que, versées dans les caisses municipales, elles y sont demeurées sans emploi, les travaux pour le solde desquels elles avaient été sollicitées n'ayant pas même été entrepris. C'est là un très-grave abus qu'il faut rendre désormais impossible ; en conséquence, aucun ordonnancement des sommes allouées n'aura lieu que lorsque vous aurez acquis la certitude et que vous m'aurez attesté, sous votre responsabilité personnelle, que les travaux sont terminés ou tout au moins en plein cours d'exécution et déjà avancés.

Il est convenable, monsieur le préfet, que la subvention accordée soit définie dès d'abord et qu'un premier secours obtenu ne soit pas comme le préambule de sollicitations nouvelles ; il sera facile de parvenir à régler ainsi les choses en tenant rigoureusement à l'exécution des instructions qui précèdent en ce qui concerne la rédaction des projets et devis préliminaires. Si cependant, par suite de quelque circonstance fortuite, il arrivait qu'une allocation supplémentaire fût indispensable, vous auriez à m'adresser à ce sujet une proposition spéciale avec toutes les justifications à l'appui.

Mon intention est de demeurer fidèle aux errements actuels, en ce qui touche votre part d'influence dans la répartition des secours. Le crédit dont je dispose continuera donc d'être divisé en deux parts. Je prélèverai sur celle que je me réserve les subventions destinées à concourir à des dépenses considérables ou à l'exécution des entreprises majeures. La part dont vous réglerez l'emploi, sauf mon approbation, sera par vous appliquée à des besoins d'une moindre importance. Je dois faire observer, à cette occasion, que plusieurs préfets m'adressent indistinctement toutes les demandes qui leur parviennent. Il en résulte des retards plus ou moins longs apportés à la solution des affaires, et des écritures inutiles. Je vous laisserai le soin de l'attribution directe des secours dont le chiffre ne devra pas s'élever à 500 francs, à moins qu'ils ne se rattachent à quelque entreprise qui, à raison de la dépense totale à faire ou au point de vue de l'art, offrirait un notable intérêt. Il est donc inutile que vous me transmettiez les dossiers et les demandes de la nature de celles auxquelles cette observation s'applique. Je n'aurai qu'à revoir vos états de répartition, lorsque vous les aurez arrêtés. Toutefois, pour les dresser, vous prendrez en considération tout ce qui précède, et vos décisions ne devront intervenir qu'autant qu'elles seront basées sur les mêmes justifications que celles à produire à l'administration centrale.

Vous aurez soin aussi, Monsieur le préfet, d'éviter l'éparpillement des crédits qui vous seront ouverts. C'est faire un fort mauvais emploi des fonds de l'État que de les distribuer par fractions imperceptibles entre un grand nombre de communes, de manière à ce que, dans aucune, on ne puisse rien achever. Je sais bien que presque toutes ont des besoins; mais il vaut mieux ne les secourir qu'en petit nombre, chaque année, et les doter plus convenablement ; elles auront toutes successivement leur tour, et les subsides qu'elles obtiendront leur seront réellement profitables; ils dégénèreraient autrement en aumônes inefficaces.

. . . .

Je ne saurais assez vous recommander le scrupuleux accomplissement de toutes les dispositions qui précèdent; je serais forcé de vous retourner toutes les affaires dont l'instruction ne serait pas complète et conforme en tous points à cette circulaire, et vous savez combien ces renvois compliquent le travail des bureaux, et combien ils sont préjudiciables d'ailleurs aux intérêts des populations.

(Le même jour (29 juin 1841), une ampliation de cette circulaire a été adressée aux Évêques.)

N° 2.

Service paroissial : Dispositions concernant la direction et la surveillance des travaux aux édifices affectés au culte paroissial :

Paris, le 6 août 1841.

Le ministre de la justice et des cultes (M. *Martin du Nord*) aux préfets.

Monsieur le préfet, dans ma circulaire du 29 juin dernier (1), je vous faisais observer que la plupart de nos églises ont un ca-

---

(1) Voyez la circulaire n° 1.

ractère monumental plus ou moins remarquable; que souvent les réparations, qu'on a cru nécessaire de leur faire subir, ont été dirigées avec une telle ignorance ou tout au moins avec une insouciance si étrange, qu'elles n'ont produit que d'affligeantes mutilations; je vous invitais à exercer à ce sujet, soit par vous-même, soit par vos délégués, la surveillance la plus constante, à vous opposer à toute entreprise dont il ne vous aurait pas été donné communication et que vous n'auriez pas autorisée; j'ajoutais enfin que la vigilance la plus active de votre part pourrait seule prévenir les actes d'un vandalisme déplorable et assurer le bon emploi des fonds qui, quelle que soit leur origine, sont appliqués aux réparations des édifices consacrés au culte.

Cette instruction n'est que le résumé de celles que mes prédécesseurs avaient données à diverses époques.

Je suis informé que, dès longtemps, quelque incertitude existe dans les esprits sur les moyens d'en assurer l'exécution; que l'on conteste sur la nature et sur les limites des attributions assignées aux conseils de fabriques et aux municipalités en cette matière; que l'on dénie, en quelques lieux, à l'autorité départementale le droit d'exercer la surveillance qui lui a été recommandée; j'apprends même que d'assez graves conflits se sont élevés déjà ou vont se produire bientôt.

Il m'a paru nécessaire, dès lors, d'exposer avec quelque détail les principes en vigueur.

L'église consacrée au culte paroissial est, à défaut de titre contraire, une propriété communale (avis du conseil d'État du 6 pluviôse an xiii); mais elle est affectée pour toujours à sa destination, et la commune ne peut, sous aucun prétexte, en disposer pour un autre usage.

Les fabriques forment une administration spéciale préposée à tous les intérêts matériels concernant le culte paroissial. Ainsi, elles sont chargées de veiller à l'entretien et à la conservation des temples, d'administrer les aumônes, les biens, les rentes, les perceptions autorisées par les lois et règlements, les sommes supplémentaires fournies par les communes elles-mêmes, et généralement tous les fonds affectés aux services religieux ; elles règlent toutes les dépenses à faire, elles assurent les moyens d'y pourvoir (Décret du 30 décembre 1809, article 1er).

Elles ont, en conséquence, une caisse, un trésorier comptable, un budget annuel (*Ibid.*, articles 12 et 18) dont le chapitre relatif aux dépenses comprend :

1° Les frais ordinaires de la célébration du culte ;

2° Les frais de réparation des ornements, meubles et ustensiles ;

3° Les gages des officiers et serviteurs de l'église ;

4° Les réparations locatives des édifices ;

5° Le traitement des vicaires légalement établis ;

6° Les grosses réparations, etc. (*Ibid.*, article 46).

Le budget de la fabrique est chaque année soumis à l'approbation de l'évêque diocésain (*Ibid.*, article 47); si les ressources accusées couvrent les dépenses, le budget reçoit, sans autre formalité, sa pleine et entière exécution (*Ibid.*, article 48).

Toutefois les réparations aux bâtiments prévues au budget ou délibérées spécialement, quelle que soit leur nature, ne seront pas toutes entreprises de plein droit et sans quelques précautions préliminaires.

Le bureau des marguilliers n'y fera procéder sur-le-champ et par économie qu'autant qu'elles n'absorberont qu'une somme de 50 francs, dans les paroisses qui comprennent moins de mille habitants, et de 100 francs dans celles dont la population est plus considérable (*Ibid.*, article 41); si ce chiffre doit être dépassé, le bureau, avant de les faire exécuter, devra en référer au conseil, qui ne statuera lui-même que sur des emplois de 100 francs dans les paroisses de petite population, et de 200 francs dans les autres, et sous la condition qu'un devis sera dressé et que l'on procédera par adjudication au rabais, après trois affiches renouvelées de huit jours en huit jours (*Ibid.*, articles 12, 41 et 42).

Voilà quelques règles écrites : je dirai bientôt quelles en sont les conséquences, et comment elles doivent être entendues et appliquées; mais il convient de remarquer dès à présent que, telles qu'elles soient, ces règles, en donnant un mandat aux fabriques, en limitent expressément l'étendue. En dehors de ces limites, le décret de 1809 n'a rien prévu ou du moins rien exprimé ; les principes généraux du droit administratif suppléent à son silence.

Les fabriques sont des établissements publics placés, à ce titre, comme tous les autres, sous la haute tutelle du gouvernement qui l'exerce, tantôt directement et sans intermédiaire, tantôt par son préposé départemental, et qui, par conséquent, a le droit de surveiller leurs opérations et de leur interdire de passer outre, si elles cherchaient à se soustraire à cette indispensable surveillance.

L'ordonnance du 8 août 1821, disposant (article 4) que les réparations, reconstructions et constructions des bâtiments appartenant aux *communes*, *hospices* et *fabriques*, soit que la dépense en ait été assurée avec les fonds ordinaires de ces établissements, soit qu'elle l'ait été par des emprunts, des contributions extraordinaires votées, des aliénations faites, ou toute autre voie légale, pourront être adjugées et exécutées sur l'approbation du préfet *en certains cas*, et du gouvernement *en certains autres*, n'établit pas un droit nouveau. Cette ordonnance n'eut point pour objet d'asservir les établissements publics à l'administration centrale plus sévèrement qu'ils ne l'étaient déjà ; elle fut bien plutôt une mesure d'affranchissement. Avant sa date, les préfets ne pouvaient autoriser les travaux qu'autant qu'ils n'exigeaient pas une dépense totale de plus de 1,000 francs ; en tout autre cas, il fallait recourir au ministre. L'ordonnance fit aux préfets une plus ample délégation de pouvoirs ; elle n'exigea plus le recours au ministre que dans les circonstances où les devis excédaient 20,000 francs.

En tous cas, elle est obligatoire pour tous. Les fabriques y sont nommément désignées, ainsi que les hospices et les communes ; elles doivent donc s'y conformer.

Une seule difficulté se présente.

L'ordonnance du 8 août 1821 a-t-elle abrogé les dispositions du décret du 30 décembre 1809, en ce qui touche le pouvoir accordé par ce décret aux fabriques de faire exécuter, dans les limites de 100 et de 200 francs, selon les cas, sans provoquer aucune autorisation, les réparations par elles jugées nécessaires ?

Non, Monsieur le préfet ; une telle interprétation de l'ordonnance ne serait pas conforme à son esprit, que j'ai pris soin d'indiquer lorsque j'ai dit qu'elle devait être considérée comme une mesure d'affranchissement. Les fabriques sont maintenues dans leurs droits et dans leurs prérogatives. Cependant votre surveillance ne doit pas moins s'étendre à toutes leurs opérations, et, lorsque vous reconnaissez qu'elles s'égarent, qu'elles font un mauvais emploi des fonds dont elles disposent, qu'elles mutilent et dégradent les monuments qu'elles ont mission de conserver, quelque minimes que soient les travaux ordonnés par elles, vous avez le droit de les interdire ou de les faire suspendre.

Ce droit, vous le tenez de la nature des choses : il est la conséquence des principes généraux qui, comme je l'ai dit déjà, ont soumis les établissements publics à la tutelle de l'État. Le décret de 1809 doit donc être entendu en ce sens que, dans les cas spécifiés dans ses dispositions, les bureaux de marguilliers et les conseils de fabrique pourront agir sans recourir préalablement à votre autorité, sans attendre une décision rendue par vous, et ce qu'ils auront ainsi fait sera légal, à coup sûr ; mais, si vous êtes informé que, quoique faisant légalement et sans excéder leurs pouvoirs, ils en usent mal ou inopportunément, vous leur prescrirez de s'arrêter dans le cours de leur opération, si vous ne leur avez déjà défendu de l'entreprendre. Or, ils devront vous obéir aussitôt, sauf leur pourvoi devers l'autorité supérieure, s'ils veulent le former.

Il serait beaucoup mieux, dès lors, qu'avant de rien résoudre ou de mettre la main à l'œuvre, ils vous communiquassent leurs projets, afin de ne point être exposés plus tard à se voir entravés inopinément, et c'est le sens qui doit être donné à la circulaire du 29 juin ; c'est ainsi seulement qu'elle peut être exécutée sans froissement pour personne.

Quant aux communes et aux administrations municipales,

elles n'ont à intervenir que lorsque les fabriques, manquant de ressources, sont obligées de recourir à elles. Il serait inutile que je vous entretinsse de cette hypothèse : le décret du 30 décembre 1809 ne soulève à cet égard aucun doute et n'appelle aucune discussion. Vainement, en partant de ce principe maintenant hors de toute controverse, que les églises sont des propriétés communales, prétendrait-on que les conseils municipaux ont le droit de veiller à leur conservation et d'interposer à leur gré leur autorité. Cette argumentation serait vicieuse. L'espèce de propriété communale dont il s'agit échappe à l'administration et à la surveillance habituelle des municipalités ; un conseil spécial est chargé de la régir pour la commune et à sa place. Il en est de même des hospices et des colléges communaux, qui ont leurs bureaux d'administration particuliers, quoiqu'ils ne soient que des dépendances de la commune qui leur accorde souvent de considérables subventions.

Que l'on remarque, au reste, que l'autorité municipale n'est pas exclue de ces conseils divers : le maire en est membre de plein droit, et la commune s'y trouve ainsi représentée, mais seulement par l'un de ses organes n'ayant que sa part d'influence, et ne pouvant paralyser, dès lors, l'action de la majorité quand elle a manifesté sa résolution.

Le maire, s'il est convaincu que la majorité du conseil de fabrique a failli, n'a plus qu'un moyen à prendre dans le but de prévenir ou d'empêcher le mal qu'il envisage. Il doit vous avertir, vous signaler les faits, exciter votre sollicitude, provoquer votre intervention, et, si vous lui donnez le mandat exprès de s'opposer, en votre nom, il doit remplir ce mandat, comme vous représentant alors, mais seulement à ce titre. Les ordres donnés par lui, en cette qualité, émaneront de vous, et la fabrique sera tenue d'y obtempérer.

Une dernière observation, monsieur le préfet, va clore la série de celles que j'avais à vous adresser sur ce grave sujet. Les conseils de fabrique relèvent aussi de l'autorité diocésaine, en ce qui concerne le règlement de leurs dépenses et la plupart des actes de leur administration (Décret du 30 décembre 1809, articles 47, 62, 72, 87 et autres). Il se pourrait que l'évêque considérât comme utile ou nécessaire une entreprise affectant les édifices consacrés au culte, qui vous paraîtrait, à vous, nuisible à quelques égards, et qu'il insistât, dès lors, pour qu'elle fût exécutée contrairement à votre avis. Ces sortes de dissentiments ne peuvent être qu'extrêmement rares. Il est difficile que le préfet et l'évêque, après s'être communiqué leurs vues respectives, ne finissent point par s'entendre et par tomber d'accord ; mais, s'il arrivait qu'il n'en fût pas ainsi, je devrais en être averti sur-le-champ, afin de statuer ce qu'il appartiendrait, toutes choses demeurant en l'état, au reste, jusqu'à ma décision.

J'aime à croire que ces instructions, qui concilient tous les intérêts, seront comprises par tout le monde, et qu'elles ne soulèveront aucune difficulté nouvelle. Si mon attente était déçue, si les principes qu'elles rappellent trouvaient, dans leur application, quelques résistances inintelligentes, vous auriez à m'en informer aussitôt et à me proposer telles mesures que vous aviseriez.

N° 3.

Service paroissial : Envoi d'une instruction sur la direction et la surveillance des travaux aux édifices affectés au culte paroissial.

Paris, le 6 août 1841.

Le maître des requêtes, directeur de l'administration des cultes (M. *Dessauret*), aux évêques.

Des difficultés se sont élevées sur quelques questions d'attributions touchant la direction et la surveillance des travaux qu'exigent la conservation ou la restauration des édifices affectés au culte paroissial.

Le ministre a cru devoir rappeler à cette occasion, dans une circulaire de ce jour (1), les principes en vigueur sur cette

____

(1) Voyez la circulaire n° 2.

matière, et donner des instructions destinées à résoudre les conflits qui se sont élevés déjà, et à prévenir désormais toute contestation.

J'ai l'honneur de vous transmettre un exemplaire de cette circulaire, Monseigneur; vous jugerez convenable sans doute d'en donner connaissance aux ecclésiastiques préposés aux paroisses de votre diocèse et à leur conseil de fabrique, en les invitant à se pénétrer de l'esprit de ses dispositions et à s'y conformer scrupuleusement.

Votre parfaite intelligence des œuvres de l'art chrétien, et votre zèle bien connu pour ses productions si pures et si nobles tout à la fois, assurent au gouvernement la plénitude de votre concours.

N° 4.

Églises et presbytères : — Secours pour acquisitions, constructions ou réparations de ces édifices paroissiaux.

Paris, le 31 juillet 1844.

Le ministre de la justice et des cultes (M. *Martin du Nord*) aux préfets.

Monsieur le préfet, un crédit de 1,200,000 francs est ouvert au budget de l'exercice courant sous le titre de *Secours aux communes pour acquisitions, constructions ou réparations des églises et presbytères.*

. . . .

Je vous recommande de nouveau, monsieur le préfet, de vous conformer scrupuleusement, dans tous les cas, aux diverses prescriptions de ma circulaire du 29 juin 1841 (1), dont toutes les dispositions sont maintenues.

Je saisis cette occasion de vous rappeler qu'à l'appui de chaque demande de secours que vous avez à me transmettre, vous devez toujours exiger la production des pièces suivantes :

----

(1) Voyez ci-dessus la circulaire n° 1.

1° Le devis des travaux à exécuter ;

2° La délibération du conseil de fabrique ;

3° Le budget de cet établissement ;

4° La délibération du Conseil municipal ;

5° Le budget de la commune ;

6° Un certificat du percepteur, constatant la quotité et la durée des impositions extraordinaires que supporte la commune.

Vous aurez soin de joindre aux dossiers, dont vous me ferez l'envoi, votre avis motivé indiquant le montant total de la dépense, les sommes votées par la fabrique, et, à son défaut, par le conseil municipal, en exécution du décret du 30 décembre 1809 et de la loi du 18 juillet 1837, ainsi que le chiffre de la subvention que vous proposerez d'accorder.

Souvent des demandes me sont adressées directement par des maires et par des curés, sans qu'elles vous aient été soumises. Ne pouvant les admettre en cet état, je suis obligé de vous les renvoyer, en vous invitant à les faires régulièrement instruire. De là des lenteurs préjudiciables et une correspondance qu'on eût pu éviter. Je vous prie de faire connaître à vos administrés que des demandes ainsi transmises au gouvernement, sans être appuyées de pièces justificatives et revêtues de votre avis, ne peuvent, en aucun cas, être admises, et de les engager à suivre toujours la voie hiérarchique pour me les faire parvenir.

N° 5.

Églises et presbytères. — Secours pour acquisitions, constructions ou réparations de ces édifices paroissiaux.

Paris, le 7 juillet 1845.

Le ministre de la justice et des cultes (M. *Martin du Nord*) aux préfets.

Je remarque, monsieur le préfet, que les demandes de secours deviennent chaque année plus nombreuses; le montant des subventions sollicitées est de beaucoup supérieur à celui du crédit mis à ma disposition par la loi de finances, et je regrette d'être réduit à ne pouvoir satisfaire à tous les besoins.

Je désire donc que vous ne me fassiez de proposition que pour les communes qui, par les sacrifices qu'elles s'imposeront, auront vraiment un titre aux secours de l'État; que vous appliquiez tous vos soins à vous assurer si les dépenses projetées sont réellement nécessaires et urgentes, et si les fabriques, ou à leur défaut les communes, sont en effet hors d'état d'y pourvoir entièrement.

Plus les demandes se multiplient, plus il importe de tenir la main à l'accomplissement des formalités qui doivent me mettre à même de les apprécier; vous exigerez donc la production de toutes les pièces réclamées par les circulaires des 29 juin 1841 et 31 juillet 1844 (1), dont je vous recommande de nouveau la stricte exécution.

Ces pièces, dont je crois devoir vous rappeler la nomenclature, sont :

1º Les devis des travaux à entreprendre ;

2º La délibération du conseil de fabrique ;

3º Le budget de cette établissement ;

4º La délibération du conseil municipal ;

5º Le budget de la commune ;

6º Un certificat du percepteur constatant la quotité et la curée des impositions extraordinaires que supporte la commune ;

Vous y joindrez votre avis motivé, indiquant le montant actuel de la dépense, les ressources locales qui y ont été affectées, ainsi que le chiffre de la subvention que vous proposerez d'accorder.

L'an dernier, je vous ai invité à faire connaître à vos administrés que les demandes, qui me seront directement adressées sans être accompagnées des pièces justificatives et de votre avis, ne pouvaient être admises en aucun cas; qu'ainsi il était de l'intérêt des communes de ne me les faire parvenir

____

(1) Voyez ci-dessus les circulaires nºs 1 et 4.

que par votre intermédiaire. Je vous prie, monsieur le préfet, de renouveler vos avertissements à cet égard.

N° 6.

Commission des édifices religieux.

Paris, 7 mars 1848.

« Le ministre de l'instruction publique et des cultes,

« Sur le rapport du directeur général de l'administration des cultes :

« Vu les chapitres 9, 10, 11, 16 et 18 du budget des dépenses des cultes (exercice 1848), portant allocation de crédits pour l'entretien, l'acquisition, les constructions et réparations des édifices diocésains, des églises et presbytères, ainsi que pour l'entretien et l'acquisition de leur mobilier ;

« Considérant que pour assurer la bonne et équitable distribution de ces crédits, on ne saurait trop entourer l'allocation des subventions demandées de garanties propres à rendre tout arbitraire impossible, et empêcher que ces subventions puissent jamais être accordées dans un but étranger au véritable intérêt des services auxquels les crédits ont été affectés par la loi ;

« Considérant qu'un examen approfondi et éclairé de ces demandes est d'autant plus nécessaire, que les bâtiments dont l'entretien fait l'objet des crédits précités, en même temps qu'ils servent à l'exercice du culte, sont, pour un grand nombre, des monuments précieux sous le rapport de l'art et de l'histoire ;

« Qu'à ce double point de vue, ces monuments, et le mobilier qu'ils renferment, sont des richesses nationales dont la conservation n'importe pas moins à la gloire artistique du pays et à son histoire qu'à l'éclat de la religion qui les a édifiés,

« ARRÊTE :

« Toute demande relative à l'allocation de subventions sur le budget des cultes, pour entretien, acquisitions, et réparations des édifices diocésains, églises, temples et presbytères, ainsi que pour l'entretien et l'acquisition de leur mobilier, sera renvoyée à l'examen d'une commission composée de sept membres, y compris le directeur général de l'administration des cultes, qui en sera le président. Il y aura, en outre, un secrétaire qui aura voix délibérative.

« Cette commission émettra son avis sur la convenance et la quotité des subventions à accorder.

« Cet avis sera toujours mentionné dans les décisions portant allocation de fonds sur les crédits précités des chapitres 9, 10, 11, 16 et 18 du budget des dépenses des cultes.

« Le directeur général des cultes est chargé de l'exécution du présent arrêté.

« *Le Ministre de l'instruction publique et des cultes,*

« CARNOT. »

N° 7.

Édifices diocésains : — Travaux. — Établissement d'une commission des édifices religieux. — Règles nouvelles pour la rédaction des plans, devis et mémoires.

Paris, le 15 juillet 1848.

Le directeur général de l'administration des cultes (M. *E. Durieu*) aux préfets.

Monsieur le préfet, un des premiers actes du ministre placé, depuis l'avénement de la république, à la tête de l'administration des cultes, a été d'instituer, le 7 mars dernier, sur ma proposition, près de ma direction générale, une commission chargée de soumettre à un examen approfondi et éclairé les projets de constructions ou de restaurations qui intéressent les édifices consacrés aux cultes (1).

Cette mesure était en elle-même un témoignage de l'intérêt particulier que l'administration des cultes attache à la bonne

----

(1) Voyez ci-dessus l'arrêté n° 6.

distribution et à l'emploi régulier des fonds dont elle a à disposer pour les travaux d'édifices qui intéressent à un haut degré l'art national aussi bien que la religion.

La commission des édifices religieux fonctionne depuis plusieurs mois, et le ministre a déjà eu occasion d'apprécier les services réels que ses lumières et son dévouement ont rendus à l'administration.

Quoique ses attributions embrassent tous les travaux pour lesquels des fonds sont alloués par le département des cultes, et que, par conséquent, aucun projet pour lequel une subvention serait demandée ne doive échapper à son contrôle, son action se fera principalement sentir dans les grands travaux, ou projetés ou en cours d'exécution, et qui ont pour objet la conservation, la restauration ou l'agrandissement des anciens édifices diocésains.

A cet égard, l'intervention de cette commission sera d'autant plus utile, qu'on ne peut malheureusement pas se dissimuler que les dépenses considérables faites, à des époques plus ou moins éloignées, pour restaurer ces anciens édifices religieux, n'ont pas toujours obtenu le résultat que le pays était en droit d'attendre de ses sacrifices. Souvent les travaux, inhabilement entrepris ou exécutés, loin de consolider les monuments, ont rendu leur situation plus précaire ; et, ce qui est encore plus à déplorer, des réparations maladroites les ont en quelque sorte transformés et ont fait disparaître jusqu'au caractère historique de leur architecture. Les ravages du temps étaient moins cruels : s'ils détruisaient peu à peu ces admirables monuments, ils laissaient du moins, jusqu'à la fin, à leurs vieilles ruines les vestiges caractéristiques de leur beauté primitive.

Je fais ces observations, monsieur le préfet, non pas pour accuser les précédentes administrations, qui, dans leurs circulaires, n'ont pas manqué, en beaucoup de circonstances, de témoigner d'un respect intelligent et sincère pour nos édifices religieux, mais pour insister de nouveau près des administrations départementales et diocésaines, afin de leur demander de concourir de tout leur pouvoir à une surveillance dont l'autorité supérieure veut donner l'exemple, mais qui demeurerait impuissante si elle n'était constamment secondée dans les localités.

Dès ses premières séances, la commission a cru devoir s'arrêter sur deux points principaux : d'un côté, elle a insisté sur les précautions à prendre pour la bonne conservation des monuments anciens ; ensuite, elle s'est occupée de tracer quelques règles techniques plus précises pour la rédaction des devis et la marche des travaux, tant en ce qui concerne les constructions nouvelles que les restaurations.

Tel est le double objet dont la présente circulaire a pour but de vous entretenir.

En ce qui touche le premier point, les administrations précédentes, comme je l'ai dit, ont fait des recommandations aussi précises que développées : je crois devoir de nouveau les indiquer sommairement, afin que vous puissiez en rappeler l'ensemble aux agents placés sous vos ordres, et en maintenir la stricte observation, comme le ministre est, de son côté, résolu à l'exiger.

Vous savez, monsieur le préfet, que les cathédrales, les évêchés, les séminaires, en un mot les édifices diocésains, sont des propriétés de l'État, et qu'aucuns travaux d'aucune espèce, à quelque chiffre que la dépense s'élève, et à part les travaux de simple entretien, ne peuvent y être entrepris sans l'autorisation du ministre responsable ; cette interdiction s'applique non-seulement à ce qui touche la restauration, la consolidation, l'agrandissement d'un édifice, mais à ce que l'on qualifie souvent de travaux intérieurs, d'embellissements, de décorations, comme le grattage ou le débadigeonnage, travaux qui ont trop souvent compromis ou même détruit de précieux monuments d'art ou d'histoire.

Les projets de ces travaux devront donc être, avant toute entreprise, produits au ministère pour y être examinés. A cet égard, j'insiste particulièrement, comme l'ont déjà fait les précédentes instructions, sur le choix des architectes. En principe, l'administration des cultes se montrera disposée à accepter les artistes qui seront proposés par les autorités locales ; mais je dois prévenir que les projets sont soumis à l'examen le plus attentif de la commission des édifices religieux ; que cet examen porte sur la question archéologique aussi bien que sur la question de construction proprement dite ; qu'enfin, par cela même que l'administration considère comme un de ses premiers devoirs d'assurer la bonne exécution des travaux, notamment la direction intelligente des restaurations entreprises aux anciens édifices, tous les projets qui ne paraîtraient pas dénoter de la part de leurs auteurs une connaissance parfaite de l'art et de l'archéologie religieuse seraient inévitablement repoussés, et les travaux seraient confiés à des mains plus habiles. En un mot, ma ferme résolution est de ne proposer au ministre d'approuver ces travaux et d'accorder des fonds sur le budget des cultes qu'autant que le bon emploi en sera garanti par l'habileté des architectes et par le soin apporté à la confection des plans et des devis.

C'est vous dire, monsieur le préfet, que les administrations locales devront ne rien négliger pour la préparation des projets ; vous insisterez notamment auprès d'elles pour qu'elles s'aident de l'utile concours des sociétés archéologiques qui existent dans les départements, et qui ont déjà rendu de précieux services. Ce serait aussi une occasion pour vous d'encourager la formation de ces sociétés dans les grands centres de population où il n'en existe pas encore.

Une recommandation fondamentale, qui plus d'une fois a été faite et qu'il faut bien renouveler, car elle est souvent méconnue, c'est que les devis doivent être dressés avec assez d'exactitude pour que la dépense réelle y soit sincèrement évaluée. Le ministre ne saurait que juger avec sévérité un système de dissimulation calculée qui tendrait, en abusant l'administration sur l'étendue des frais d'une construction, à l'entraîner dans des entreprises qui dépasseraient ses prévisions et ses ressources. Je dois déclarer, monsieur le préfet, que des projets où l'on pourrait rencontrer ce caractère seraient immédiatement écartés, et l'architecte ne conserverait pas la confiance de l'administration. En tout cas, je n'hésiterai jamais à proposer au ministre de refuser toute espèce d'honoraires sur les devis supplémentaires qui deviendraient nécessaires par suite de l'imperfection des devis primitifs.

Le soin que je demande dans l'étude des plans et devis vous fera comprendre, monsieur le préfet, l'importance que le ministre attache à ce qu'une fois que ces plans et devis ont été approuvés, il n'y soit fait, dans le cours de l'exécution des travaux, aucune espèce de changements sans une autorisation expresse. Vous voudrez bien rappeler cette règle à tous ceux qui, à des titres divers, interviennent dans ces travaux. Les règlements ont depuis longtemps décidé que tous ouvrages non régulièrement approuvés seraient laissés à la charge de qui les aurait ou ordonnés ou exécutés, et qu'au besoin même des poursuites pourraient être exercées. Le ministre est fermement résolu à maintenir l'application de ces règles avec sévérité : trop d'exemples ont montré ce que leur oubli avait eu de funeste pour quelques-uns des plus précieux monuments de la France ou d'onéreux pour les finances de l'État.

A ce sujet, j'insisterai sur une observation essentielle : c'est que l'irrégularité résultant du défaut d'autorisation ne serait pas couverte par cette circonstance, que les administrations religieuses auraient fait exécuter les travaux de leurs propres fonds ou au moyen de souscriptions particulières. L'approbation des plans pour les travaux à faire dans les édifices publics consacrés au culte n'est pas seulement une mesure financière, c'est aussi une affaire d'art. Il importe donc que ce dernier intérêt n'ait pas à souffrir ; et il serait bien regrettable que, pour le défendre, l'autorité administrative se trouvât dans la nécessité d'ordonner la destruction d'ouvrages inhabilement entrepris, et dont la dépense aurait ainsi absorbé en pure perte des sommes auxquelles un examen éclairé aurait assuré un emploi plus conforme à la fois aux vues de ceux qui les avaient formés et à la véritable splendeur du culte.

Les irrégularités de cette nature doivent être surveillées avec un soin d'autant plus grand qu'en général les administrateurs qui s'y laissent aller sont excusés à leurs propres

10.

yeux par leur sincère bonne foi : comme ils n'ont disposé que de fonds qui ne provenaient pas du gouvernement, et qu'ils ont cru d'ailleurs améliorer ou embellir l'édifice religieux, ils ne pensent avoir à se reprocher que l'omission de simples formalités administratives ; mais, mieux éclairés, ils ne tardent pas à reconnaître avec regret qu'ils ont dégradé ce qu'ils prétendaient embellir et perdu les sommes qu'ils voulaient consacrer à un pieux et artistique usage.

Les considérations qui précèdent, monsieur le préfet, ne s'appliquent pas seulement aux travaux des édifices ; elles n'ont pas moins de force en ce qui concerne les modifications apportées à des objets qui, tels que les buffets d'orgue ou les bancs d'œuvre, les chaires, les rétables, les vitraux et autres ornements, font, par leur destination, corps avec les édifices, et en sont véritablement des parties intégrantes. Changer, par des restaurations ou des additions inhabiles le caractère de ces objets modernes, c'est commettre une dévastation réelle, c'est porter un préjudice irréparable aux édifices qu'on a la mission de conserver.

Je ne m'arrête pas davantage sur ce dernier point. Pour ce qui concerne et ces objets et les richesses mobilières des édifices religieux, je compte proposer au ministre des dispositions spéciales.

Après avoir rappelé ces observations essentielles, je dois M. le préfet, recommander à votre attention le second point dont s'est occupée la commission des édifices religieux : je veux parler des nouvelles indications jugées utiles pour la préparation des projets et pour la conduite et la surveillance des travaux. La commission s'est souvent trouvée arrêtée, dans l'examen des affaires qui lui ont été soumises, par la presque impossibilité d'apprécier, sur le peu de documents qui restent dans les bureaux après l'approbation des projets, le véritable état des constructions. Les procédés actuels d'autorisation et de compte des travaux ont laissé place à des abus regrettables, et, sur ma demande, la commission a indiqué les moyens d'améliorer cette partie du service. Dans un rapport développé, elle a proposé, comme je l'ai dit plus haut, pour la confection des plans, pour la rédaction des devis et des mémoires, pour l'exécution des travaux, pour l'ordonnancement des fonds et le règlement des comptes, des mesures dont l'expérience a déjà prouvé l'efficacité, et qui, appliquées d'une manière générale, permettront de saisir et de suivre sans effort l'ensemble et la marche des entreprises. J'ai soumis ce travail à l'approbation du ministre, et je le joins comme annexe à la présente instruction ; je vous recommande, monsieur le préfet, d'en assurer la scrupuleuse observation.

Vous en trouverez ci-joint des exemplaires pour vous, pour vos bureaux et pour les principaux agents placés sous vos ordres.

Vous aurez remarqué, monsieur le préfet, que, dans le cours de cette circulaire, je n'ai parlé que des travaux diocésains exécutés aux frais et sous la direction de l'État: ce sont, en effet, les plus importants, et ceux où il se rencontre le plus de questions d'art, en même temps que la dépense en est plus considérable ; mais vous aurez compris que les observations que j'ai faites, les règles que j'ai indiquées, s'appliquent, par une juste analogie, aux travaux des édifices paroissiaux. Il est de simples églises de village qui, aussi bien que les cathédrales, offrent un immense intérêt pour l'art et pour l'histoire ; leur conservation exige une surveillance d'autant plus soutenue que, situées loin des grands centres de population, elles sont plus exposées à des mutilations ou à des dégradations dont ne les défend pas toujours le respect habituellement sincère mais quelquefois peu éclairé des habitants.

Quand il s'agira de réparations à faire aux édifices de cette nature, quelque faible qu'en soit l'importance, les plans et les devis devront toujours être soumis à l'administration, avec les développements indiqués dans la présente circulaire et dans l'instruction de la commission. Il ne faut pas qu'on perde de vue que, même à l'égard d'édifices appartenant aux localités, et pour des travaux dont l'approbation ne tomberait pas sous la compétence de l'administration centrale, du moment que ces édifices sont rangés dans la classe des monuments historiques, ce caractère les met au nombre des richesses nationales, et, à ce titre, les règles de l'administration courante ne sauraient plus leur être appliquées : ils doivent être soumis à la surveillance spéciale et permanente de l'autorité supérieure.

Pour les travaux des simples églises, temples et presbytères dont la dépense demeure dans des limites qui vous en attribuent l'examen et l'approbation, vous vous ferez produire les projets et les comptes dans le système indiqué au rapport de la commission.

Vous continuerez néanmoins de communiquer les plans et les devis à la direction générale des cultes, toutes les fois que vous aurez à réclamer une subvention sur les fonds de cette administration.

Instruction pour la rédaction des projets, l'exécution des travaux et la rédaction des mémoires concernant les édifices religieux, préparé par la commission instituée, par arrêté du 7 mars 1848, près la direction générale de l'administration des cultes.

Paris, le 25 juillet 1848.

PROJETS.

Il importe que les projets destinés à être examinés à Paris et loin des monuments auxquels ils s'appliquent soient rédigés avec la plus grande précision, et accompagnés de toutes les pièces nécessaires pour éclairer l'administration. Rien ne paraît plus propre à obtenir ce résultat que d'établir une règle uniforme qui abrége et facilite l'instruction des affaires.

Quant aux projets, il convient de fixer qu'à l'avenir ils devront toujours se composer : A, d'un travail graphique ; B, d'un mémoire explicatif; C, d'un devis à la fois descriptif et estimatif.

A. Il est essentiel, avant tout, de faire connaître exactement la situation de l'édifice à réparer. Des dessins représentant *l'état actuel* des parties à restaurer seront toujours compris dans le travail graphique. Ces dessins devront être exécutés à une échelle suffisante pour donner une idée exacte des détails principaux.

Alors même que les travaux ne s'appliquent qu'à une faible partie d'un édifice, il est absolument nécessaire d'en faire connaître la disposition générale. On devra donc joindre aux projets de restauration au moins un plan général, et, s'il se peut, des coupes et des élévations. Il serait même à propos de produire, autant que possible, des vues prises au daguerréotype des principaux aspects du bâtiment à réparer.

B. Le mémoire explicatif devra contenir toutes les observations qui s'appliquent particulièrement au projet de restauration; les circonstances particulières qui devront faire adopter tel ou tel ordre dans l'exécution des travaux, le degré d'urgence de ces travaux, les moyens à employer pour les mener à bonne fin et les motifs qui les font proposer.

C. Lorsqu'un devis est convenablement rédigé, il permet d'apprécier non-seulement l'utilité et l'importance des travaux, mais il offre encore un moyen de juger plus complétement des connaissances pratiques et de l'expérience de l'architecte. Il présente, en outre, aux entrepreneurs adjudicataires les explications qui leur sont nécessaires pour faire leurs soumissions en connaissance de cause. Enfin, comme dans toute restauration il faut faire une large part aux dépenses imprévues (car on ne peut souvent connaître l'état d'un édifice que lorsqu'on a commencé à le réparer), il est de la dernière importance que les devis soient rédigés de manière à faire voir quelles parties de la réparation ont causé ces dépenses imprévues. Il convient donc que les devis soient en même temps estimatifs et descriptifs, que les travaux y soient classés suivant leur degré d'urgence et leur nature, enfin que les articles suivent l'ordre adopté dans la restauration projetée.

Le mode suivant paraît pouvoir remplir le but qu'on se propose :

Chaque devis sera divisé en trois catégories : la première comprenant les travaux de consolidation qu'il est nécessaire de faire exécuter sans retard ; la seconde, les travaux moins urgents, mais qui ne peuvent être ajournés à long délai ; la troisième, les travaux complémentaires, et qui peuvent être ajournés sans compromettre l'édifice.

Chaque article du devis ainsi divisé indiquera les surfaces, les cubes, les poids des matériaux employés, leurs prix, celui de la main-d'œuvre, et fera connaître le procédé d'exécution; en sorte que chaque article soit, pour ainsi dire, un devis particulier qui puisse s'extraire facilement du devis général, ou se transporter, s'il y a lieu, d'une catégorie dans une autre.

Le modèle de devis joint à ce rapport a déjà été mis en pratique par plusieurs architectes attachés à la commission des monuments historiques, et l'expérience en a démontré les avantages.

MODÈLE.

PORTION DE DEVIS.

EXEMPLE :

	F. C.	F. C.
Le......pilier de la nef à reprendre en sous-œuvre ; étayement, 4 contre-fiches à 15 francs l'une avec couche et semelle, compris pose et location pendant un mois, double transport (ces 4 contre-fiches seront posées au niveau du lit inférieur de la 12e assise, leur tête entaillée de manière à porter dans quatre entailles faites exprès)..	60 00	
Trois cintres doubles pour les deux arcs de la nef et de l'arc doubleau du bas-côté, chêne. Cube 2m,25 à 38 francs le mètre cube pendant deux mois, compris pose, dépose et double transport......................	85 50	
Douze poteaux de 60m,60 de longueur pour porter ces cintres ; six semelles ; ensemble, 1m,95 cube à 38 francs, *Idem*.....................................	74 10	
A reporter......		219 60

Report.......		219 60

Ce travail de cintrage achevé, le dallage autour du pilier sera enlevé et rangé, le sol défoncé à 1^m,50. Pour ce travail, deux journées à deux hommes, l'une à 3 fr. 50 cent.; ensemble.................................... — 14 00

Les quatre entailles pour les quatre contre-fiches.. — 2 00

Chaque assise de la pile à remplacer sera reprise en deux morceaux, en ayant le soin, à chaque assise, de croiser les joints.

				cube.
1re assise...	Hauteur........ 0^m,50	Largeur........ 1, 10	Longueur....... 1, 10	0^m, 61
2e assise....	Hauteur........ 0, 30	Largeur........ 1, 15	Longueur....... 1, 15	0, 40
3e assise....	Hauteur........ 0, 40	Largeur........ 1, 00	Longueur....... 1, 00	0, 40

Trois assises semblables............... 1, 20

____

2, 61

à 100 francs le mètre cube, compris taille des lits et joints, bordage, fichage........................... 261 00

A cause de la difficulté de pose de la première assise et le bûchement à la masse et au poinçon en deux fois de cette première assise à remplacer; fourniture de tasseaux en bois pour soutenir les assises supérieures pendant la façon de l'entaille.

Pour faire ce travail, quatre journées à deux hommes, à 4 francs l'une; ensemble.................... 32 00

Pour la reprise au-dessus, même travail, mais présentant moins de difficultés à cause de la moindre hauteur de l'assise (évaluation)..................... 28 00

Échafauds pour les reprises au-dessus, équipages, moufles (évaluation) 20 00

Pour les assises au dessus, même travail que la 2e assise de la base, quatre assises............... 112 00

Taille, compris l'épannelage pour les deux assises de bases : huit jours à deux tailleurs de pierre, à 4 francs. 64 00

Les quatre assises au-dessus, développement 9^m,60, à 6 francs le mètre superficiel..................... 57 60

____

590 60

TOTAL.................. 810 20

Dans le cas de dépenses imprévues dont il a été parlé plus haut, on conçoit qu'alors même que le chiffre d'un chapitre n'aurait pas été dépassé, il suffirait d'un coup d'œil pour reconnaître les dépenses en surcroît, et par conséquent les économies qui auraient été faites sur les divers articles de ce chapitre.

Aux devis sont joints les cahiers des charges générales. On concevra facilement qu'en matière de restauration, ces cahiers doivent contenir des clauses qui n'auraient pas d'objet dans une construction neuve.

EXÉCUTION DES TRAVAUX

L'inspecteur chargé de surveiller l'exécution des travaux, sous la responsabilité de l'architecte, ne peut et ne doit recevoir d'ordres que ceux que lui transmet ce dernier. L'architecte ne saurait, sans se compromettre de la manière la plus grave, changer la destination des fonds alloués par l'administration. Afin d'éviter de semblables abus, il est un mode de comptabilité qu'il sera utile d'adopter : c'est celui qui consiste, dans tous les chantiers, à prendre des attachements soit écrits, soit figurés, de tous les ouvrages qui s'exécutent, sauf ceux qui, toujours accessibles ou visibles, peuvent être vérifiés après leur achèvement. La bonne tenue des attachements est une garantie de la bonne exécution des travaux; malheureusement cet usage, rigoureusement prescrit à Paris, n'est pas toujours observé dans les départements. Il est absolument nécessaire que, dans les travaux de restauration, les attachements écrits ou figurés soient régulièrement tenus par les inspecteurs. Ils doivent être faits avec ordre, par nature de travaux, et ne jamais comprendre dans une même feuille des ouvrages qui n'ont pas de rapports entre eux. Pour des travaux de maçonnerie, par exemple, chaque feuille récapitulera, en marge, les cubes de pierre, leur nature, les surfaces des tailles vues, les évidements, les journées, s'il y a lieu, et tous les autres menus détails. Rédigé de la sorte, chaque attachement est une fraction d'un mémoire, ou plutôt le mémoire n'est que la réunion de tous les attachements.

RÉDACTION DES MÉMOIRES.

Au moyen d'attachements dressés de cette manière, la rédaction des mémoires se borne à additionner toutes les sommes produites par chaque feuille. Le mémoire n'est qu'une récapitulation des attachements. Les numéros des attachements reproduits sur les mémoires permettent de vérifier facilement le travail exécuté, de connaître l'emploi des sommes portées sur ces mémoires, et de constater si elles coïncident avec les prix des articles du devis. Ainsi que les articles du devis, chaque attachement étant *descriptif* et *estimatif,* il est facile de voir d'un coup d'œil si les mémoires contiennent des doubles emplois, s'il y a des dépenses imprévues, et sur quel ouvrage portent ces dépenses.

C'est ici le lieu d'indiquer une modification qui devra être introduite dans le système d'ordonnancement des fonds. Les sommes portées au devis pour dépenses imprévues sont souvent employées à des travaux qui n'ont, en réalité, aucun rapport avec leur destination. Ainsi réservées pour des travaux de consolidation urgents, elles sont parfois consacrées à des ouvrages de pure décoration, qui, d'un côté, échappent au contrôle de l'administration, et, d'un autre côté, peuvent altérer le caractère des édifices. On évitera ces abus en réservant, sans ordonnancer jusqu'à production des mémoires justifiés par des attachements, les sommes à valoir, qui montent ordinairement au dixième des devis.

Une dernière mesure complétera les moyens de contrôle et de surveillance ci-dessus indiqués : c'est de prescrire aux architectes de produire, à l'expiration de chaque campagne, en même temps que l'état de situation, un rapport raisonné sur l'avancement des travaux exécutés et sur ceux qui doivent compléter le montant des devis. L'administration centrale pourrait ainsi suivre plus exactement l'état réel des travaux, et maintenir la comptabilité dans des voies plus régulières.

Vu et approuvé la présente instruc ion, délibérée par la commission des édifices religieux, d'après le rapport de MM. Viollet-Leduc et Mérimée, deux de ses membres.

Paris, le 25 juillet 1848.

Le ministre de l'instruction publique et des cultes,

VAULABELLE.

N° 8.

Édifices diocésains : Conservation, entretien annuel.

Paris, le 12 décembre 1848.

RAPPORT AU MINISTRE DE L'INSTRUCTION PUBLIQUE
ET DES CULTES.

Monsieur le ministre, l'administration matérielle des édifices religieux occupe une place importante parmi les services de la direction générale des cultes : elle entraîne un emploi de fonds considérable, et, en outre, elle a pour objet des monuments qui, pour la plupart, joignent à leur caractère sacré l'intérêt le plus grand, sous le rapport de l'art et de l'histoire.

Dès mon entrée en fonctions, j'ai compris qu'il y avait là, pour le fonctionnaire, une double responsabilité, tant au point de vue de l'art religieux qu'au point de vue des finances de l'État. J'ai dû chercher, dès lors, à entourer l'administration de tous les moyens propres à l'éclairer sur les plans et les devis des travaux projetés par les autorités locales, et sur le contrôle des ouvrages exécutés.

Tel a été l'objet de l'institution, près de la direction générale des cultes, de la commission des édifices religieux.

Cette commission s'est mise immédiatement à l'œuvre, et, sans parler de l'examen détaillé d'un grand nombre de projets proposés par les communes à l'appui des demandes de subvention, elle s'est occupée, avec le zèle le plus actif, de l situation des édifices diocésains, dont l'entretien est à la charge de l'État.

Un de ses premiers soins a été de préparer une instruction technique pour la rédaction des plans et devis, qui indiquait dès l'abord, par la précision même de ses prescriptions, la nouvelle voie dans laquelle l'administration se proposait de conduire le service des travaux des édifices religieux.

Mais là ne devait pas s'arrêter son action : plusieurs mois de séances consécutives, auxquelles je me suis fait un devoir d'assister de la manière la plus assidue, ont démontré à la commission, comme à moi, qu'en général l'entretien des édifices religieux laissait beaucoup à désirer; qu'il ne fallait pas se dissimuler que, pour un nombre malheureusement trop considérable, la détérioration faisait de rapides progrès et qu'il y avait un véritable danger à demeurer plus longtemps dans le système suivi jusqu'à ce jour pour la répartition et l'emploi des crédits affectés aux travaux dans le budget des cultes.

Cet état fâcheux des édifices affectés aux cultes, et particulièrement des édifices diocésains, tient à deux causes capitales que je vous demande, monsieur le ministre, la permission de vous signaler, et auxquelles la proposition qui fait l'objet du présent rapport a pour but de remédier.

Je ne parlerai que des édifices diocésains, parce qu'ils sont plus directement sous la main de l'État; mais il est évident que mes observations s'appliqueront, par voie de conséquence, à tous les édifices consacrés au culte.

Depuis longtemps l'administration des cultes, soit qu'elle fût dominée par la nécessité de pourvoir à de grands travaux qui exigeaient des ressources supérieures au crédit ordinaire que le budget mettait annuellement à sa disposition, soit qu'elle se laissât entraîner, sous l'influence de diverses sollicitations locales, à disséminer ses entreprises sur un trop grand nombre de points, l'administration, dis-je, sur le crédit ordinaire de 2 millions, ne réservait à l'entretien annuel qu'une somme de 400,000 francs.

Or, quand on réfléchit qu'une somme si modique, répartie

entre les quatre-vingts diocèses, ne donne pour chacun qu'une moyenne de 5,000 francs; quand l'on considère que chaque diocèse a trois édifices importants à entretenir, et parmi eux une cathédrale, monument considérable et en général de très-ancienne construction, il n'est pas possible de ne pas reconnaître, qu'avec des ressources aussi restreintes, la conservation est impossible. Aussi qu'est-il le plus souvent arrivé? C'est qu'aucun entretien n'a eu lieu : là où une réparation de quelque importance aurait été nécessaire pour conserver une partie de bâtiment, on ne faisait qu'un travail insignifiant, qui n'apportait aucune amélioration réelle; et la dégradation de l'édifice suivait son cours, jusqu'au moment où la ruine était devenue imminente, et menaçait à la fois la sûreté publique et l'existence même des monuments. Alors l'administration, mise en quelque sorte en demeure par la clameur publique, était acculée à la nécessité d'entreprendre, au grand préjudice des finances de l'État, une restauration complète, que quelques sommes partielles et assez modiques, employées dans un entretien intelligent, auraient permis d'éviter. D'autre part, ces restaurations si coûteuses ont eu, plus d'une fois, un inconvénient plus grave encore que la dépense, celui d'occasionner des altérations profondes et malheureusement irréparables, dont le caractère et la solidité même de nos plus admirables monuments ont eu à souffrir de la part de restaurateurs mal habiles ou ignorants.

D'autre part, et dans l'impossibilité, à cause de la modicité même de l'allocation annuelle, de lui donner une application utile pour la conservation, et pour ne pas la laisser faire retour au trésor, il arrivait qu'on l'appliquait à de petits travaux d'ornement, ou trop souvent même à des objets qui ne rentraient pas toujours dans la spécialité du crédit.

Ces différentes causes réunies ont laissé nos édifices diocésains, et principalement les cathédrales, dans une situation peu satisfaisante.

Sur ce premier point, la commission des édifices religieux a été unanime pour demander une réforme. Elle a émis l'avis que la distribution des subventions annuelles, en même temps que le chiffre en serait mieux proportionné aux besoins, eût pour base une étude préalable de chacun des édifices à entretenir; étude faite d'une manière approfondie, et dont le résultat serait d'arrêter un système méthodique de conservation approprié à chaque monument, système qui, une fois approuvé par la commission, deviendrait, pour l'architecte qui l'aurait présenté, la règle de l'emploi des crédits successifs, jugés nécessaires pour procurer une restauration intelligente et durable.

Mais cette voie nouvelle, dans laquelle il me paraît en effet utile de faire entrer l'administration des bâtiments diocésains, et qui seule peut assurer le bon emploi des fonds du budget, a pour condition essentielle un personnel d'architectes habiles et éprouvés. Par cela même que des sommes plus importantes seront consacrées à l'entretien annuel, qu'un système fondé sur la connaissance de l'archéologie religieuse et sur la science de la construction devra faire la règle des architectes, le choix de ces agents exige une attention plus grande et des garanties toutes spéciales.

Ce second point, monsieur le ministre, est celui qui a le plus sérieusement occupé la commission, et c'est l'objet particulier de la mesure qui fait l'objet du présent rapport.

Il est remarquable, monsieur le ministre, que, tandis que l'administration des cultes a dans ses attributions la conservation des richesses monumentales les plus importantes du pays, cette administration soit demeurée, plus que les autres, dépourvue de moyens d'action efficaces sur le contrôle et la surveillance des travaux qu'elle fait exécuter directement avec les fonds du budget. Cet abandon a été d'autant plus déplorable qu'on peut dire qu'il a été volontaire. Aucun obstacle sérieux ne s'est opposé, en effet, à une organisation forte et régulière de ce service.

Cette organisation, dont l'absence a eu pendant si longtemps une influence si fâcheuse sur les travaux entrepris dans les édifices religieux, a été même bien souvent réclamée par les hommes les plus versés dans la science et les plus amis de la religion.

Dans l'état actuel des choses, l'entretien des monuments est confié dans chaque département à des architectes choisis et commissionnés par les préfets, sans règle bien déterminée. Dans beaucoup de diocèses, l'architecte départemental a été simplement chargé de l'entretien des édifices religieux ; d'autres fois, sans nomination régulière, un architecte chargé, dans le principe et pour une circonstance spéciale, d'une réparation souvent peu importante, est resté en possession de l'entretien ordinaire d'un monument de premier ordre.

Ces architectes ainsi choisis, artistes estimables à plusieurs titres et souvent même d'une capacité éprouvée pour des constructions d'une certaine nature, n'avaient pas, à un degré suffisant, les études nécessaires ponr les grandes constructions, et en particulier pour celles du moyen âge. Les personnes peu expérimentées croient trop facilement que la science de l'architecture gothique consiste simplement dans la connaissance de certaines formes extérieures ; les maîtres de l'art savent que ces admirables monuments sont en outre, sous le rapport de la construction intrinsèque, de la disposition des appareils, de la distribution des masses, du calcul des poussées et des résistances, des œuvres de la science la plus profonde.

Or une étude, qui n'irait qu'à la connaissance extérieure des monuments sans descendre jusqu'à la science intime des procédés des constructeurs primitifs, ne saurait présenter des garanties suffisantes, et souvent elle pourrait occasionner de véritables dangers.

L'expérience du passé, l'état actuel de certaines églises mutilées, ébranlées et compromises par des restaurations inhabiles, ont trop souvent excité des réclamations dans les commissions archéologiques et jusque dans les assemblées législatives ; ces monuments portent en eux-mêmes un témoignage trop authentique d'un mauvais entretien, pour qu'il soit nécessaire, monsieur le ministre, de s'arrêter plus longtemps sur les vices du système suivi jusqu'à ce jour ou sur l'insuffisance de quelques-uns des artistes auxquels les travaux étaient confiés.

La commission des édifices religieux a donc insisté, comme condition de la bonne conservation des monuments et de l'emploi régulier des crédits, sur la nécessité de l'organisation d'un corps d'architectes directement nommés et commissionnés par le ministre, et chargés spécialement, sous la direction et le contrôle immédiat de l'administration supérieure, de la conservation des monuments diocésains. Ce serait une organisation analogue à celle qui existe au ministère des travaux publics, pour les bâtiments civils de l'État ; au ministère de la guerre, pour les bâtiments militaires ; au ministère de l'intérieur, pour la conservation des monuments historiques.

C'est à ces architectes ainsi nommés que serait exclusivement confié l'entretien des édifices diocésains.

A cet effet, les diocèses seraient, suivant l'importance et le caractère de leurs monuments, systématiquement groupés et distribués en un certain nombre de conservations, à chacune desquelles un architecte serait attaché. Ces artistes, réunissant ainsi un ensemble de travaux assurés, pourraient y consacrer plus particulièrement leurs études, et s'y créer une spécialité profitable pour eux-mêmes, en même temps qu'elle contribuerait au développement de l'art religieux.

Permettez-moi, monsieur le ministre, de m'arrêter un moment à cette dernière considération, qui, à un point de vue général, présente une haute importance.

Il est certain que, à quelques exceptions près, les départements manquent d'architectes pour les grandes et sérieuses constructions. La principale raison n'en est pas seulement dans ce mouvement général qui entraîne vers la capitale les hommes auxquels le sentiment de leur valeur personnelle fait éprouver le désir d'un plus grand théâtre ; mais c'est aussi que le défaut d'occasion d'appliquer leurs études et de donner, en province, un emploi lucratif à leur vie, décourage les jeunes talents ; de sorte que, d'un côté, parmi les élèves es plus distingués des écoles de Paris, nul ne songe à aller se fixer dans un département ; et, d'autre part, ceux qui ont commencé à se former dans la province, viennent chercher des travaux à Paris.

Si l'espoir de travaux, autres que ceux de simples bâtisses, pouvait être offert à la juste ambition des jeunes artistes, il ne faut pas douter qu'un retour utile vers les départements ne vînt à se déclarer, et que les constructeurs savants et habiles n'y fussent bientôt la règle, au lieu de n'être qu'une assez rare exception.

Il en résulterait alors que, en ce qui concerne particulièrement les édifices du culte, nos communes ne donneraient pas le spectacle ou d'églises anciennes, souvent précieuses, qui tombent en ruine, faute d'un entretien intelligent, ou d'églises nouvelles qui s'écroulent aussi par le vice d'une construction inhabile, et qui, si elles restent debout, sont un outrage au goût public.

Un architecte, placé au centre d'une conservation diocésaine, ne tarderait pas à être naturellement consulté par les communes qui auraient à entreprendre, soit des réparations, soit des constructions neuves; et, avec les bonnes traditions, le sentiment de l'art descendrait de proche en proche et se naturaliserait dans les localités. En un mot, là où les travaux sont aujourd'hui livrés à de simples conducteurs, dépourvus souvent de toute étude, se ferait sentir l'influence d'un architecte capable; et l'expérience de tous les jours démontre, monsieur le ministre, que l'économie y gagnerait non moins que l'art.

Sous ce rapport, la mesure proposée aurait donc pour résultat une décentralisation utile et qu'il faut tendre à favoriser de plus en plus dans l'intérêt général et de la bonne administration du pays.

C'est dans cet esprit, monsieur le ministre, qu'a été fait le choix des architectes que je soumets à votre approbation, pour le cas où vous jugeriez convenable de donner suite à ma proposition. Dans toutes les localités où se sont rencontrés des hommes ayant donné déjà, dans les travaux dirigés par eux, des preuves de la science de l'archéologie et de la construction, j'ai cru qu'il convenait de les choisir de préférence et j'ai proposé de les charger d'une conservation. Là où les architectes, bien qu'en dehors des travaux des cathédrales, avaient exécuté des réparations pour le compte de la commission des monuments historiques, et y avaient témoigné de leur capacité, ils ont été aussi l'objet de mon attention ; en un mot, monsieur le ministre, je n'ai, en général, proposé des architectes de Paris qu'autant que les localités, au dire des hommes compétents et désintéressés que j'ai pu consulter, ne présentaient pas d'artistes, quel que fût d'ailleurs leur mérite à d'autres égards, suffisamment désignés par la spécialité de leurs études et la nature de leurs travaux antérieurs.

Telle a été, dans l'application, en ce qui concerne le choix du personnel, la règle à laquelle j'ai cru devoir assujettir les propositions que j'ai l'honneur de vous faire, et j'ai la conscience de ne m'en être laissé détourner par aucune préoccupation d'aucun genre.

Il ne m'a pas paru, monsieur le ministre, qu'il fût possible de consulter, pour ces choix, les autorités locales ; c'eût été placer, soit les évêques, soit les préfets, dans une situation délicate. En présence d'anciennes habitudes, de relations établies, ils se seraient peut-être, en certain cas, laissés aller à un sentiment de bienveillance bien naturel, mais dangereux, là où la question des choses doit absolument passer avant les personnes. D'autre part, les éléments d'appréciation pouvaient quelquefois leur manquer par l'absence même de comparaison. En un mot, c'eût été, au fond, la négation de la mesure qui, en présence et à cause même des vices constatés du système actuel d'entretien, tend à créer un ordre tout à fait nouveau.

Je n'ai plus qu'un mot à dire, monsieur le ministre, sur les dispositions que j'ai l'honneur de vous proposer.

Je veux répondre à deux objections qui pourraient s'élever.

On pourrait craindre, monsieur le ministre, que pour l'architecte réunissant dans sa conservation plusieurs diocèses, le défaut de résidence ne fût quelquefois, et particulièrement dans cas imprévus qui pourraient se déclarer, une cause d'embarras, soit pour les évêques, soit pour les préfets.

Il suffira, à cet égard, de faire remarquer, monsieur le ministre, que dans le système du projet, l'architecte diocésain sera tenu d'avoir, au chef-lieu de chaque diocèse, un inspec-

11.

teur chargé de suivre, sous sa direction et sa responsabilité, les travaux d'entretien : cet agent, qui pourra être toujours à la disposition de l'administration diocésaine, pourvoira à tous les cas urgents, et préviendra immédiatement l'architecte, qui, si le cas le requiert, se rendra sur les lieux et donnera les ordres nécessaires.

On aura aussi, avec toutes les facilités convenables pour les menues réparations de détail, la garantie qu'aucune de ces entreprises qui, très-simples souvent en apparence, ont quelquefois des conséquences très-graves, ne seront commencées sans que l'architecte responsable ne les ait ordonnées et n'ait indiqué la direction des travaux.

On pourrait se demander aussi si, par le fait de la nomination d'architectes chargés de la conservation des édifices diocésains , l'administration attribuait implicitement et par avance à ces architectes les grands travaux de restauration qu'il pourrait y avoir à entreprendre dans les édifices anciens, ainsi que la construction des cathédrales, évêchés ou séminaires nouveaux.

Je n'ai pas cru, monsieur le ministre, qu'il fallût aller aussi loin. Des opérations de l'importance de celles dont il s'agit devront continuer à être l'objet d'une instruction et d'une décision spéciales. Le ministre doit se réserver d'en confier l'exécution à des architectes autres que celui de l'entretien ordinaire. Sans doute ce dernier aura naturellement, dans la capacité dont il aura fait preuve, dans les services mêmes qu'il aura rendus, pour la conservation dont il est chargé, un titre incontestable à l'attention du ministre ; mais il est bon de déclarer d'avance qu'en tout cas, et même quand il s'agirait de confier le travail à l'architecte chargé de l'entretien ordinaire, une décision spéciale sera indispensable.

Enfin il doit être aussi entendu que les édifices actuellement en cours de construction ou de grosses réparations continueront, à moins de décision contraire, à demeurer dans les mains des architectes qui ont commencé les travaux, et que ces artistes en conserveront également l'entretien après la réception. Il ne serait ni juste ni conforme à l'intérêt des monuments que ceux qui les ont construits et habilement restaurés vissent passer en d'autres mains l'entretien de leur œuvre.

Ce ne sera donc qu'au fur et à mesure des mutations, que le temps ou toute autre circonstance pourra amener, que l'entretien de ces monuments rentrera dans la règle ordinaire, et sera remise à l'architecte de la conservation diocésaine.

Vous remarquerez, monsieur le ministre, que la mesure, que j'ai l'honneur de vous proposer n'entraînera aucune dépense nouvelle. Les architectes chargés de la conservation continueront à recevoir pour honoraires, comme il est d'usage, le vingtième du montant des travaux exécutés par eux. Sur cette allocation, ils prélèveront l'indemnité dont ils auront à tenir compte, par un accord mutuel, à l'inspecteur qu'ils devront, ainsi que je l'ai dit, avoir dans chaque diocèse.

Si la mesure dont je viens d'avoir l'honneur de vous entretenir, monsieur le ministre, vous semble, comme elle a paru à la commission des édifices religieux, propre à assurer la bonne conservation des importants édifices confiés aux soins de l'administration des cultes; si vous la jugez de nature à garantir le bon emploi des fonds, dont la disposition est placée sous votre responsabilité; si, en un mot, et à un point de vue plus général, vous y voyez une impulsion utile donnée à l'architecture religieuse, vous penserez sans doute qu'il convient d'en faire l'objet d'un arrêté du gouvernement.

Dans ce but, je mets sous vos yeux un projet d'arrêté, que je vous propose de soumettre à la signature de M. le président du conseil, chargé du pouvoir exécutif.

Veuillez agréer, monsieur le ministre, mon salut respectueux.

Paris, le 12 décembre 1848.

Le directeur général de l'administration des cultes,

E. DURIEU.

ARRÊTÉ.

Paris, le 16 décembre 1848.

Le président du conseil des ministres, chargé du pouvoir exécutif,

Sur la proposition du ministre de l'instruction publique et des cultes;

Vu le chapitre X du budget des dépenses des cultes;

Vu le rapport du directeur général de l'administration des cultes, en date du 12 décembre 1848,

ARRÊTE :

Art. 1er. Les travaux d'entretien annuel des édifices diocésains seront confiés à des architectes nommés par le ministre de l'instruction publique et des cultes, suivant la circonscription arrêtée au tableau ci-annexé (1).

2. Les honoraires de ces architectes seront, ainsi qu'il est d'usage, du vingtième du montant des travaux, sans préjudice des indemnités de frais de voyage qui pourront leur être allouées d'après un tarif fixé par le ministre.

3. Ces agents rendront chaque année, et plus souvent s'il est jugé nécessaire, un compte détaillé, par édifice, de la situation des travaux et des crédits.

4. Un rapport général sur la situation des édifices diocésains et sur l'emploi des crédits y affectés sera imprimé et distribué tous les ans à l'assemblée nationale, par les soins de l'administration des cultes.

5. Le ministre de l'instruction publique et des cultes est chargé de l'exécution du présent arrêté.

Paris, le 16 décembre 1848.

E. CAVAIGNAC.

Le ministre de l'instruction publique et des cultes,

A. FRESLON.

---

(1) Ce tableau n'a été adressé ni aux évêques ni aux préfets et n'a reçu aucune exécution. Il a été remplacé par un autre tableau joint à un arrêté du 12 mars 1849, lequel à son tour a été abrogé par le décret du 7 mars et l'arrêté du 20 mai 1853, actuellement en vigueur.

N° 9.

Édifices diocésains : Instruction pour la conservation, l'entretien et la restauration de ces édifices et particulièrement des cathédrales.

Paris, le 26 février 1849.

La commission des arts et édifices religieux (section d'architecture), instituée par l'arrêté du gouvernement du 16 décembre 1848 (1) près la direction générale de l'administration des cultes, a préparé la circulaire suivante, adressée à MM. les architectes des édifices diocésains. M. le ministre en a ordonné l'impression et la distribution.

Les architectes attachés au service des édifices diocésains, et particulièrement des cathédrales, ne doivent jamais perdre de vue que le but de leurs efforts est la *conservation* de ces édifices, et que le moyen d'atteindre ce but est l'attention apportée à leur *entretien*. Quelque habile que soit la restauration d'un édifice, c'est toujours une nécessité fâcheuse ; un entretien intelligent doit toujours la prévenir.

La conservation des édifices dépend non-seulement du soin qu'on prend de les entretenir, elle peut être encore subordonnée à des causes extérieures que l'architecte doit étudier. Tels sont l'isolement des constructions, l'assainissement du sol, l'écoulement facile des eaux. L'administration centrale ne négligera rien pour faire disparaître les causes de destruction et les inconvénients matériels que les architectes pourraient lui signaler.

CONDUITE DES TRAVAUX.

1. Toutes les fois que l'importance des travaux l'exigera, l'architecte désignera l'emplacement des chantiers et ateliers affectés à chaque nature de travaux.

2. L'architecte et ses agents veilleront à ce que les chan-

---

(1) Voy. cet arrêté inséré à la suite de la présente instruction.

tiers soient fermés les dimanches et jours fériés, sauf les cas d'urgence et l'autorisation de MM. les évêques.

3. L'architecte prendra des mesures nécessaires pour que les fers, les plombs, les bois et autres matériaux ayant une valeur et appartenant aux édifices, soient rangés en magasin et inventoriés. Ces matériaux ne pourront être enlevés, lorsqu'ils devront être réemployés dans l'édifice d'où ils proviennent, que sur un ordre signé de l'architecte ou de ses agents.

4. Toutes les mesures de police que les architectes jugeront convenable de prendre, soit pour assurer l'ordre sur les travaux, parmi les ouvriers, soit pour la conservation des monuments, seront notifiées aux entrepreneurs, qui devront, ainsi que leurs agents et ouvriers, s'y conformer scrupuleusement.

5. Les travaux, suivant leur nature, devront toujours être entrepris en bonne saison ; et l'architecte ou ses agents devront s'assurer, avant de commencer un ouvrage, que les matériaux sont disposés à l'avance et prêts à être employés, afin d'éviter des retards pendant l'exécution.

6. Lorsque, par suite d'une autorisation spéciale, il sera nécessaire de déposer, d'enlever ou de démolir certaines portions d'un édifice ayant une valeur au point de vue de l'art ou de l'archéologie, l'architecte devra faire dresser un état actuel des parties qu'il s'agit de remplacer avant de commencer l'exécution.

7. Chaque entrepreneur est responsable des accidents et dégradations provenant de son fait ou de celui de ses ouvriers ; s'il s'agit d'une construction neuve, l'entrepreneur reconnu coupable devra, en se conformant rigoureusement aux prescriptions de l'architecte, remplacer aussitôt et entièrement à ses frais les parties dégradées ; si les parties dégradées appartiennent aux anciennes constructions, non-seulement il devra les remplacer à ses frais, mais l'architecte se réservera, en outre, le droit de proposer à l'administration l'application d'une retenue, qui pourra être portée jusqu'à la valeur de l'objet détruit et remplacé.

8. L'architecte et ses agents veilleront à ce que les maté-

riaux provenant de démolitions soient immédiatement descendus sur les chantiers désignés ; qu'ils ne soient jamais déposés, même temporairement, sur des voûtes, des dallages et des couvertures ; que la descente de ces matériaux soit faite avec soin, au moyen d'équipages suffisants, et de manière à éviter toute espèce d'accident.

9. L'architecte et ses agents auront soin de s'assurer que les entrepreneurs chargés de travaux soient munis, chacun en ce qui le concerne, de tous les engins reconnus nécessaires; que ces engins sont en bon état et bien établis.

10. Des dépôts de matériaux, tels que bois de charpente, pierre, moellons, etc., devront toujours être isolés des monuments, de manière à ce que le voisinage de ces dépôts ne puisse être une cause de dégradation pour les édifices.

11. Lorsque des travaux seront exécutés à proximité de sculptures, statues, bas-reliefs, l'architecte et ses agents devront indiquer aux entrepreneurs toutes les mesures de précaution nécessaires pour couvrir et protéger ces objets pendant toute la durée du travail.

12. L'architecte prendra toutes les mesures convenables pour que, pendant la durée des réparations, les vieilles maçonneries intérieures, et les voûtes particulièrement, soient, autant que possible, préservées de la pluie.

TENUE DES ATTACHEMENTS.

13. Les *attachements* se composent de la description détaillée et de l'exacte représentation des différentes parties des travaux. Le but des attachements étant de fournir tous les éléments propres à faciliter l'évaluation des travaux et le règlement des mémoires, il est indispensable, au fur et à mesure de l'exécution, de réunir tous les renseignements et dessins nécessaires pour les établir avec exactitude. Toutefois, il est important de remarquer que les attachements ne constatent que des faits, et ne peuvent être invoqués comme constituant un droit.

14. Les attachements devront particulièrement indiquer les parties qui pourraient être cachées et celles qui deviendraient d'un accès difficile, soit par suite de l'enlèvement des échafauds, soit pour toute autre cause.

15. Les attachements constateront la forme, l'origine, les dimensions, la qualité ou le poids des matériaux employés, ainsi que les détails de leur mise en œuvre.

16. Ils préciseront le nombre des contre-maîtres, compagnons et garçons présents chaque jour sur le chantier et qui travailleront à la journée, la nature des travaux auxquels ils auront été appliqués, enfin les raisons qui auront fait adopter le mode d'exécution à la journée, qui ne doit être employé que lorsqu'il sera impossible de faire autrement.

17. Les minutes écrites ou figurées seront relevées sur place, contradictoirement par l'entrepreneur ou ses préposés et l'agent de l'architecte, dans le cours ou à la fin de chaque journée ; les minutes seront écrites à l'encre, tracées et classées par ordre de date sur des calepins uniformes réservés à cet usage.

18. Les attachements écrits ou figurés, d'abord mis au net par les entrepreneurs ou leurs préposés, revus ensuite, vérifiés ou corrigés par l'architecte ou son agent, d'après les minutes relevées contradictoirement, seront enfin reportés sur les registres, sans lacunes, surcharges et interlignes ; les ratures seront faites de manière que les mots supprimés soient lisibles. Quant aux renvois, ils ne seront jamais interlignés, mais mis en marge et parafés par les personnes qui doivent signer les attachements.

19. Les attachements dressés par les entrepreneurs seront écrits sur du papier à tête, ou tracés sur des feuilles séparées dont le format leur sera désigné, ainsi que l'échelle qu'ils devront adopter.

20. Chaque attachement indiquera la date du relevé et portera un numéro d'ordre.

21. Les attachements figurés, qui ne pourront être contenus dans les registres, seront tracés sur des feuilles séparées, autant que possible de même format, et annotés dans le corps du registre, où il leur sera donné un numéro d'ordre de renvoi.

22. Tous les attachements figurés, dessinés au trait, lavés, s'il est besoin, seront toujours cotés avec le plus grand soin, de façon à déterminer d'une manière rigoureuse toutes les dimensions nécessaires à l'établissement du métrage et à l'appréciation des travaux. Chaque nature de pierre sera exprimée par une couleur spéciale, et, de plus, une *annotation particulière* indiquera tous les travaux exécutés en vieille pierre. Ces couleurs et cette annotation seront uniformes pour tous les attachements et seront indiquées par les architectes.

23. Tout attachement contenu dans les registres sur des feuilles séparées devra être reconnu, approuvé et signé, d'abord par l'agent qui l'aura dressé, et ensuite par l'entrepreneur, enfin par l'architecte après vérification.

24. Lorsqu'il deviendra nécessaire d'employer plusieurs registres pour inscrire des attachements indiquant des travaux de même nature, exécutés dans le cours du même exercice, ces registres seront classés suivant leur date et porteront chacun un numéro d'ordre.

25. Les registres d'attachements seront clos à la fin de chaque campagne, et devront être terminés par un résumé des travaux exécutés pendant l'exercice, et par un compte rendu de l'état des constructions à l'époque de la clôture des travaux.

ÉCHAFAUDS.

26. Les échafauds seront isolés le plus possible des anciennes constructions, et les trous de scellement inévitables seront toujours pris dans une hauteur d'assise.

27. Ils ne devront jamais poser sur les parties faibles d'un édifice, telles que voûtes, terrasses, dallages, mais être montés sur les points d'appui solides ou porter de fond. L'architecte et ses agents devront veiller à ce qu'ils soient exécutés avec soin, afin d'éviter les accidents.

28. Ils devront toujours être disposés de manière à ce qu'ils ne puissent briser les vitraux, les sculptures, écorner les moulures et engorger les chéneaux.

29. Ils seront munis des ponts nécessaires au bardage des pierres et matériaux pesants, qui ne devront en aucun cas être roulés sur les terrasses, voûtes et vieilles maçonneries légères.

30. Les équipes pour le montage des matériaux seront toujours placées en dehors des plus fortes saillies des édifices, afin que, dans le cas de la rupture d'une chaine ou d'un câble, ces matériaux, en tombant. ne détruisent pas les maçonneries inférieures.

31. Dans les travaux de réparation et d'entretien, on ne remplacera que les parties des anciennes constructions reconnues pour être dans un état à compromettre la solidité et la conservation du monument.

32. Tout fragment à enlever, s'il présente un certain intérêt, soit pour la forme, la matière ou toute autre cause, sera étiqueté, classé et rangé en chantier ou en magasin.

33. Tous les matériaux enlevés seront toujours remplacés par des matériaux de même nature, de même forme, et mis en œuvre suivant les procédés primitivement employés.

34. Toutes les pierres *incrustées* devront avoir le même volume que les pierres enlevées; elles seront *fichées* en mortier au *refouloir ;* l'emploi du plâtre est interdit ; il en est de même des mastics et ciments, qui ne seront adoptés que pour l'exécution de certains joints exposés directement à la pluie ; les autres joints seront faits en mortier.

35. Les jointoiements ne seront exécutés que quand ils seront jugés indispensables, et, dans ce cas, l'architecte devra les faires exécuter proprement, sans bavures sur les bords des pierres, légèrement enfoncés, de manière à ce que l'appareil soit toujours visible et dessiné. Si les pierres vieilles sont *épauffrées* par le temps sur leurs arêtes, les joints en mortier ne devront pas couvrir ces *épauffrures*, mais les aisser visibles et ne remplir que l'intervalle entre les pierres.

36. Tous les *refouillements* dans la vieille maçonnerie seront faits à la *masse* et au *poinçon*, jamais au *tétu* ou à la

pioche . Tous les tasseaux nécessaires à la pose des pierres à incrus'er seront faits en bonnes billes de sapin ou de chêne ; ils pourront être ordonnés en maçonnerie toutes les fois que l'architecte le jugera convenable.

37. Les cales nécessaires à la pose des pierres inscrustées ne seront jamais faites en fer, mais en plomb ou en cœur de chêne, et toujours éloignées des parements.

38. Toute pierre vieille portant moulure ou sculpture ne pourra être remplacée que lorsqu'elle aura été marquée par l'archithecte ou ses agents.

39. L'appareil des pierres neuves sera absolument semblable à l'appareil ancien. Dans les édifices du moyen âge, les arcs seront extradossés, les parements neufs fait en assises de même hauteur que les anciennes.

40. La plus grande attention sera apportée à l'exécution des tailles des parements et moulures. L'architecte devra observer à quelle époque et à quel style appartiennent ces tailles qui diffèrent entre elles ; il remarquera que les tailles antérieures au XIIe siècle sont faites assez grossièrement et au *taillant droit ;* celles du XIIIe, à la *grosse bretture* et *layées* avec nne grande précision ; celles du XIVe, à la *bretture fine* et *layées* avec plus de netteté encore ; celles du XVe, à la *bretture* et au *racloir*, etc., etc. Sauf de rares exceptions qui peuvent contrarier ces usages, et dont on pourra tenir compte, l'architecte fera exécuter les tailles des parties restaurées d'après les indications précédentes. On lui recommande de se défier des retailles, des grattages faits après coup, qui altèrent la physionomie des parements et la forme des profils ; il faut rechercher alors les tailles primitives conservées sur les points peu accessibles ou masqués. Il en est de même pour les modifications apportées par des restaurations plus ou moins anciennes aux formes primitives ; on devra examiner alors avec grand soin toutes les traces de ces formes, et, dans le doute, en référer à l'administration.

L'emploi de l'outil appelé *boucharde* est rigoureusement interdit.

41. L'étude approfondie du style des différentes parties des

monuments à entretenir ou à réparer est indispensable, non-seulement pour reproduire les formes extérieures, mais aussi pour connaître la construction de ces édifices, leurs points faibles et les moyens à employer pour améliorer leur situation. Ainsi l'architecte observera qu'au nord de la Loire les constructions dites *romanes* sont, jusqu'à la fin du xiie siècle, élevées en petits matériaux ; que les murs, composés de deux parements de pierre sans liaison entre eux, sans *boutisse*, contiennent dans leur milieu des blocages plus ou moins solides ; que souvent, par suite de cette disposition vicieuse, les parements se séparent, et laissent entre eux et le blocage central des vides dangereux. Ce n'est donc qu'avec les plus grandes précautions que ces constructions peuvent être réparées ; alors les étais ne suffisent pas toujours, parce qu'on risque de les appuyer sur des murs soufflés, et de causer leur rupture et leur ruine. Dans ce cas, il est prudent de s'assurer par des sondages, avant de rien entreprendre, de la solidité des massifs intérieurs et de leur degré de résistance. S'ils n'offrent pas une masse solide, il est nécessaire de relancer tout d'abord, et de distance en distance, des pierres *formant parpaing*, et qui relient les deux parements ; après quoi, on peut reprendre successivement et toujours par tranches verticales, les portions des parements qui sont mauvaises ; on évitera les crampons en fer, et, autant que possible, on remplacera les massifs altérés par une plus forte *queue* donnée aux pierres de leurs parements.

D'un autre côté, l'architecte remarquera que les constructions des xiiie et xive siècles sont généralement bien liées, et que les murs, minces d'ailleurs, sont composés de pierres portant fréquemment toute l'épaisseur de ces murs. Dans ce cas, mieux vaut laisser des parements dégradés à la surface que de les remplacer par des *carreaux* de pierre sans profondeur ; car ce serait remplacer une bonne construction par une autre moins durable.

Quant aux édifices du xve siècle, construits presque toujours de préférence en pierre tendre, ils sont composés de matériaux d'une forte dimension. L'architecture de cette époque, évidée à l'excès, n'a de stabilité qu'à condition d'être montée en grands matériaux ; on ne saurait sans imprudence remplacer les parties dégradées sans conserver la grandeur de l'appareil : c'est le cas plus que jamais d'éviter les *rapié-çages*, qui altèrent toujours la solidité d'un édifice.

Presque tous les monuments religieux bâtis à la même époque, dans une même province, ont des points de ressemblance incontestables. Outre qu'un édifice célèbre a dû souvent servir de type autrefois à la plupart des monuments d'un même diocèse, des matériaux semblables, des usages pareils, ont nécessairement produit des analogies frappantes dans la construction et la disposition. L'architecte ne devra donc pas s'en tenir à l'étude seule des cathédrales ; mais, en examinant les églises de la même époque bâties dans leur rayon, il y trouvera souvent de précieux renseignements pour réparer des constructions altérées ou détruites dans les monuments placés directement sous sa surveillance.

42. Les constructeurs du XII° siècle ont presque toujours relié les différentes parties de leurs maçonneries par des *chaînages* en bois, d'un équarrissage de 0,20° à 0,25°, noyés dans l'épaisseur des murs ; ces chaînages sont ordinairement posés sous les appuis des fenêtres, sous les corniches de couronnement, à la souche des contre-forts, au-dessus des voûtes des bas-côtés. Les bois, pourris aujourd'hui, laissent dans l'épaisseur des constructions des vides dangereux. L'architecte devra toujours se défier de ces vides, qui ont pour résultat de provoquer le bouclement des murs. Dans les édifices du XIIe siècle, il faut s'assurer de la position de ces chaînages par des sondages, avant de rien entreprendre. Une fois leur position reconnue, la première opération sera de profiter des vides laissés par les bois pourris pour passer, à la place des solives réduites en poussière, des chaînages en fer, en ayant le soin de faire remplir le vide restant en bonne maçonnerie, fortement bourrée. Il augmentera ainsi la solidité des édifices et replacera les constructions dans leur état normal. Aux XIIIe, XIVe et XVe siècles, le système de chaînages en bois est remplacé par un système de crampons en fer, reliant à certaines hauteurs les pierres

de la construction, et formant ainsi de véritables chaînages continus. Ces crampons, dont la longueur varie de 0,30e à 0,40e, quoique généralement coulés en plomb, se sont oxydés et ont fait éclater, par leur gonflement, une grande quantité de ces pierres cramponnées. Il est résulté de cet accident deux inconvénients graves : le premier, c'est que les pierres ainsi fêlées dans leur épaiseur ne font plus *parpaing*, et qu'alors les murs tendent à se dédoubler ; le second, c'est que les crampons, ne tirant plus en pleine pierre, mais dans les fêlures qu'ils ont causées, ne relient plus les murs dans leur longueur. Ce fait doit fixer particulièrement l'attention de l'architecte, qui devra, en remplaçant les pierres ainsi éclatées, supprimer les crampons, cause de leur destruction, et substituer à ce système de chaînage des tirants continus posés le long des parements extérieurs et intérieurs des murs, reliés entre eux, de distance en distance, par des boulons traversant ces murs, sans y être scellés. Ces tirants continus seront retenus à leurs extrémités par des ancres posées aux retours de ces murs. En un mot, on remplacera les crampons scellés dans chaque pierre par un système de chaînes qui *embrasseront* soit les *souches* des contre-forts, en les reliant avec les piles intérieures au-dessus des bas-côtés, soit les murs eux-mêmes, en les maintenant dans leur longueur et les retenant à des points d'appui solides. Quand il sera possible, par suite d'un *dérasement* général des vieilles constructions, de placer les chaînes dans l'épaisseur des contre-forts ou des murs, elles devront être posées à plat dans un joint ou lit horizontal, entaillées dans la pierre aussi peu que possible, et si les ancres sont d'une forte dimension, elles devront être en fer galvanisé et coulées en plomb dans un trou laissant un scellement épais autour d'elles ; on préférera le cuivre, si les ancres n'ont qu'une dimension faible. Pour les goujons destinés à maintenir les balustrades, les colonnettes et tous les détails d'une grande finesse, il sera toujours prudent de les faire faire en cuivre jaune. Les joints de ces colonnettes, les scellements des balustrades devront toujours être faits en plomb, bien coulés au moyen de *lumières*. Quant aux meneaux de croisées et de roses, non-seulement les joints devront être coulés en plomb, mais dans ces œuvres délicates il faudra, autant que possible, éviter les goujons en fer et même en cuivre ; c'est le plomb lui-même qui devra servir de goujon au moyen de deux trous pratiqués dans les joints. Les meneaux étant sujets à des tassements, à cause du peu de surface des lits de pose, il faut que les goujons qui relient chaque joint soient en métal très-flexible ; autrement on ne pourrait éviter de fréquentes brisures.

43. Dans les parties élevées des édifices, dans les flèches, dans la construction des voûtes, l'architecte ne devra pas substituer à des matériaux légers des matériaux d'un poids plus considérable ; car ce serait changer les conditions de stabilité.

44. L'attention de l'architecte devra particulièrement se porter sur l'entretien et la restauration des arcs-boutants ; ils devront être surveillés avec soin, leurs joints entretenus constamment. Si des arcs-boutants sont tellement mauvais qu'ils ne puissent être conservés, ils ne sauraient être restaurés en partie ; dans ce cas, il est nécessaire de les cintrer au plus tôt, d'étayer les murs des nefs à la hauteur de la poussée des voûtes et de chaque côté de ces arcs ; puis on les démolira avec soin et sans secousses, et on les reconstruira en entier, depuis leur naissance jusqu'à leur portée, avec un nombre égal de claveaux et en ayant soin de ne pas poser ces claveaux sur *cales*, mais bien à bain de mortier épais et en les *damant* fortement. Il n'est pas besoin de dire que l'ancien appareil de ces arcs devra être reproduit scrupuleusement. La flexion ou le mauvais état d'un arc-boutant entraîne presque toujours la déformation des parties des voûtes ou des piliers correspondants. L'examen des voûtes et piliers intérieurs est donc fort important pour connaître la situation réelle des arcs-boutants, et *vice versâ*.

45. Après l'entretien des arcs-boutants vient celui des bandeaux et corniches formant *larmiers*. Le bon état de ces parties d'un édifice peut sans inconvénients laisser subsister longtemps des parements dont la surface seule serait détériorée.

ÉCOULEMENT DES EAUX PLUVIALES.

46. Jusqu'à la fin du XIIe siècle, dans les édifices qui nous sont conservés, les eaux pluviales s'écoulaient simplement par l'égout des combles, sans chéneaux, conduits ni gargouilles. Les inconvénients de ce système, si simple d'ailleurs, se firent bientôt sentir; les eaux, déversées ainsi le long des murs, les imprégnaient d'une humidité qui ne tardait pas à les dégrader, et qui rendait l'intérieur des monuments malsain et froid.

En changeant le style de l'architecture, les constructeurs du XIIIe siècle établirent sur tous leurs édifices des chéneaux qui, conduisant les eaux des couvertures dans des gargouilles saillantes en pierre, les faisaient tomber à une distance assez considérable des murs pour que l'humidité n'y pût pénétrer. Ce procédé resta en usage jusqu'au XVIIe siècle. Sur la plupart des édifices antérieurs au XIIIe, des chéneaux et gargouilles ont été établis pendant les XIIIe, XIVe et XVe siècles. Dans ce cas, on devra entretenir et restaurer ces chéneaux et gargouilles suivant le système appartenant à l'époque où ils ont été posés; mais si, dans certains édifices romans restés intacts, on reconnaissait l'inconvénient des égouts simples, sans chéneaux ni gargouilles, et qu'il fallût en établir dans un intérêt de conservation, on ne saurait donner à ces chéneaux neufs un style particulier : il faudrait alors, afin de laisser au monument primitif toute sa pureté, se contenter de placer sur les corniches, et à la place des *coyaux* des combles, des chéneaux en plomb d'une grande simplicité, avec des gargouilles saillantes, et également en plomb. S'il s'agit d'entretenir ou de réparer des chéneaux et gargouilles appartenant à des édifices élevés depuis le XIIIe siècle, l'architecte devra conserver scrupuleusement le système ancien d'écoulement des eaux; car ce système est inhérent à ces édifices mêmes, il influe sur leur forme : le changer, c'est ôter à la construction de ces monuments sa signification, c'est mentir à leur construction, et, par conséquent, tomber dans des inconvénients plus graves

encore que ceux que l'on prétend éviter. En effet, le système
alors adopté consistait : 1° à diviser les eaux pluviales le plus
possible et à les conduire à ciel découvert; 2° à débarrasser les
bâtiments des eaux pluviales par le plus court chemin, et par
conséquent le plus promptement possible. C'est ainsi que,
dans les grands édifices de cette époque, on voit les eaux,
partant du chéneau des grands combles, couler rapidement
dans les rigoles posées sur chacun des arcs-boutants, par des
gueulards qui, posés horizontalement, ont quelquefois plus de
2 mètres de saillie sur le nu des contre-forts. Quant aux eaux
qui tombent, soit sur les combles des bas-côtés, soit sur ceux
des chapelles, elles s'écoulent de même directement par un
grand nombre de gargouilles, qui, posées le plus en dehors
possible des constructions, aux angles des contre-forts par
exemple, divisent les eaux en une infinité de jets tombant
immédiatement et sans ressauts sur le sol.

Vers le xviie siècle, beaucoup de ces caniveaux et gargouilles
qui, dans nos grands édifices religieux, fonctionnaient depuis
trois ou quatre siècles, se trouvaient détériorés par suite de la
mauvaise qualité de la pierre, ou par un long usage, souvent
aussi par défaut d'entretien. Ces gargouilles égueulées, brisées même, ces longs caniveaux des arcs-boutants rongés par
la mousse, qu'aucune main ne venait enlever, laissaient les
eaux suinter de tous côtés; les soubassements, balayés par
ces jets poussés par le vent, montraient leurs joints ouverts,
leurs parements dégradés. On commença, dès lors, à pros-
crire les gargouilles et à les remplacer dans quelques monuments par des conduites verticales en plomb, qui, passant à
travers les corniches, serpentant le long des contre-forts,
durent rejeter les eaux pluviales en dehors des édifices, au
niveau même du sol. Heureusement beaucoup de nos églises,
trop pauvres, ou mieux entretenues, ou construites en matériaux résistant bien à l'eau, n'ont point reçu cette nouvelle
disposition.

L'usage, de nos jours, est de placer le long des murs de nos
constructions des tuyaux verticaux en fonte pour conduire les
eaux pluviales; on a voulu appliquer ce système aux édifices

anciens. Or, ainsi que nous l'avons dit, ce système ne saurait s'appliquer à des édifices dans lesquels l'écoulement des eaux est soumis à un principe franchement accusé; en outre, il présenterait plus de dangers que d'avantages.

En effet, pour poser aujourd'hui des conduites verticales en fonte sur ces édifices anciens, il faudrait changer tout le système des pentes des chéneaux; autrement chaque gargouille devrait être remplacée par une conduite, et, dès lors, les monuments en seraient couverts : il faudrait percer des corniches, entailler les bandeaux, les ressauts et empattements de l'architecture, ou bien faire dévier les tuyaux, ce qui causerait des fuites ou des engorgements; il faudrait faire de nombreux scellements de colliers dans les murs et les contre-forts, accrocher des cuvettes en métal à de la pierre.

En changeant ainsi l'aspect d'un édifice, on n'améliorerait même pas sa situation sous le rapport de sa conservation; car ces conduites s'engorgent nécessairement pendant les temps de dégel, et font alors couler les eaux en dehors des tuyaux, le long des murs; elles se brisent fréquemment lorsqu'une nouvelle gelée suit un dégel incomplet; elles forment, malgré la peinture dont on les couvre, un oxyde de fer qui corrode la pierre; leurs scellements la font éclater; elles occasionnent, par des fuites presque inévitables, une humidité permanente le long des murs et dans les angles où elles sont posées; elles sont d'un entretien difficile, et, enfin, les accidents fréquents auxquels elles sont sujettes sont bien plus funestes à la conservation des monuments que ne saurait l'être l'eau pure jetée par les gueulards, fouettée par le vent sur les parements, et presque aussitôt séchée par l'air. L'expérience l'a démontré : dans des monuments où des conduites en plomb avaient été posées dans le courant du xviiᵉ siècle (et le plomb, en ce cas, vaut mieux que la fonte), les constructions étaient bien plus altérées le long de ces conduites qu'elles ne l'étaient sous des gargouilles qui n'avaient pas cessé de fonctionner depuis six siècles.

On ne saurait donc admettre le système des tuyaux verticaux en fonte que dans certains cas particuliers, par exemple dans un monument neuf, où tout serait disposé pour que ces tuyaux fussent dirigés d'une manière convenable. Ils devraient être alors en rapport avec tout le système d'écoulement des eaux, surtout être isolés des murs, afin que l'air pût circuler à l'entour, et que s'ils venaient à crever ou s'engorger, les fuites d'eau ne pussent causer aucun préjudice à la maçonnerie. L'architecte chargé de l'entretien des cathédrales et autres édifices anciens devra, nous le répétons, conserver partout le système primitif d'écoulement des eaux ; si les pierres des chéneaux sont d'une nature poreuse, il convient de les doubler en plomb, surtout sur les points où ces chéneaux ne sont pas, par exception, à ciel ouvert, quand, par exemple, ils traversent des contre-forts.

Il pourra, lorsqu'il reconstruira des arcs-boutants, doubler le dessous des rigoles qui les couronnent par des lames de plomb, qui, renfermées sous le lit de ces rigoles, empêcheront les infiltrations sur l'*extrados* des claveaux de ces arcs.

L'architecte proposera le rétablissement de l'ancien système lorsqu'il aura été modifié, et, dans ce cas, il en étudiera la combinaison primitive avec le plus grand soin ; car elle est presque toujours intelligente et conçue avec un raffinement de précautions ; son attention doit se porter spécialement sur les points où tombent les jets lancés par les gueulards, comme, par exemple, le long des soubassements des édifices. Il proposera sur ces points des pavages ou dallages en pente, assis sur une forte couche de béton, avec caniveau ou égout de ceinture, afin que les eaux ainsi lancées ne se perdent pas, comme cela n'arrive que trop souvent, dans les fondations, mais soient promptement éloignées de l'édifice. Il veillera à ce que les gargouilles soient en bon état, versent bien les eaux et ne s'engorgent jamais.

PRÉCAUTIONS A PRENDRE CONTRE L'INCENDIE.

47. L'architecte devra s'occuper, dans les édifices qui lui sont confiés, et particulièrement dans les cathédrales, de la

pose des paratonnerres et de leurs conducteurs, surveiller leur entretien, et s'éclairer de toutes les instructions spéciales sur ce sujet. Il devra, sur les terrasses et autres lieux élevés et facilement accessibles, disposer des réservoirs se remplissant par les eaux de pluie. Dans les tours, près des combles des cathédrales, des échelles, quelques seaux à incendie, des haches, crochets, éponges et autres engins de pompiers devraient être mis en réserve sous la surveillance des gardiens de ces édifices, afin qu'à la première alarme ils puissent être mis à la disposition des personnes qui viennent porter des secours.

Dans les archevêchés, évêchés et séminaires, il serait nécessaire que de semblables précautions fussent prises, et les architectes sont invités à faire des propositions particulières à cet effet.

48. Les plombiers chargés d'exécuter des réparations aux plombs des toitures, chéneaux, etc., devront être munis de fourneaux couverts, entourés d'une chemise en tôle.

L'architecte et ses agents veilleront à ce qu'il y ait toujours, pendant le travail, un seau plein d'eau à côté de chaque fourneau. Pour faire fondre le plomb ou la soudure, l'emploi du bois sera rigoureusement interdit aux plombiers, qui ne devront employer que du charbon ou la flamme du gaz.

CHARPENTE.

49. Les charpentes de nos anciens édifices sont établies d'après un système qui n'est plus en usage aujourd'hui : dans les charpentes de comble anciennes, chaque *chevron* porte *ferme;* aujourd'hui l'usage est d'établir des fermes de distance en distance, sur lesquelles on pose des pannes, et enfin les chevrons, la volige et le plomb, l'ardoise ou la tuile. Ces deux systèmes produisent des résultats très-différents : le premier a l'avantage de charger également les murs dans toute leur longueur, et de pouvoir se poser sur des têtes de mur d'une très-faible épaisseur ; le second reporte le poids

du comble sur certains points au droit des fermes, et, à cause
de la triple épaisseur de *l'arbalétrier*, *des pannes et des che-*
vrons, demande, pour être convenablement assis, des points
d'appui larges. Il est donc nécessaire de conserver l'ancien
système des charpentes de comble dans les vieux édifices élevés pour les recevoir, et de les réparer dans la même forme,
le système actuel ne pouvant y être appliqué le plus souvent
sans qu'il n'en résulte des inconvénients.

L'architecte, toutefois, remarquera que, dans les anciens
combles encore conservés, il se manifeste quelquefois, par
suite d'un défaut de construction primitif, un mouvement de
déversement qui, en détruisant les assemblages, a toujours
pour résultat de pousser les pignons des faces en dehors.
Dans ce cas, en *moisant* les poinçons des fermes par une
suite de *croix Saint-André* qui les relient entre eux, on
peut arrêter ce mouvement dangereux. Trop souvent aussi,
par suite de modifications ou de réparations mal entendues,
les anciennes charpentes poussent les murs des nefs en dehors. L'architecte devra s'empresser de proposer un remède
efficace à ce mal ; il devra s'assurer que les charpentes ne
posent pas sur les voûtes, et, lorsque ces dernières dépassent,
comme il arrive souvent dans des monuments du XIIe siècle,
le niveau des corniches, il devra proposer l'emploi des moyens
destinés à remplacer le tirage des entraits, qui, dans ce cas,
ne peuvent exister.

COUVERTURES. — PLOMBERIE.

50. L'architecte mettra tous ses soins à ce que l'entretien
des couvertures ne soit jamais négligé, il ne changera jamais
la nature des matériaux d'une couverture sans une autorisation
spéciale.

COUVERTURES EN PLOMB.

51. L'architecte observera que, dans les couvertures en
plomb anciennes, et lorsque les pentes des combles sont fortes,

les tables de plomb sont sujettes, qu'elles soient posées en long ou en large, à arracher leurs attaches, par suite de leur poids, qui tend à les faire descendre. Lorsqu'il y aura lieu de réparer ces sortes de couvertures, il faudra donc employer, pour attacher les lames de plomb à la volige, des moyens assez efficaces pour éviter ces déchirements : retourner le bord supérieur des tables de plomb de manière à leur faire faire agrafe sur la volige, et les clouer à l'intérieur, c'est empêcher toute espèce de glissement.

52. Lorsque l'architecte devra réparer ou remanier des couvertures de plomb, il s'assurera, avant de déposer les vieux plombs, qu'il n'existe aucune gravure ou peinture, aucun dessin, sur les tables; s'il s'en trouvait, il aurait le soin de faire calquer avec soin toutes ces traces, et d'en référer à l'administration avant d'entreprendre le remplacement des tables. Faute d'avoir pris cette précaution, bien des dessins curieux gravés sur d'anciens combles ont été perdus. Il en sera de même pour les faîtages, crêtes, ornements de flèches, de poinçons, etc., et pour toute plomberie ouvrée. Autant que possible, on devra s'appliquer à conserver tels quels ces ornements de couverture ; mais lorsque des réparations urgentes devront nécessiter leur dépose, elle sera faite avec assez de soin pour que ces objets puissent être replacés et ressoudés ; lorsqu'il faudra remplacer ces ornements eux-mêmes par suite de leur état de dégradation, les ornements nouveaux devront être faits par les mêmes procédés, avec des matières semblables aux anciennes, et sur des estampages, moules et modèles pris sur les originaux déposés.

COUVERTURES D'ARDOISES.

53. L'architecte, lorsqu'il aura à remanier ou remplacer des couvertures en ardoises, devra faire en sorte de substituer aux vieilles ardoises brisées des ardoises de même épaisseur et de même dimension que les anciennes. Il observera que, sur les vieux combles, les premiers couvreurs ont souvent tracé des compartiments formant des dessins, tels que lo-

sanges, chevrons, méandres, etc., en disposant sur la volige des ardoises de diverses nuances ou de reflets différents. Il recherchera et complétera ces dessins, presque toujours détruits en partie par des réparations successives.

COUVERTURES EN TUILES.

54. Les couvertures en tuiles anciennes sont rarement conservées intactes. Remaniées à plusieurs reprises, elles présentent un assemblage de tuiles de dimensions et de qualités différentes. L'architecte s'appliquera à retrouver le système primitivement adopté, s'il rencontre dans les vieilles couvertures des tuiles de diverses couleurs, ou vernies ou mates, avant d'entreprendre les réparations, il recherchera la composition des dessins formés par ces tuiles variées, et reproduira ces compositions dans les réparations qu'il exécutera. Il observera si les tuiles primitives étaient retenues avec des clous, des chevilles ou des crochets, et fera fabriquer des tuiles semblables en tout aux anciennes, afin de ne changer ni le système de la couverture première, ni son aspect.

Il examinera avec soin les faîtières ; si elles étaient décorées d'ornements saillants en terre cuite, ou simples, il les fera reproduire dans leur forme ancienne.

COUVERTURES EN DALLES.

55. Les couvertures en dalles ne peuvent être posées directement que sur des voûtes romanes, et encore ce système est-il toujours défectueux, surtout dans un climat humide. Dans le midi de la France, il existe encore une grande quantité de voûtes ainsi couvertes, c'est-à-dire en dalles posées sur un massif de maçonnerie ou béton adhérant aux voûtes. L'architecte respectera toujours le principe déjà posé de ne jamais apporter de changements au système de construction primitif ; il devra donc réparer les couvertures en dalles, en conservant l'ancien mode de construction, et en l'améliorant s'il est possible, soit par des *chapes* hydrofuges sous les dal-

lages, soit par là substitution de dalles d'une qualité *froide* et compacte à des dalles poreuses, soit par des combinaisons de recouvrements qui empêchent les infiltrations pluviales dans les joints. Mais, dans les monuments du nord, et surtout à partir du XIIIᵉ siècle, les anciens dallages ne portent jamais sur des voûtes légères, qui ne sauraient les recevoir sans danger. Elles sont disposées sur des arcs ou des *pannes* en pierre, et laissent entre eux et les voûtes un espace libre. L'architecte ne pourrait modifier cette construction sans imprudence, et sans encourir une grave responsabilité ; il devra même rechercher si, par suite de changements apportés à la construction primitive, les dallages actuels ne présentent pas de ces vices de pose qui auraient pour résultat de les faire appuyer sur les voûtes, et, dans ce cas, il proposerait à l'administration de remettre les choses dans leur premier état. Quant aux dallages eux-mêmes, le système généralement suivi autrefois, qui consiste à superposer les dalles en recouvrement, et à ramener les eaux dans le milieu de chaque dalle, comme dans un large caniveau, pour les rejeter sur celle de dessous, avec des bourrelets peu saillants réservés le long des joints, est celui qui paraît devoir être adopté comme le plus simple et le moins difficile à entretenir. Du reste, en thèse générale, l'architecte devra, en réparant les anciens dallages, suivre le mode adopté primitivement, et dont il trouverait des traces sur place ; dans le cas où ce mode paraîtrait défectueux, il en proposerait un autre à l'administration.

L'architecte évitera, dans les dallages, les *couvre-joints* en pierre, sujets à se briser et à retenir une poussière humide qui produit bientôt des mousses et des herbes. Lorsque les joints longitudinaux sont à découvert, et bien protégés par les bourrelets en pierre qui en éloignent les eaux, lorsqu'ils sont d'une largeur convenable (d'un centimètre environ), il est facile de les entretenir avec de bon ciment, des mastics ou du plomb, et lors même qu'ils resteraient béants, à peine s'ils laisseraient filtrer quelques gouttes d'eau , puisqu'ils ne peuvent absorber que celles qui tombent directement du ciel.

SERRURERIE.

56. Sans vouloir repousser les perfectionnements apportés
dans l'industrie des métaux, l'architecte chargé de l'entretien
des monuments anciens devra bien se garder de modifier le
système adopté dans la vieille serrurerie; car ce système est
essentiellement rationnel et en rapport avec la nature de la
matière à laquelle il s'applique. L'architecte remarquera que
les ferrures des verrières, par exemple, ne sont jamais assemblées à *mifer*, mais que les traverses et montants conservent
toute leur force aux assemblages; que ces montants ou ces traverses se *coudent* et ne *s'entaillent* point; que les fers sont
retenus, non par des *goupilles*, mais par des *repos*. Il verra
que, dans ces ferrures, lorsqu'elles sont exécutées avec soin et
qu'elles n'ont pas été dénaturées, l'assemblage des tringlettes
destinées à maintenir les panneaux de verre est simple et solide;
que celles-ci peuvent toujours se déposer et se reposer facilement, sans qu'il y ait ni vis ni *goupilles* à briser; que, dans
la serrurerie, tous les assemblages sont apparents; que, sur
ces points, les fers, loin d'être affaiblis, sont, au contraire,
renforcés; que toutes les pièces se superposent ou s'enchevê-
trent, et ne sont jamais maintenues entre elles par des procédés empruntés à la menuiserie ou à la charpente.

Si, par suite d'une mauvaise exécution première, l'architecte
est obligé d'améliorer certaines combinaisons de serrurerie, il
devra toujours le faire avec l'esprit rationnel qui guidait les
ouvriers anciens. Il ne devra jamais substituer la fonte au fer
forgé, et, si l'art du forgeron est négligé de nos jours, avec de
la persistance et du soin, l'architecte pourra partout, grâce à
l'intelligence de nos ouvriers, qui ne demandent que des difficultés à vaincre, faire produire aujourd'hui à cet art ce qu'il
produisait autrefois.

57. S'il s'agit de serrurerie appliquée à la menuiserie, à la
charpente, l'architecte ne perdra jamais de vue ce principe,
qu'aucune partie de la construction ne doit être dissimulée,
mais, au contraire, qu'elle doit concourir à l'ornementation.
En conséquence, les gros fers, pentures et ferrures de portes,

serrures, verroux, équerres, pattes, charnières, clous et boulons, ne sauraient être entaillés et masqués dans l'épaisseur du bois; ils doivent être apparents, travaillés avec soin, et de manière à indiquer franchement leurs fonctions et usages.

OBSERVATIONS GÉNÉRALES SUR L'EMPLOI DES MATÉRIAUX.

58. Les divers matériaux employés dans la construction ont des qualités particulières qui leur sont propres; les procédés en usage pour les mettre en œuvre diffèrent suivant la nature de ces matières mêmes. Il ressort de ce fait un principe dont les architectes anciens ne se sont pas départis, et qui doit servir de guide, aujourd'hui, à ceux qui sont chargés de réparer nos anciens édifices : c'est que les formes qui conviennent à certains matériaux d'une même nature, comme la pierre par exemple, ne sauraient convenir à d'autres d'une nature différente, comme le bois, et réciproquement. Les formes se modifiant en raison de la nature des matériaux, l'architecte, en reproduisant ou complétant les différentes parties de nos anciens édifices, doit tenir compte, avant tout, de la nature des matériaux qu'il met en œuvre; de ne pas appliquer à des boiseries les formes usitées pour la pierre, à de la brique moulée celles qui conviennent à de grands matériaux taillés au ciseau, à du fer forgé celles que comportent le cuivre ou le fer fondu, etc., etc. Il observera donc ce principe rationnel dans les projets qu'il soumettra à l'administration, et devra se pénétrer des exemples encore existants des diverses industries anciennes.

SCULPTURES D'ORNEMENT.

59. Les sculptures d'ornement à reproduire seront exécutées le plus possible d'après les fragments anciens eux-mêmes, et, à leur défaut, d'après des estampages, ou des dessins modelés.

60. L'ornementation ancienne ne sera remplacée que lorsqu'il sera impossible de la conserver : ainsi la sculpture fruste

ou endommagée, toutes les fois que la construction à laquelle elle tiendra ne sera point mauvaise, devra être conservée avec soin.

61. Les sculptures de nos édifices anciens étant toujours exécutées sur le chantier avant la pose, chaque morceau de pierre portait son fragment d'ornement, et les joints ou les lits des pierres ne venaient pas contrarier la décoration. Ce système constant, auquel il n'est jamais dérogé du xIIe au xVe siècle, doit servir de guide à l'artiste qui restaurera ces édifices. Ainsi, dans les parties sculptées, il ne devra changer ni la hauteur des *lits*, ni l'écartement des joints verticaux ; car il faudra qu'il retrouve sur chaque pierre l'ornement qui s'y voyait sculpté, qu'il observe même les irrégularités premières, afin que le travail neuf ne soit point en contradiction avec le système de construction et de décoration originel.

62. Il apportera dans l'exécution des sculptures d'ornement des soins tout particuliers ; non-seulement il devra imiter scrupuleusement les formes anciennes, mais aussi le travail de la sculpture, qui varie à chaque époque. Il s'attachera à distinguer les restaurations plus au moins récentes, notera les originaux bien authentiques, les examinera avec soin, les étudiera, s'identifiera avec les formes anciennes.

S'il est nécessaire de refaire à neuf une partie complétement détruite, l'architecte cherchera des modèles d'ornementation dans des monuments de la même époque, dans une position analogue et dans la même contrée ; il ne commencera l'exécution qu'après avoir fait approuver ses projets graphiques par l'administration.

63. Il est rare que, dans des ornements courants à remplacer, il n'existe pas quelque partie en bon état ; on devra la conserver en place ou la reposer comme un témoignage de l'état ancien.

On remarque dans l'exécution de ces ornements des différences qui proviennent du plus ou moins de talent des ouvriers ; il est bien entendu que les fragments qui paraissent avoir servi de modèles, et qui sont probablement l'œuvre de *maîtres* habiles, doivent être conservés de préférence. En reproduisant des ornements courants, l'architecte remarquera qu'ils sont toujours empreints d'une certaine variété qui, sans altérer l'unité d'aspect, exclut la froideur et la monotonie ; il tâchera d'employer des sculpteurs habiles, intelligents, familiarisés déjà avec ces œuvres et en comprenant l'esprit.

VITRERIE, VITRAUX COLORIÉS.

64. L'entretien et la conservation des verrières de nos églises demandent la plus grande attention.

Lorsque les verrières sont précieuses sous le rapport de l'art et de l'histoire, on devra, surtout à rez-de-chaussée, les faire garnir à l'extérieur de fins grillages, non point scellés dans l'architecture ou les meneaux, mais maintenus après les ferrures mêmes des fenêtres.

65. Lorsque les verrières seront en mauvais état et qu'il deviendra nécessaire de réparer la mise en plomb, l'architecte surveillera cette opération avec soin ; il empêchera qu'il n'y ait de déplacements opérés dans les panneaux lors de la repose, ou qu'aucun fragment des verres anciens ne soit enlevé. Les plombs d'assemblage que l'on sera obligé de remplacer devront avoir une forte épaisseur, conforme à celle des plombs primitifs ; ils seront bien soudés à leur rencontre, mais non point sur toute leur étendue, ce qui rendrait les réparations ultérieures difficiles. Si des fragments de verre viennent à manquer, on les remplacera provisoirement par du verre blanc *dépoli* ou *teinté*, jusqu'à ce que la restauration puisse être achevée d'une manière convenable.

66. Pour éviter l'oxydation des fers, si nuisible à la conservation des verrières, il est essentiel de faire peindre ces fers dès que la rouille se forme à leur surface.

67. Lorsque des panneaux seront en réparation, on devra se garder d'en faire nettoyer ou gratter les verres ; il faudra se borner à les passer dans l'eau pure, bien éponger et sécher, sans employer ni brosses ni linge.

68. Jamais un panneau ne devra être démonté, sans que préalablement l'architecte n'ait fait ou fait faire un calque par-

lfaitement conforme du panneau ancien, avec l'indication des
plombs, du modelé, des couleurs et des cassures. L'architecte
sentira la nécessité de cette mesure, destinée à mettre sa responsabilité à couvert; il comprendra aussi, par la même raison, qu'il ne saurait faire sortir des verrières ou fragments de
verrières des localités où elles se trouvent, sans une autorisation spéciale de l'administration; que les réparations et mises
en plomb devront toujours être faites dans le monument même,
ou dans une de ses dépendances, et sous sa surveillance particulière ou celle de son agent.

PEINTURES. — BADIGEONNAGE. — RAGRÉAGE.

69. Toutes peintures ou fragments de peintures anciennes
existant dans les monuments diocésains devront être respectés et préservés de tout dommage. S'il existe des traces de
peintures sur des parements de murailles qu'il est absolument
nécessaire de démolir, l'architecte devra faire des calques de
ces fragments, ainsi que des copies réduites, avec l'indication
des couleurs, avant de détruire le parement; et, dans ce cas,
il ne devra même rien entreprendre sans avoir préalablement
averti l'administration, et avant d'avoir reçu des instructions
spéciales.

70. Toute espèce de badigeonnage, intérieur ou extérieur, est
interdit dans les cathédrales et les églises.

71. Si le débadigeonnage d'un édifice est autorisé, cette
opération ne pourra être faite qu'au moyen du lavage ou du
brossage, et en n'employant que des instruments de *bois*.
L'emploi des *râcloirs* en métal est expressément interdit. Le
débadigeonnage des bas reliefs ou des sculptures ne devra
jamais être confié qu'à des ouvriers habiles et soigneux, et
sévèrement surveillés par l'architecte ou son agent. On évitera
d'enlever les traces de peintures anciennes qui peuvent se
trouver sous le badigeon, et, s'il s'en trouve, l'architecte ou
son agent devront le constater immédiatement.

Pour enlever le badigeon sans altérer les peintures qu'il
recouvre, on devra l'imbiber avec de l'eau chaude, et atten-

dre, pour l'enlever avec des racloirs de bois, qu'il soit bour-
souflé, ce qui arrive peu de temps après l'application de
l'eau chaude.

72. Dans certains cas, sous le prétexte de donner une
apparence neuve à des constructions anciennes, soit à l'intérieur, soit à l'extérieur des édifices, ou de les raccorder avec
des restaurations récentes, on a souvent ragréé des parements, moulures ou sculptures noircies par le temps. Cette
opération, qui altère les tailles primitives, modifie la forme
et le caractère des moulures ou sculptures, est formellement
interdite.

MENUISERIE.

73. Beaucoup de fragments d'ancienne menuiserie existent
encore dans les monuments diocésains, et notamment dans
les cathédrales. Ces restes, quelle que soit d'ailleurs leur importance ou leur degré d'utilité, doivent être soigneusement
conservés. Ils sont intéressants sous tous les rapports; car,
outre la valeur qu'ils peuvent avoir comme objets d'art, ils
offrent toujours des exemples, rares aujourd'hui, d'une industrie très-perfectionnée autrefois. Non-seulement les architectes devront s'appliquer à conserver ces objets lorsqu'ils
sont encore en usage, mais ils rechercheront ceux qui pourraient être relégués dans des magasins ou dépendances des
cathédrales, et les feront connaître à l'administration. S'ils
sont appelés à réparer ces objets, ils ne devront le faire
qu'avec la plus grande circonspection, et en suivant les procédés primitifs, de manière à respecter les formes et la construction anciennes.

Les menuiseries extérieures, surtout celles des portes, devront être imbibées d'huile chaude au moins *une fois tous
les trois ans*. Les serrures et les ferrures qui y sont attachées ne seront jamais changées ni modifiées sous aucun
prétexte.

MOBILIER DES CATHÉDRALES.

74. S'il est nécessaire de remplacer, de modifier ou de déplacer certaines parties du mobilier des cathédrales, telles que stalles, autels, bancs d'œuvre, buffets d'orgue, grilles, clôtures, tabernacles, crédences, tableaux, tapisseries, etc., etc., ce ne pourra être que sur l'autorisation de l'administration. Ces objets, à la conservation desquels l'architecte apportera ses soins, devront, en tout cas, être disposés par lui de manière à n'altérer en rien la forme primitive du monument. On évitera absolument les entailles et les scellements dans les piles ou murs des édifices. Enfin, dans le cours de la première année de leur installation, les architectes devront dresser un inventaire raisonné de tous les objets existants dans les cathédrales placées sous leur surveillance, et faire remettre copie de ces inventaires à l'administration, après les avoir fait collationner par messieurs les évêques. Il sera procédé de la même manière à l'égard des objets anciens composant les *trésors* des cathédrales.

75. Lorsqu'il existera parmi les dalles qui couvrent le so des cathédrales des pierres tombales gravées ou sculptées, et que ces pierres seront dans un lieu de passage, l'architecte proposera à l'administration de les remplacer par des pierres ordinaires, et il disposera ces tombes debout, le long des parements unis des chapelles, des bas-côtés ou des transepts, à l'intérieur, en ayant le soin de les placer sur des socles peu élevés, simplement adossées au mur, et retenues seulement par quelques pattes en cuivre proprement scellées dans la muraille, et le plus possible entre des joints d'assises. Il ne pourra, en aucun cas, ni les faire poncer pour les blanchir, ni faire regraver les parties usées. Il est invité à les faire estamper en papier, au moyen de poussière de mine plomb, suivant le procédé ordinaire, et à faire remettre ces estampages à l'administration.

76. Dans les cathédrales et autres édifices diocésains où se trouveraient des carreaux *en terre cuite émaillée* formant des pavages ornés ou des mosaïques, l'architecte prendra des mesures pour les préserver des dégradations ; et, si ces carreaux étaient placés dans un lieu de passage, il les fera transporter dans une chapelle ou tout autre endroit où ils pourraient être facilement conservés. Dans tous les cas, il les fera dessiner avec soin. S'il y avait lieu de refaire le pavage dans des chapelles dont l'aire aurait été couverte autrefois de carreaux émaillés, on s'appliquera à reproduire avec exactitude les dessins primitifs. A cette occasion, on invite les architectes à bien constater le niveau primitif des églises toutes les fois qu'ils auront à refaire des dallages. Les anciens niveaux doivent être maintenus ou même rétablis, s'il avaient été modifiés.

77. La commission des édifices diocésains recevra toujours avec intérêt les communications que MM. les architectes auraient à lui adresser touchant l'entretien ou la réparation de ces monuments ; elle s'empressera de leur transmettre ses avis motivés sur toutes les questions qui lui seraient soumises.

Vu et APPROUVÉ la présente instruction, délibérée par la commission des arts et édifices religieux (section d'architecture), d'après le rapport de MM. Viollet-Leduc et Mérimée, membres de ladite commission.

Paris, le 26 février 1849.

Le ministre de l'instruction publique et des cultes,

A. DE FALLOUX.

N° 10.

Arrêté portant création d'une commission des arts et édifices religieux.

Paris, le 16 décembre 1848.

LE PRÉSIDENT DU CONSEIL, CHARGÉ DU POUVOIR EXÉCUTIF,
Sur la proposition du ministre de l'instruction publique et des cultes :
Vu l'arrêté du ministre de l'instruction publique et des

cultes, en date du 7 mars 1848 (1), qui institue une commission pour l'examen des demandes de subvention sur les crédits des chapitres 9, 10, 11, 16 et 18 du budget des dépenses des cultes :

Vu l'arrêté du même ministre, en date du 20 juin suivant (2), q .i institue une commission pour l'examen des demandes de subvention relatives aux grandes et petites orgues des cathédrales ;

---

(1) Voyez cet arrêté, page 169.

(2) « Le ministre de l'instruction publique et des cultes, sur le rapport du directeur général de l'administration des cultes ; vu les chapitres IX et X du budget des cultes portant allocation de crédits dont une partie est destinée à pourvoir aux dépenses de construction et d'entretien des petites et des grandes orgues placées dans les cathédrales pour le service des cultes ;

« Considérant que, pour assurer le bon emploi de ces fonds, l'administration ne saurait trop s'entourer des lumières d'artistes et de savants versés dans la connaissance spéciale de tout ce qui concerne la confection de ces instruments ;

« Arrête :

« Toute demande relative à l'allocation d'une subvention sur le budget des cultes pour construction et pour entretien des petites et des grandes orgues placées dans les cathédrales, sera renvoyée à l'examen d'une commission spéciale composée de cinq membres, y compris le directeur général de l'administration des cultes, qui en sera président, et le chef de la 1re division de la même administration, qui en sera secrétaire et aura voix délibérative.

« Cette commission émettra son avis sur la convenance et la quotité des subventions à accorder.

« Cet avis sera toujours mentionné dans les décisions portant allocation de fonds sur les crédits précités des chapitres IX et X du budget des dépenses des cultes.

« Le directeur général de l'administration des cultes est chargé de l'exécution du présent arrêté.

« Paris, le 20 juin 1848.

« *Le ministre de l'instruction publique et des cultes*

« CARNOT. »

Vu le rapport du directeur général de l'administration des cultes, en date du 12 décembre 1848, (1)

Arrête ce qui suit :

Art. 1er. Il est établi près la direction générale de l'administration des cultes une *commission des arts et des édifices religieux*, chargée de donner son avis sur l'emploi des crédits portés aux chapitres IX, X et XI du budget de l'administration des cultes.

Art. 2. Elle sera subdivisée en quatre sections spéciales, savoir :

Section d'architecture et de sculpture ;
— des vitraux peints et des ornements religieux ;
— des orgues ;
— de la musique religieuse.

Art. 3. Les demandes d'allocation sur les crédits du budget des cultes seront, suivant leur nature, renvoyées à l'examen de chacune de ces sections, qui connaîtront également des questions d'art ou d'administration qui se rattachent à chaque spécialité.

Art. 4. Ces différentes sections, quand il sera nécessaire, pourront être réunies pour délibérer en commun.

Art. 5. La commission, soit dans ses réunions par section, soit dans ses réunions générales, est présidée par le directeur général de l'administration des cultes, qui désigne le secrétaire, chargé de tenir la plume aux séances des diverses sections et de centraliser les travaux de la commission.

Les membres de la commission des arts et édifices religieux sont nommés par le ministre de l'instruction publique et des cultes ;

Art. 6. Le ministre de l'instruction publique et des cultes est chargé de l'exécution du présent arrêté.

Paris, le 16 décembre 1848.

E. CAVAIGNAC.
Le ministre de l'instruction publique et des cultes,
A. FRESLON.

---

(1) Voyez ce rapport, page 188.

Nº 11.

Arrêté (1) relatif à l'exécution de l'arrêté du gouvernement, du 16 décembre 1848, portant organisation du service des travaux diocésains,

Paris, le 12 mars 1849.

Le ministre de l'instruction publique et des cultes ;

Vu l'arrêté du gouvernement, en date du 16 décembre 1848 (2) relatif à la conservation des édifices diocésains ;

Sur la proposition du directeur général de l'administration des cultes,

Arrête :

Art. 1er. En exécution de l'article 1er de l'arrêté du gouvernement du 16 décembre 1848, la circonscription des diocèses pour la conservation des édifices religieux est et demeure fixée conformément au tableau ci-annexé.

Art. 2. L'architecte nommé pour chaque circonscription aura la conservation de tous les édifices diocésains, hormis ceux qui, exceptionnellement, doivent rester entre les mains de l'architecte à qui la construction ou la restauration en aurait été confiée par décision spéciale du ministre.

Art. 3. Le directeur général de l'administration des cultes présentera au ministre les propositions nécessaires pour faire rentrer, aussitôt que possible, le personnel des architectes actuellement en fonctions à divers titres, dans les cadres de a circonscription réglée par l'article 1er du présent arrêté.

Il sera procédé à cette organisation de manière à concilier, autant que faire se pourra, les ménagements dus aux personnes avec les intérêts du service.

---

(1) Cet arrêté et le tableau y annexé ont été adressés aux préfets et aux évêques ainsi qu'aux architectes sans circulaire. Le tableau de la circonscription des diocèses, du 12 mars 1849, remplace celui qui est annexé à l'arrêté précité du 16 décembre 1848 et qui n'a pas reçu son exécution.

(2) Voy. cet arrêté, page 227.

Un autre décret du 16 mars et un arrêté du 20 mai 1853, rapportés plus loin ont complétement réorganisé le service des édifices diocésains.

Le choix de l'architecte chargé de l'entretien ne sera, au surplus, définitivement arrêté qu'après que l'évêque diocésain et le préfet du département auront été mis à même de produire leurs observations, s'il y a lieu.

ART. 4. Le directeur général de l'administration des cultes est chargé de l'exécution du présent arrêté.

Paris, le 12 mars 1849.

Le ministre de l'instruction publique et des cultes,

A. DE FALLOUX.

TABLEAU

De la circonscription des diocèses, arrêtée, en exécution de l'article 1er de l'arrêté du Gouvernement du 16 décembre 1848, pour la conservation des édifices diocésains.

Conservation	Diocèses	Conservation	Diocèses
1re CONSERVATION.	Paris.	14e CONSERVATION.	Dijon. / Autun.
2e —	Meaux. / Versailles.	15e —	Lyon.
3e —	Chartres. / Le Mans.	16e —	Nancy. / Strasbourg. / Saint-Dié.
4e —	Orléans. / Blois.	17e —	Metz. / Verdun. / Langres.
5e —	Angers. / Tours.	—	Besançon. / Saint-Claude. / Belley.
6e —	Rouen. / Évreux.	19e —	Clermont. / Le Puy. / Saint-Flour.
7e —	Bayeux. / Séez.	20e —	Tulle. / Limoges.
8e —	Coutances. / Rennes.	21e —	Périgueux. / Cahors. / Angoulême.
9e —	Amiens. / Beauvais.	22e —	Nantes. / Luçon. / La Rochelle.
10e —	Sens. / Nevers.	23e —	Poitiers.
11e —	Troyes. / Châlons(Marne)		
12e —	Reims. / Soissons.		
13e —	Bourges. / Moulins.		

N° 12.

Édifices diocésains : Instructions relatives aux travaux.

Paris, le 12 mars 1849.

Le directeur général de l'administration des cultes (M. *E. Durieu*), aux architectes diocésains.

Monsieur, à la suite de l'arrêté du gouvernement en date du 16 décembre 1848 (1), M. le ministre de l'instruction publique et des cultes vous a chargé de diriger les travaux d'entretien dans les édifices diocésains du département d.....

Je désire que vous entriez dès à présent en fonctions, et que vous adressiez, le plus tôt possible, à l'administration des cultes un rapport détaillé sur la situation de ces édifices, et un devis des réparations à exécuter dans le courant de l'année.

1. Votre premier soin sera de vous mettre en relations avec M. l'évêque et M. le préfet. Je n'ai pas besoin de vous recommander la déférence la plus grande dans vos rapports avec ces autorités. Vous consulterez tout d'abord M. l'évêque sur les besoins des édifices de son diocèse ; vous lui communiquerez vos plans, et vous ne manquerez pas de me transmettre au plus tôt ses demandes et ses observations sur lesquelles je m'empresserai de statuer.

Vous prendrez de la même manière les instructions de M. le préfet afin que ce magistrat soit en situation d'éclairer le ministre sur les besoins des édifices et sur la convenance des travaux proposés.

2. Votre rapport devra contenir une description des bâtiments, l'indication de la nature des matériaux, les dates des constructions, et particulièrement celles des réparations antérieures. Vous marquerez les accidents survenus à différentes

---

(1) Voy., ci-dessus, cet arrêté inséré à la suite du rapport du 12 décembre 1848.

13.

époques, surtout ceux qui seraient de nature à compromettre la conservation des édifices ; vous signalerez enfin les causes de destructions permanentes et les voisinages nuisibles que vous aurez observés. En un mot, monsieur, j'attends de vous les renseignements les plus exacts et les plus propres à faire connaître les besoins réels des monuments dont l'entretien vous est remis.

3. Quant à la rédaction des projets, vous ne perdrez jamais de vue que c'est à la *consolidation* des constructions existantes que vous devez vous attacher avant tout. Je compte que vous vous appliquerez à concilier avec l'économie la plus scrupuleuse le désir du gouvernement, qui est de maintenir leur dignité à nos édifices religieux et de conserver avec respect nos monuments nationaux.

Dans toutes vos propositions, vous indiquerez les travaux à exécuter par ordre d'urgence, et vous ferez en sorte de n'avoir jamais à revenir sur une réparation terminée. Ce n'est point une suite de mesures provisoires que je vous demande ; c'est un système complet de conservation et de réparations graduées que je vous invite à étudier. Vous proposerez donc un ordre pour les travaux, que vous aurez soin de diviser de la manière la plus convenable, et pour l'économie et pour la bonne exécution. L'administration fera tous ses efforts pour allouer les subventions nécessaires ; mais comme il importe extrêmement d'être fixé sur le montant des dépenses auxquelles il y aura à pourvoir, je ne puis trop vous recommander de ne rien négliger pour que vos évaluations soient toujours exactes et vos demandes renfermées dans les limites de la plus stricte nécessité.

L'instruction du 25 juillet 1848 (1), dont je vous transmets un exemplaire, vous indiquera les règles générales que le ministre a prescrites pour la rédaction des devis et des projets. Celle du 26 février dernier, qui vient d'être rédigée par la commission des édifices religieux, et dont je joins égale-

---

(1) Voyez cette instruction, page 117.

ment ici un exemplaire (1), complétera pour vous les directions que vous devrez suivre plus spécialement pour l'entretien et la conservation.

Réunis au rapport (2) qui a servi de base à l'arrêté du 16 décembre 1848, et que vous trouverez ci-joint, ces documents vous mettront parfaitement au courant des intentions de l'administration, et vous feront comprendre ce qu'elle attend de vous pour l'exécution de la mesure à laquelle elle vous associe, et dont l'importance ne peut manquer de vous frapper.

J'ajoute ici quelques observations nouvelles sur lesquelles j'appelle toute votre attention.

Vous n'avez point à vous préoccuper du rétablissement de la statuaire dans la rédaction de vos projets, quoiqu'il soit bien entendu que vous ne cesserez pas de veiller avec le plus grand soin à la conservation des sculptures existantes.

Mais ce n'est que dans des cas exceptionnels, dont le ministre décidera, que vous aurez à aviser au remplacement des statues détruites ou à la restauration de celles qui sont mutilées.

Il en est de même pour l'ornementation des églises. Toutefois, les ornements couvrant des parties à refaire peuvent et doivent être reproduits lorsque leur suppression altérerait le caractère d'un monument. Dans ces reproductions, la fidélité minutieuse de l'imitation est un devoir, et je vous invite à une surveillance toute particulière à cet égard.

En rédigeant le devis des réparations pour l'année courante, vous devrez toujours réserver une somme pour les cas imprévus. La situation générale de l'édifice, que vous êtes chargé d'entretenir, vous indiquera quelle doit être la proportion de cette réserve.

A la fin de chaque campagne, vous aurez à faire le relevé des travaux exécutés. Le ministre désire que votre rapport à ce sujet lui soit adressé vers la fin d'octobre. Vous distin-

____

(1) Voyez cette instruction, page 199.
(2) Voyez ce rapport, page 188.

guerez **dans** votre mémoire les travaux prévus au devis général de ceux qui auraient été commandés par quelque circonstance fortuite. Je n'ai pas besoin de vous faire remarquer que vous devez donner avis sur-le-champ à l'administration de tous les accidents qui surviendraient dans le courant de la campagne, et faire connaître la dépense qu'ils pourraient occasionner.

Si vous ne pouvez fixer votre résidence sur le lieu même de vos travaux, je vous invite à prendre des mesures pour que la surveillance soit exacte pendant votre absence. Il est inutile de vous rappeler qu'en tout temps votre responsabilité est la même.

Vous ne perdrez pas de vue l'obligation qui vous est imposée à cet égard dans le rapport du 12 décembre. Vous verrez que, là où vous ne résiderez pas, vous devrez nécessairement avoir un inspecteur, avec lequel vous aurez particulièrement à vous entendre pour la portion d'honoraires qui devra lui être attribuée sur les 5 p. 0/0 qui vous sont alloués à vous-même. Cet inspecteur, chargé de vous suppléer dans tous les cas urgents, devra se tenir à la disposition des autorités diocésaines pour obtempérer aux demandes des mêmes travaux dont l'exécution pourrait être immédiate. Il vous référera pour le reste.

Le choix de ces inspecteurs mérite l'attention la plus sérieuse ; je les désignerai au ministre sur votre proposition ; il en sera de même du choix des entrepreneurs ; dans les cas qui ne comporteraient pas une adjudication, vous devrez les choisir et les proposer, autant que faire se pourra, dans les localités où les travaux s'exécutent.

Vous prendrez des mesures pour que les réparations à faire dans les églises ne gênent que le moins possible l'exercice du culte, et que vos ouvriers observent rigoureusement les bienséances dans les édifices religieux où ils travaillent.

A cet égard, vous ne manquerez jamais de prendre les instructions de **MM.** les évêques.

MM. les évêques ont compris depuis longtemps, et l'administration saisit toutes les occasions de leur rappeler la nécessité de ne plus admettre dans leurs églises des autels, des chaires, des rétables, et en général des objets mobiliers dont le caractère serait en désacord avec le style des monuments. Il faut espérer que, peu à peu, on parviendra à faire disparaître de nos édifices religieux des constrastes qui choquent tous les gens de goût. Je suis assuré, monsieur, que vous serez toujours empressé de donner vos avis et d'offrir votre concours aux prélats et aux fabriques pour que cette condition de la dignité artistique du culte soit toujours observée.

S'il existe dans la cathédrale ou le palais épiscopal que vous êtes chargé d'entretenir des vases anciens et des objets mobiliers remarquables sous le rapport de l'art, ou intéressants par leur origine, je vous invite à en dresser l'inventaire détaillé, et à m'en envoyer copie collationnée par M. l'évêque.

Je ne doute pas que ces prélats n'attachent eux-mêmes un grand intérêt à ces inventaires, qui tendront à conserver, à révéler quelquefois de véritables richesses.

Si quelques instructions particulières vous étaient nécessaires pour l'ensemble du service qui vous est confié, je m'empresserais de vous les transmettre.

APPROUVÉ :

Le ministre de l'instruction publique et des cultes,

A. DE FALLOUX.

Le même jour, 12 mars 1849, envoi de cette circulaire aux évêques et aux préfets.

N° 13.

Églises et presbytères : Concours de MM. les évêques à l'instruction des demandes de secours pour acquisitions ou travaux de ces édifices paroissiaux.

Paris, le 15 novembre 1850.

Le ministre de l'instruction publique et des cultes (M. *E. de Parieu*), aux évêques.

Monseigneur, la répartition du fonds de secours porté au budget des cultes pour concourir, avec les ressources des fabriques et des communes, aux dépenses d'acquisitions, de constructions et de réparations des églises et presbytères, est un des plus importants objets de la sollicitude de mon administration.

Le crédit accordé à cet effet étant de beaucoup inférieur au montant des subventions sollicitées chaque année, il est d'autant plus nécessaire d'en faire l'application de la manière la plus judicieuse possible, par l'étude sérieuse des besoins auxquels il est affecté.

Or, l'instruction qui est suivie à cet égard est dépourvue d'une des garanties les plus importantes et d'ailleurs les plus convenables, dont l'absence constitue une lacune grave que, par cette circulaire, j'ai l'intention de combler.

Cette garantie, monseigneur, est l'avis obligé de l'évêque du diocèse à l'égard de toutes les demandes de secours faites par les communes qui en dépendent, pour acquisitions, constructions ou réparations des églises et presbytères.

Cet avis, quel que fût le prix qu'y attachât mon administration, n'avait jusqu'ici qu'un caractère purement officieux, soit qu'il fût donné spontanément par les évêques, soit qu'il leur fût demandé par mon ministère. Désormais, il devra faire partie officielle et nécessaire de l'instruction.

Les considérations qui motivent cette intervention régulière de l'autorité diocésaine dans une instruction qui a pour objet les édifices consacrés au culte se présentent et se justifient si bien d'elles-mêmes, qu'il semble superflu de les énoncer.

La religion et ses ministres étant les destinataires des édifices religieux pour lesquels le secours est accordé par l'État, il est juste et important que l'évêque du diocèse, qui les représente, soit appelé à donner son avis sur les projets d'acquisitions ou de travaux qui concernent ces édifices, comme étant l'appréciateur compétent et légitimement intéressé de leurs nécessités et de leurs convenances.

MM. les curés et desservants trouveront par là dans la personne de leur évêque un organe éclairé et un appui officiel, hiérarchique et direct, qui leur permettra de faire parvenir avec plus de convenance à mon administration l'expression de besoins que la réserve de leur caractère ou leur inexpérience des voies administratives les empêche souvent de faire connaître. Ils se mettront à cet effet bien plus aisément en rapport avec le maire et le conseil municipal de leur commune, lorsqu'il sauront qu'au-dessus d'eux la sollicitude de leur évêque agira de concert avec celle du préfet pour le même objet, et sera également entendue et appréciée par l'administration supérieure.

Votre intervention, monseigneur, ne sera pas moins nécessaire pour obvier à un inconvénient tout opposé à celui dont je viens de parler ; c'est celui du zèle trop hâtif et trop entreprenant de quelques curés, qui les porte à s'engager aventureusement, et à entraîner à leur suite leurs paroissiens dans des réparations et des constructions trop ambitieuses, sans s'être bien assurés à l'avance de la bonté des projets, de l'opportunité de l'exécution et de la suffisance des ressources, et qui crée pour eux, pour leur paroisse, et quelquefois pour l'administration, des embarras ou même des impossibilités compromettantes. Votre autorité, monseigneur, étant appelée à intervenir pour faciliter la satisfaction des besoins légitimes, **MM.** les curés seraient sans excuse de s'en affranchir pour suivre les inspirations d'un zèle trop personnel ; et vous n'aurez pas de peine à leur faire comprendre que, dans cette matière, comme dans toute autre, les voies régulières, outre qu'elles sont les plus sûres, sont aussi toujours en définitive les plus courtes. Mon administration aurait le droit de se montrer sévère dans ses refus de secours pour ceux qui ne voudraient pas le comprendre, autant qu'elle sera portée à être favorable à ceux qui se conformeraient à ses prescriptions.

Le concours que je réclame de vous, monseigneur, n'est pas une vaine formalité dont je veux surcharger l'instruction des demandes de secours : c'est une garantie sérieuse que je sollicite de votre dévouement et de votre zèle, et à laquelle je suis disposé à avoir le plus grand égard. Pour vous mettre à même de me prêter ce concours réel et efficace, vous trouverez donc bon, monseigneur, que je vous fasse connaître les principales dispositions selon lesquelles il devra s'exercer.

Le nombre des projets de travaux d'église et de presbytère, pour lesquels des subventions sont demandées tous les ans à mon administration, est hors de proportion avec le crédit qui y est affecté, et il va s'accroissant chaque année. Il y a, dans ce zèle des populations pour les édifices consacrés à la religion, et dans les sacrifices souvent admirables qu'elles font pour les élever ou les restaurer, un symptôme honorable et rassurant pour l'avenir de notre société. Mais ce zèle a besoin d'être éclairé et dirigé dans l'intérêt même de ceux qu'il anime, et le secours le plus précieux que l'administration peut lui prêter n'est pas tant celui de l'argent que celui du conseil. Elle a le droit, dans tous les cas, de faire dépendre la concession du premier de ces secours de l'acceptation du second.

La commission des arts et édifices religieux, placée auprès de mon administration pour apprécier les propositions de travaux qui concernent les édifices diocésains, lui prête aussi son concours pour l'éclairer sur tous les projets de construction ou de restauration d'édifices paroissiaux pour l'exécution desquels des secours me sont demandés. Sans se montrer trop rigoureuse, et en réduisant ses exigences aux conditions les plus essentielles de la construction, et aux convenances les plus vulgaires de l'art religieux, elle n'a que trop souvent à improuver les projets qui lui sont soumis ou à y introduire des modifications importantes.

Ce serait se méprendre gravement sur la conduite de l'administration et sur l'intérêt des communes que d'imputer ces exigences à un abus de la centralisation administrative, et de ne pas y voir un de ses bienfaits les plus réels.

Ce bienfait toutefois, monseigneur, sera plus assuré, et ne sera pas acheté par de si longs retards, lorsque les projets auront reçu l'épreuve préalable de votre sage appréciation, jointe à celle de M. le préfet. Mon administration se montrera d'autant plus favorable aux demandes des communes, que les projets seront devenus plus dignes du secours et plus prêts à le recevoir par cette première révision.

Votre goût éclairé et compétent, monseigneur, vous fera très-bien apprécier tout ce qui est de convenance religieuse et de bonne disposition dans les projets d'églises et de presbytères. Pour tout ce qui est d'appréciation technique et qui tient à l'art de la construction, le concours des hommes spéciaux de la province ne vous fera pas défaut ; je vous assure à l'avance celui de MM. les architectes diocésains, qui seront jaloux de répondre à l'appel que vous feriez à leurs lumières.

Parmi les points qui devront fixer votre attention et la leur, je signalerai plus particulièrement la combinaison des charpentes, qui, par l'absence ou la mauvaise disposition des entraits, ne sont pas suffisamment reliées, et, portant à faux sur les murs, les poussent au vide et les écartent. Ce vice capital se rencontre dans un grand nombre de projets.

Il tient souvent à ce qu'on veut donner un trop grand développement aux voûtes, sans élever suffisamment les murs latéraux pour recevoir les entraits, parce que les ressources dont on dispose ne se prêtent pas à cette élévation. Il faut alors faire comprendre aux localités, qui tiennent à ces projets, qu'elles aient à se contenter de voûtes moins élevées, ou de simples plafonds, ou de voûtes élevées mais avec entraits apparents, plutôt que de s'exposer, pour une satisfaction tout au plus viagère, à léguer infailliblement à leurs successeurs la ruine plus ou moins prochaine de leur église.

C'est encore une fausse économie, et qui sacrifie trop à l'effet et au mauvais effet, que celle qui affectionne les voûtes ou plafonds en latis enduits de plâtre, ainsi que les corniches, chapiteaux et moulures en terre cuite ou carton-pierre. Ces revêtements et ornements plaqués et de faux goût, qui ressemblent trop à ces décorations éphémères que la fantaisie du siècle demande à la spéculation, ne conviennent pas à des édifices sacrés, où tout doit être sérieux, simple, vrai, durable, comme le culte auquel ils sont destinés et la foi des générations qui s'y succèdent ; ils coûtent en définitive plus cher, par l'entretien et le renouvellement qu'ils réclament, que des voûtes en pierre, en briques, ou en bois apparent, ou de simples plafonds en lambris avec couvre-joints, qui du moins tiennent toute la solidité qu'ils promettent.

En général, monseigneur, et pour le plus grand nombre des communes rurales, les projets les plus modestes sont les plus convenables et les plus favorablement accueillis, pourvu qu'ils portent le caractère de leur auguste destination. Il faut qu'ils offrent de l'espace à l'intérieur eu égard à la population, de l'air, une vue générale de l'autel principal, des diverses parties de l'édifice, une communication facile avec la sacristie, et une disposition qui permette à plusieurs autels secondaires de trouver place.

Les façades et les clochers ne doivent pas être dépourvus de caractère ; mais ils ne doivent pas absorber, en découpures et ornements prétendus gothiques, des sommes qui seraient mieux employées à l'intérieur ou à leur propre solidité.

L'administration des cultes n'impose, du reste, aucun style d'architecture aux communes ; tous sont acceptés pourvu qu'ils remplissent les conditions essentielles. MM. les architectes trouveront autour d'eux, dans les anciens édifices religieux de la province, des types d'architecture d'où une étude intelligente saura tirer d'utiles inspirations.

Dans tous les cas, monseigneur, je n'ai pas besoin de dire que, pour tout ce qui est restauration, on doit se conformer au genre de l'édifice qui en est l'objet, et ne pas y introduire de dispositions disparates.

Quant à ce qui est reconstruction, il est une recommandation essentielle à l'observation de laquelle je vous prie d'employer toute votre influence : c'est que jamais on n'entreprenne aucune démolition de tout ou partie d'une ancienne église sans m'avoir fait connaître, au préalable, par un dessin graphique, l'état ancien de l'édifice avec l'état nouveau qu'on a l'intention de lui substituer. Cette précaution a pour objet, vous le comprenez, monseigneur, de prévenir la destruction ou la mutilation de ces vieux monuments, de ces anciennes dispositions architecturales, dont la valeur échappe souvent à la connaissance de ceux qni les possèdent, et qui sont des types précieux, devenus trop rares, que les artistes recherchent et étudient pour en faire tourner l'imitation à la gloire de la religion qui les a inspirés.

Le haut intérêt que réclament les églises ne doit pas nous faire oublier celui qui est dû aux presbytères. Vous comprendrez mieux que personne les conditions de convenance et de salubrité qu'ils doivent présenter : leur proximité de l'église, sans y être adhérent, leur dégagement des maisons d'école et de mairie, avec lesquelles on les relie et on les mêle trop souvent, leurs dispositions intérieures et leurs dépendances commodes et suffisantes, leur caractère enfin simple et digne, sans luxe, mais non sans une convenable bienséance.

Mais toutes ces recommandations et ces exigences, vous l'avez déjà compris, monseigneur, seront vaines ou profitables, et le but d'amélioration que je me propose sera complétement atteint ou ne le sera que très-imparfaitement, selon que l'on aura rempli ou que l'on aura négligé une première condition qui ne dépend que très-indirectement de nous : c'est le bon choix des architectes appelés par les communes et les paroisses à dresser les projets. Les projets seront bons ou mauvais selon que leur auteur sera ou non capable; ils seront susceptibles d'amendements ; et ces amendements seront compris et opérés facilement s'il a l'intelligence de son art et s'il en comprend la langue. Il est malheureusement un trop grand nombre de projets qui, outre qu'ils sont mauvais en eux-mêmes, supposent dans celui qui les a faits une impéritie et une inhabileté qui ne me permettent de rien en attendre, et qui rendent inutiles toutes les demandes de modifications ou de nouveaux projets qui pourraient être faites, tant qu'on ne s'adressera pas à un homme plus compétent. Sous ce rapport, mon administration décline à l'avance toute responsabilité au sujet des renvois multipliés de projets et des refus de secours qui seraient motivés par de telles inaptitudes. Elle est résolue à ne pas être complice d'une dégradation de l'art dans sa plus noble application, qui couvrirait bientôt de la barbarie de ses œuvres cette terre de France que les siècles de foi avaient dotée de monuments si admirables jusque dans leurs débris.

Vous pouvez mieux que moi, monseigneur, par la haute et immédiate influence que vous avez sur les paroisses et les communes de votre diocèse, prévenir un tel abaissement, en leur faisant comprendre l'intérêt qu'elles ont, vis-à-vis de mon administration, à ne confier leurs constructions ou restaurations d'édifices paroissiaux qu'à des mains dignes, et en les dirigeant vous-même, monseigneur, dans leurs choix.

Le secours en lui-même, monseigneur, indépendamment du mérite du projet, n'est accordé que selon certaines règles et proportions que je dois maintenant préciser.

D'abord, comme le mot l'indique, et surtout comme le chiffre relativement modique porté à cet effet au budget le fait comprendre, le *secours* n'est dû qu'aux paroisses et communes qui sont à bout de ressources et de sacrifices. Quelle que soit la dépense, si les ressources locales peuvent y suffire, il n'y a pas lieu, il ne saurait y avoir droit au secours. J'ajoute que le secours est d'autant plus aisément, d'autant plus largement obtenu, que les sacrifices qu'on a faits sont plus considérables. Il faut que ces sacrifices et l'épuisement des ressources, qui ne permettent pas d'en faire de plus grands, soient justifiés par les engagements des fabriques et des communes (ou des particuliers) et par leurs budgets.

En second lieu, le secours n'est accordé que pour les constructions ou grosses réparations, jamais pour l'ameublement et l'ornementation intérieure, dont le zèle et le dévouement des fidèles se flattent ordinairement de faire les frais.

Les communes rurales ont plus particulièrement droit au secours ; les grandes villes, outre les ressources municipales, offrent, dans le nombre et l'aisance de leurs habitants, des ressources particulières qui suffisent en général.

La proportion du secours est ordinairement du quart ou du tiers de la dépense totale. Cette proportion tend à baisser lorsque la dépense s'élève, et réciproquement. Elle peut dépasser même le tiers dans de certains cas très-exceptionnels, lorsque la dépense n'est pas considérable, qu'il s'agit de travaux de première nécessité, et lorsque la commune est dépourvue de ressources. En général, les plus petits secours sont les plus largement et les plus promptement accordés, parce qu'ils atteignent le plus grand nombre des communes et les plus pauvres.

Dans tous les cas, le secours n'est accordé que lorsqu'on justifie qu'on a déjà les autres ressources qui doivent avec lui suffire à toute la dépense.

Telles sont, monseigneur, les conditions immédiates et les proportions du secours.

Le dossier justificatif de ces conditions et de toutes celles susénoncées sera formé par les soins de M. le préfet, qui, après avoir pris votre avis et y avoir joint le sien, me transmettra le tout, lorsque vous aurez jugé avec lui qu'il peut être donné suite à la demande.

L'ouverture des travaux ayant lieu au mois de mars, la première et la plus importante répartition du fonds de secours se fera dans les deux mois de janvier et février qui précèdent. Pour pouvoir y prendre part, il faut que les demandes complétement instruites soient parvenues à mon administration le 31 décembre. Passé ce terme, elles ne viendraient qu'à la répartition secondaire qui aura lieu au mois de mai.

Je crois avoir épuisé, monseigneur, tout ce que j'avais à vous dire sur cette matière importante du bon emploi d fonds de secours affecté aux édifices paroissiaux dans le budget de mon ministère. Je ne crains pas d'être entré avec vous dans trop de détails à cet égard. Je suis certain d'avoir satisfait par là votre haute sollicitude pastorale pour les intérêts de la religion, étroitement liés à l'état de ses édifices, et de l'avoir mise à même de me prêter le concours nouveau que j'en attends.

Vous voudrez bien, monseigneur, m'accuser réception de cette circulaire.

J'y joins celle (1) que j'adresse à MM. les préfets pour le même objet, et qui est destinée à compléter avec celle-ci l'ensemble des instructions par lesquelles j'espère apporter dans cette partie de mon administration toute l'amélioration dont elle est susceptible.

N° 14.

Églises et presbytères : Concours de MM. les évêques à l'instruction des demandes de secours pour acquisitions ou travaux de ces édifices paroissiaux.

Paris, le 15 novembre 1850.

Le ministre de l'instruction publique et des cultes (M. *E. de Parieu*) aux préfets.

M. le préfet, l'instruction des demandes de secours pour acquisitions, constructions ou réparations des églises et presbytères, était dépourvue, jusqu'à ce jour, de l'avis de l'évêque du diocèse. Cet avis était souvent officieusement adressé, toujours accueilli avec la considération qui lui était due ; mais il ne faisait pas partie essentielle de l'instruction.

J'ai voulu faire cesser cette anomalie, et, par ma circulaire de ce jour à MM. les archevêques et évêques, je les investis du droit nouveau d'apprécier avec MM. les préfets les demandes de secours concernant les édifices paroissiaux, et de m'éclairer de leur avis sur tous les projets d'acquisitions, de constructions ou de restaurations pour lesquels ces demandes me sont adressées.

J'ai l'honneur de vous envoyer un exemplaire de cette circulaire (2) pour que vous ayez à vous y conformer.

---

(1) Voyez ci-après la circulaire n° 14.
(2) Voyez la circulaire précédente n° 13.

Vous voudrez bien, en conséquence, ne m'envoyer désormais les demandes de secours qu'après vous être concerté avec l'autorité diocésaine pour la mettre à même de donner son avis sur ces demandes, et de faire toutes les observations dont il les jugera susceptibles.

En appelant MM. les archevêques et évêques à prendre part à cette instruction, j'ai dû les initier à la connaissance des règles et des principes de l'administration en cette matière.

Ces règles et ces principes vous sont déjà connus, M. le préfet, et je n'ai pas eu besoin de vous les exposer. Cependant je ne saurais trop vous les rappeler et vous inviter à vous pénétrer des véritables intentions de l'administration, exprimées dans la circulaire à MM. les évêques, comme si elles vous étaient adressées à vous-même.

Votre intervention, comme celle du prélat, doit avoir pour objet non-seulement d'éclairer l'administration supérieure sur les demandes de secours, mais d'éclairer les communes et les paroisses sur le mérite des projets pour l'exécution desquels elles forment ces demandes, et de prévenir l'envoi à mon administration de ceux de ces projets qui ne sauraient évidemment y être accueillis.

Il en est, en effet, beaucoup qui ne devraient jamais parvenir jusqu'à l'administration supérieure et dont l'administration provinciale devrait savoir faire justice. On éviterait, par là, à l'administration centrale des travaux, des écritures et des mouvements de dossiers superflus, et aux communes des retards fâcheux. Loin d'être jalouse de cette action préalable des administrations locales à l'égard de ces projets, l'administration centrale la sollicite comme un des services les plus réels qu'elles peuvent rendre au pays, et les plus propres à justifier, par son exercice, cette décentralisation qu'on réclame plus qu'on ne se met en mesure d'en user.

Vous voudrez donc bien ne pas vous borner à me transmettre les projets, mais vous exercerez vous-même à leur égard, de concert avec M. l'évêque, cette critique judicieuse et immédiate également avantageuse à l'administration supérieure et aux communes.

Vous aurez à vous inspirer à cet égard des vues de l'administration exprimées dans la circulaire à MM. les évêques et qui doivent vous être communes avec eux.

Outre l'appréciation des projets en eux-mêmes, d'après les plans et dessins qui en auront été dressés, je recommande d'une manière particulière à votre attention la confection des devis. Il faut se prémunir à cet égard et prémunir les communes contre deux abus : le plus dangereux n'est pas toujours l'exagération des évaluations ; c'est au contraire leur infériorité mensongère qui fait croire à une exécution à la portée des ressources du moment, pour déterminer à l'entreprendre, et qui ne tarde pas à être démentie par un surcroît de dépense qui ruine les communes, ou les laisse en présence d'un monument longtemps inachevé. Vous ne sauriez trop être vigilant contre cet abus.

C'est une condition du secours, M. le préfet, que le projet des travaux soit soumis, préalablement à toute exécution, à l'examen des autorités diocésaines et départementales et à l'approbation de l'administration supérieure. Il importe, en effet, qu'une mise à l'œuvre anticipée n'engage pas l'avenir du projet, et ne rende pas inutiles ou tardifs les avis ou les exigences de l'administration. Tout droit au secours sera perdu pour les travaux à l'égard desquels on aurait violé cette prescription. Je promets, du reste, de rendre en prompte expédition de l'affaire le temps qu'on croirait avoir perdu à cet utile retard.

Quand, de concert avec M. l'évêque, vous aurez jugé que la demande de secours peut m'être adressée, vous aurez soin, pour prévenir des demandes de complément de pièces qui font voyager l'affaire et la font trop souvent stationner dans les bureaux, que le projet soit dès l'abord présenté avec tous les plans, coupes, détails graphiques et devis nécessaires pour le bien faire connaître et mettre la commission des arts et édifices religieux à même de se prononcer dès qu'il lui sera soumis.

Lorsque le projet est renvoyé pour recevoir les modifications que, sur l'avis de la commission des édifices religieux, j'aurais jugées nécessaires, il importe qu'au retour de l'affaire, le projet primitif soit joint à l'état modifié, pour que l'administration puisse juger si les corrections voulues ont été comprises et observées.

A l'égard des menus travaux qui ne changent pas l'état des lieux et ne sont pas de nature à en compromettre la solidité, il est inutile de faire dresser de plans ; il suffit d'un devis très-exact des travaux à faire.

Pour ce qui est de la quotité du secours, j'ai remarqué que quelquefois MM. les préfets refusaient d'une manière trop absolue de me transmettre les demandes qui dépassaient la proportion du tiers de la dépense, alors même qu'il y avait complète impossibilité de la part des communes de pourvoir aux deux autres tiers. Dans ce dernier cas, je vous prie, monsieur le préfet, de me réserver l'appréciation de la portée du secours qu'il convient d'accorder, et à cet effet de m'en faire parvenir toujours la demande. Cette proportion du tiers ne peut avoir rien d'absolu ; dans cetains cas, à l'égard des communes pauvres, lorsque les travaux sont indispensables, et que les ressources locales sont insuffisantes, un secours plus large peut être exceptionnellement accordé : je me réserve de le décider sur votre avis et celui de M. l'évêque.

Par contre aussi, lorsqu'une commune entreprend une construction d'église sur une échelle de dépense qui dépasse une convenable nécessité, et se propose de satisfaire un zèle local et d'honorer la religion par un édifice qui ne saurait être trop digne d'elle, je ne puis qu'approuver et qu'encourager un si louable dessein, lorsque les ressources le permettent ; mais mon administration ne peut en seconder l'exécution que de loin, et dans une proportion de secours relativement inférieure au tiers de la dépense. La modicité du crédit de secours, eu égard à l'universalité des besoins, me fait une loi de ne pas absorber, pour la magnificence d'un petit nombre d'églises, des fonds que la stricte nécessité réclame pour une multitude d'autres.

En général, il est de la nature du secours, et dans l'esprit de la loi qui en met le fonds à ma disposition, qu'il soit réparti sur le plus grand nombre de communes, aux plus pauvres, et pour les besoins les plus urgents.

Veuillez, monsieur le préfet, vous pénétrer de ces intentions dans les encouragements que vous avez à donner aux communes, et dans l'appréciation des demandes que vous me transmettrez.

Désirant, autant que possible, faire une répartition proportionnellement égale du fonds de secours, j'ai arrêté que cette répartition se ferait à deux époques principales de l'année et sur le vu de l'ensemble des demandes parvenues à ces époques. La première répartition aura lieu au 1er mars pour toutes les demandes complétement instruites, parvenues à mon administration avant le 31 décembre ; la seconde répartition aura lieu au mois de mai avec les fonds qui resteront et pour toutes les demandes en état qui seront parvenues au 1er mars.

Le secours étant accordé, la question de savoir dans quelle caisse il doit être versé s'est élevée quelquefois et peut se présenter encore : est-ce dans la caisse municipale ou dans la caisse de la fabrique ? On a réclamé pour celle-ci, surtout dans le cas où elle seule pourvoit, avec le secours de l'État, au montant de la dépense.

Dans l'état actuel des choses, c'est toujours dans la caisse municipale que la subvention doit être versée, par une raison de comptabilité publique, et jusqu'à ce que la comptabilité particulière des fabriques ait reçu une organisation plus régulière.

Quant à la question, qui se présente aussi quelquefois, de savoir qui doit de la commune ou de la fabrique diriger les travaux, elle se trouve résolue virtuellement par le décret du 30 décembre 1809, et par la circulaire de mon ministère du 6 août 1841. La commune ne dirige les travaux que lorsqu'elle intervient dans la dépense, ce qui a lieu du reste le plus souvent. Dans tous les cas, la commune et la fabrique ont respectivement droit d'observation et de réclamation au sujet de cette direction ; leur bon accord préviendra généralement les difficultés ; si néanmoins il s'en élevait, elles seraient aplanies de concert par vous et M. l'évêque.

L'administration supérieure ne saurait non plus demeurer étrangère à l'exécution des travaux et s'en remettre trop aveuglément aux administrations locales. Je n'aurais pas accompli, en effet, l'amélioration que je me propose par ces instructions nouvelles, et toutes les précautions de l'administration pour le bon emploi des fonds du secours seraient vaines et sans résultat, si je ne me préoccupais de la fidèle observation des conditions sous lesquelles les subventions sont accordées.

En général, l'administration a trop abdiqué son droit ou plutôt son devoir de surveillance à l'égard de cette fidèle exécution des travaux auxquels elle contribue pour des sommes souvent très-importantes.

Pour faciliter votre tâche à ce sujet, et dans l'intérêt même de ma responsabilité et du compte que je dois de l'emploi du crédit des secours, désormais les subventions mises à la disposition des administrations locales ne seront définitivement payées, qu'autant que l'architecte diocésain ou, à son défaut, son inspecteur, auront pu constater si les conditions, auxquelles le secours a été accordé, ont été fidèlement observées. Leur attestation sera jointe aux pièces justificatives de la dépense.

Je recommande, monsieur le préfet, à votre attention éclairée et à votre observation scrupuleuse l'ensemble des instructions que j'ai l'honneur de vous adresser, et dont je vous prie de m'accuser réception.

N° 15.

Églises et presbytères : Secours aux communes pour construction ou restauration de ces édifices paroissiaux.

Paris, le 20 juin 1851.

Le ministre de l'instruction publique et des cultes (M. *F. de Crouseilhes*) aux préfets.

Monsieur le préfet, dans la circulaire du 15 novembre dernier, relative à l'instruction des demandes de secours pour construction ou restauration des édifices paroissiaux, mon honorable prédécesseur, monsieur de Parieu, s'était préoccupé à juste titre de la nécessité d'assurer la fidèle observation des conditions sous lesquelles des subventions sont accordées, et de veiller à ce que l'exécution des travaux eût lieu conformément aux projets approuvés par l'administration.

Dans ce but, il avait établi que désormais les subventions mises à la disposition des administrations locales ne seraient définitivement payées qu'autant que l'architecte diocésain ou, à son défaut, son inspecteur, aurait pu constater l'accomplissement des conditions du secours : leur attestation devait être jointe aux pièces justificatives de la dépense.

Cette mesure eût été des plus efficaces ; mais l'expérience a fait connaître depuis que son application rencontrerait des difficultés à raison desquelles il y avait lieu de la modifier : la principale consiste en ce que la subvention de l'État étant souvent la première ressource disponible pour entreprendre les travaux, ce serait rendre ceux-ci impossibles que de subordonner la délivrance de la subvention à leur achèvement.

En conséquence, monsieur le préfet, vous n'aurez pas à subordonner la délivrance de la subvention de secours à l'inspection des travaux et à l'attestation des architectes.

Toutefois, la sollicitude qui avait dicté cette mesure ne doit pas rester désarmée devant l'abus qu'elle voulait corriger. La première garantie contre cet abus est votre vigilance, et la première sanction votre responsabilité.

Chargé de transmettre et d'exécuter les décisions de secours aux communes, vous devez assurer leur fidèle observation et empêcher le détournement des subventions de l'État à des travaux autres ou différemment exécutés que ceux dont le projet a déterminé la décision qui les accorde.

A cet effet, vous aurez à surveiller particulièrement l'architecte dont les projets auront été soumis à mon administration, surtout lorsque ces projets n'auront été approuvés qu'avec des modifications conditionnelles du concours de l'État.

L'administration, il est vrai, ne saurait avoir une action

directe contre l'architecte dans le cas où il ne tiendrait pas compte de ces modifications dans l'exécution des travaux, après avoir paru y souscrire par la correction de son projet, parce qu'il n'est engagé réellement qu'envers la commune, qui serait souvent complice de cette infidélité.

Mais l'administration serait incontestablement fondée à se défier de cet architecte, et à refuser à l'avenir son concours à tous les projets dressés par lui, et pour lesquels des subventions seraient demandées.

C'est dans l'exercice de ce droit que doit consister la sanction pratique des décisions de l'administration, par rapport à l'abus que je veux réprimer. Vous voudrez bien informer les architectes de la ferme disposition de l'administration à en faire usage, et me signaler les infractions qui y donneraient lieu. Tous les projets devront, dès lors, porter la signature de l'architecte.

Du reste, pour aider votre vigilance et la compléter, je maintiens l'inspection, par messieurs les architectes diocésains, des travaux faits aux édifices paroissiaux avec le concours de mon administration.

N° 16.

Décret portant réorganisation du service des édifices diocésains.

Paris, le 7 mars 1853.

Napoléon, par la grâce de Dieu et la volonté nationale, Empereur des Français,

A tous présents et à venir, salut :

Sur le rapport de notre ministre secrétaire d'État au département de l'instruction publique et des cultes ;

Vu l'arrêté du Gouvernement, en date du 16 décembre 1848 (1),

---

(1) Voyez ci-dessus cet arrêté inséré à la suite du rapport du 12 décembre 1848 présenté au ministre des cultes.

14.

Avons décrété et décrétons ce qui suit :

ART. 1er. Les travaux ordinaires d'entretien des édifices diocésains sont dirigés par des architectes ayant leur résidence dans le diocèse, et nommés par le ministre de l'instruction publique et des cultes, sur l'avis des évêques et des préfets.

2. Les travaux extraordinaires de restauration et de construction peuvent être confiés, par décision spéciale du ministre des cultes, à des architectes pris hors des diocèses où les travaux doivent être exécutés. Dans ce cas, le service d'entretien peut être réuni au service extraordinaire.

3. Les plans et devis des architectes diocésains ordinaires et extraordinaires, pour les travaux à exécuter dans le cours d'un exercice, sont soumis à l'administration des cultes, avant le 1er décembre de l'année précédente.

Le préfet, après avoir pris l'avis de l'évêque, les transmet au ministre avec ses observations.

4. Trois inspecteurs généraux, nommés annuellement par notre ministre de l'instruction publique et des cultes, sont préposés au service des travaux diocésains.

Les honoraires de chacun de ces inspecteurs sont fixés à 6,000 francs et seront prélevés sur le fonds du chapitre X du budget des cultes.

5. Les inspecteurs généraux visitent, soit périodiquement, soit par commission expresse, les édifices diocésains dont la surveillance leur est confiée par le ministre. Ils constatent l'état des bâtiments, la convenance des projets des architectes, la bonne exécution des travaux, la régularité des dépenses, et en font leur rapport particulier au ministre.

Réunis en comité, sous la présidence du directeur général de l'administration des cultes (1), ils procèdent à l'examen

---

(1) Le 2e § de l'article 5, en ce qui concerne la présidence du comité des inspecteurs généraux, a été modifié par un décret ultérieur, en date du 17 novembre 1857, qui statue, par son article 1er, que le chef de la première division de l'administration

définitif des plans et devis fournis par les architectes ; ils donnent leurs avis sur toutes les questions d'art et de comptabilité qui se rattachent aux travaux ; ils préparent un projet de répartition des crédits ouverts au chapitre X du budget des cultes. Ils adressent annuellement au ministre un rapport général sur la situation des édifices diocésains.

Les demandes de secours formées par les communes en faveur de leurs églises et presbytères sont également renvoyées à l'examen du comité des inspecteurs généraux.

6. La commission des arts et édifices religieux, instituée près le ministère de l'instruction publique et des cultes, est désormais composée de trois sections :

Section d'architecture et de sculpture ;
Section des vitraux peints et des ornements religieux ;
Section des orgues et de la musique religieuse.

7. Les trois sections sont réunies, sous la présidence du directeur général de l'administration des cultes, pour entendre le rapport annuel que les inspecteurs généraux sont tenus d'adresser au ministre sur la situation des édifices diocésains.

Les observations de la commission sont annexées au rapport pour être communiquées au ministre.

8. La section d'architecture et de sculpture, dont les trois inspecteurs généraux font nécessairement partie pendant la durée de leur mission, est saisie, sur le rapport de l'un de ces inspecteurs, de l'examen de tous les projets entraînant des travaux extraordinaires.

9. Un arrêté de notre ministre de l'instruction publique et des cultes déterminera le mode de comptabilité des travaux diocésains.

10. Notre ministre secrétaire d'État au département de l'ins-

---

des cultes fait partie du comité des inspecteurs généraux diocésains et y remplace le directeur général des cultes, lorsque celui-ci est absent ou empêché.

truction publique et des cultes est chargé de l'exécution du présent décret.

Fait au palais des Tuileries, le 7 mars 1853.

NAPOLÉON.

Par l'Empereur :

Le ministre secrétaire d'État au département de l'instruction publique et des cultes,

H. FORTOUL.

Nᵒ 17.

Arrêté portant organisation du services des édifices diocésains.

Paris, le 20 mai 1858.

LE MINISTRE SECRÉTAIRE D'ÉTAT AU DÉPARTEMENT DE L'INSTRUCTION PUBLIQUE ET DES CULTES,

Vu le décret du 7 mars 1853 (1), relatif à l'organisation du service des travaux des édifices diocésains ;

Sur le rapport du comité des inspecteurs généraux et sur la proposition du directeur général de l'administration des cultes,

ARRÊTE :

ART. 1ᵉʳ. Les architectes diocésains sont chargés de la conservation et des travaux de tous les édifices du diocèse qui ressortissent à l'administration des cultes. *Il n'y en a qu'un par diocèse.*

2. L'architecte diocésain rédige les projets et dirige les travaux d'entretien, de restauration ou de construction de ces édifices ; il tient les attachements et règle les dépenses, conformément au mode de comptabilité prescrit par le ministre de l'instruction publique et des cultes. Il est chargé, en outre, de l'examen préparatoire des projets produits par les communes du diocèse, à l'appui des demandes de secours qu'elles

____

(1) Voy. ci-dessus, nᵒ 16.

adressent à l'administration des cultes, pour la restauration ou la construction de leurs églises et presbytères.

3. L'architecte, qui ne réside pas dans le diocèse auquel il est attaché, est suppléé, pendant son absence, par un architecte qui prend le titre d'inspecteur des travaux.

Lorsque les travaux extraordinaires paraissent exiger une surveillance très-assidue, en raison de leur nature ou de leur importance, une décision du ministre prépose à cette surveillance un ou plusieurs inspecteurs ou agents, alors même que l'architecte réside sur les lieux.

4. Les inspecteurs sont nommés par le ministre, sur la proposition des architectes, après avoir pris l'avis des évêques et des préfets.

5. Les honoraires des architectes diocésains se composent de deux parties, l'une fixe, l'autre proportionnelle à la dépense des travaux exécutés.

Les honoraires fixes s'élèvent à 1,200 francs par an, et les honoraires proportionnels sont calculés à raison de 3 1/2 p. 0/0 du montant de la dépense.

L'architecte qui est chargé de plusieurs diocèses ne perçoit d'honoraires fixes que pour l'un d'eux.

Les honoraires des inspecteurs sont fixés par le ministre, suivant les circonstances, sans pouvoir dépasser le taux de 1,200 francs par an, sauf dans le cas prévu dans le deuxième paragraphe de l'article 3.

Les frais de voyages des architectes diocésains non résidants leur sont remboursés à raison de 2 francs par myriamètre et de 10 francs par jour d'absence.

Les honoraires et frais de voyages sont imputés sur les fonds du chapitre X du budget des cultes.

Les dispositions portées au présent article 5 ne seront mises en vigueur qu'à partir du 1er janvier 1854.

6. Le directeur général de l'administration des cultes est chargé de l'exécution du présent arrêté.

Paris, le 20 mai 1853.

H. FORTOUL.

N° 18.

Édifices diocésains : Instructions relatives à l'exécution du décret du 7 mars 1853 et de l'arrêté du 20 mai suivant portant réorganisation du service de ces édifices.

Paris, le 21 juin 1853.

Le ministre de l'instruction publique et des cultes (M. *H. Fortoul*) aux architectes diocésains.

Monsieur, le décret du 7 mars dernier (1), qui a réorganisé le service des travaux diocésains, a dû être complété par une suite de résolutions et de mesures que je m'empresse de porter à votre connaissance. Pour que vous en saisissiez plus facilement l'esprit, je commence par vous rappeler le but que je me suis proposé d'atteindre en soumettant à Sa Majesté impériale le nouveau système qu'elle a voulu consacrer.

But de la nouvelle organisation.

Le décret du 7 mars a modifié l'organisation antérieure, sans l'abolir ; au moyen de contrôle qu'elle avait essayé d'instituer, il a superposé un service d'inspecteurs généraux. D'une part, il était urgent de recueillir, par des agents spéciaux, une notion exacte et comparative des besoins des édifices diocésains ; d'autre part, il fallait assurer une juste répartition et surveiller le régulier emploi des fonds destinés à pourvoir à ces besoins.

Les demandes et les propositions de travaux ne doivent point avoir le caractère de la sollicitation et de l'importunité ; il serait même regrettable que les préférences de l'administration fussent déterminées par le rapprochement ou par l'empressement des artistes, même par leur aptitude et par leur habileté à présenter leurs projets. La conservation des édifices, que la foi de nos pères a élevés, n'est pas une faveur

---

(1) Voy. ci-dessus, n° 16.

que l'État accorde ; c'est une dette qu'il acquitte envers la religion.

Il ne suffit pas non plus que la bonne exécution des travaux soit garantie, comme elle l'a été jusqu'à ce jour, d'un côté par la capacité et par l'intégrité des architectes, de l'autre par l'examen d'une commission éclairée et par l'exercice du contrôle administratif ; il faut que ces deux garanties, jusqu'ici trop séparées, se complètent en se rapprochant, que les architectes aient des attributions plus administratives, et que l'administration ait des moyens sûrs de se rendre compte des travaux des architectes.

Tel est le principal but du décret du 7 mars 1853.

Les inspecteurs généraux, qui ont reçu mission de visiter cette année les divers diocèses, s'étaient acquis depuis longtemps des titres, que personne n'ignore, à la confiance du gouvernement. Ils fortifieront chez les architectes diocésains ces habitudes heureuses de précision et d'exactitude que toutes les parties du service réclament, et dont ils offrent eux-mêmes l'éclatant exemple.

L'arrêté ministériel du 20 mai (1), dont je vous envoie une ampliation, vous fera connaître les avantages qui seront le prix des nouveaux devoirs qui vous sont imposés.

A l'avenir, votre rémunération se composera de deux parts : l'une fixe, l'autre proportionnelle. Elle répondra ainsi au double aspect sous lequel vous devez envisager votre situation. Vous toucherez, comme par le passé, des honoraires proportionnels aux travaux que vous exécuterez ; mais vous recevrez en même temps une indemnité fixe pour remplir la mission permanente de conservateur vigilant, de gardien attentif des monuments, sur la situation desquels vous devez tenir sans cesse l'administration avertie par tous les rapports, projets, dessins et devis laissés à votre charge ordinaire. Le prix de votre mission permanente est arrêté à 1,200 francs ; les travaux que vous exécuterez donneront lieu à des honoraires qui sont fixés à 3 1/2 p. 0/0 du montant de la dépense.

____

(1) Voy. ci-dessus, n° 17.

Pour que cette récompense, modeste, je le reconnais, de services précieux soit intégralement acquise à l'architecte, et pour que, là où nous n'avons pu placer un architecte résidant, une surveillance nécessaire s'exerce avec continuité, je consens à donner l'attache du gouvernement à l'inspecteur ordinaire des travaux, qui est placé sous vos ordres. Je lui accorde une indemnité qui variera selon les localités et les travaux, sans pouvoir dépasser 1,200 francs. Dans les cas très-exceptionnels où des travaux extraordinaires et d'une grande importance paraîtraient exiger une surveillance toute particulière, je pourrai, par décision spéciale, multiplier les agents de l'État de manière à ce que la surveillance soit toujours suffisante et que l'architecte n'ait pas à en supporter les frais.

Par cette nouvelle position faite aux architectes et aux inspecteurs des travaux, j'ai voulu obvier à l'un des inconvénients les plus préjudiciables de l'organisation antérieure. Je désire qu'un architecte diocésain réside partout auprès des monuments qui ont besoin des secours de l'art. Déjà ce vœu est rempli dans le plus grand nombre des diocèses. Mais là où la valeur des monuments et les difficultés de leur restauration réclament la science et l'habileté consommées qu'on ne trouve aisément que chez les artistes de la capitale, il importe qu'un inspecteur sérieux encoure une responsabilité spéciale, indépendamment de celle qu'une rénumération fixe fait peser sur l'architecte même non résidant.

Il fallait simplifier le service en même temps qu'on le complétait. J'ai dû ne plus admettre la présence de deux architectes dans un petit nombre de diocèses où elle avait été précédemment tolérée, pour aplanir les difficultés de la réorganisation que le personnel avait subie en 1849. Il n'y aura plus qu'un architecte diocésain dans chaque diocèse.

Le service ainsi constitué, l'inspection générale viendra le contrôler et le discipliner, en y entretenant les meilleures traditions de l'art et le respect scrupuleux des règles établies.

A ces indications générales, je me hâte d'ajouter des instructions particulières, qui assureront les résultats divers de l'organisation nouvelle.

Règles particulières de chaque partie du service.

Le service de la conservation des édifices diocésains se compose de plusieurs parties qui se développent dans l'ordre suivant :

1° Surveillance des édifices;

2° Étude générale de leur état et de leurs besoins;

3° Propositions annuelles;

4° Exécution des travaux et emploi des crédits;

5° Comptabilité;

6° Règlement.

Je vais marquer d'une manière sommaire les principales obligations qui se rattachent à chacune de ces parties, en me référant aux instructions antérieures qui vous sont déjà familières et à celles que MM. les inspecteurs généraux pourront vous donner de vive voix, avec plus de détails.

1° *Surveillance des édifices.* — La surveillance des édifices sera exercée par des visites périodiques des architectes et de leurs inspecteurs.

Il faut que, dans le mois qui suivra la réception de la présente circulaire, un inspecteur à demeure soit proposé partout où la non-résidence de l'architecte rend la présence d'un inspecteur nécessaire. Cette proposition devra avoir l'agrément de M. l'évêque et de M. le préfet. S'il y a lieu d'apporter quelque changement au personnel des inspecteurs existants, ces changements devront être faits dans le même délai.

2° *Étude générale de l'état et des besoins des édifices diocésains.* — Je désire que les architectes m'envoient un rapport sur chacun des édifices qui leur sont confiés. La connaissance de la situation des monuments est la base de tout le service. Avec les documents que vous me transmettrez, je me propose de dresser, avant l'ouverture de l'année 1854, un état général sommaire de toutes les dépenses nécessaires pour mettre chaque édifice sur un bon pied de conservation; ce sera l'inventaire si longtemps désiré de nos richesses et de nos besoins.

La première tournée de MM. les inspecteurs généraux aura principalement pour objet de faciliter cet important travail. Mais, pour être fructueuse, elle devra elle-même être précédée d'une étude préliminaire de l'état des édifices faite immédiatement avec soin par MM. les architectes, pour qu'ils puissent en conférer avec MM. les inspecteurs généraux qu'ils doivent se tenir prêts à accompagner sur les lieux, aussitôt après la réception de la présente circulaire.

L'étude préliminaire, que je réclame de vous, sera l'esquisse et comme l'avant-projet du rapport que vous m'adresserez après la visite de MM. les inspecteurs généraux. Elle servira aussi de programme pour l'examen de ces inspecteurs. Elle consistera dans un rapport qui indiquera sommairement la situation générale de chacun des édifices, ses endroits faibles, les points qui doivent attirer l'attention de l'administration, les moyens proposés pour obvier au mal. Ce rapport devra mentionner spécialement les dépenses faites antérieurement par les architectes qui vous ont précédé ou par vous ; les parties auxquelles ces dépenses ont été affectées ; l'ordre dans lequel ont été conçues les propositions exécutées ou à exécuter, pour l'entretien, la réparation, la restauration, les modifications ou adjonctions des bâtiments ; une évaluation approximative (quand les devis n'auront pas été étudiés) de la dépense que les travaux qui restent à faire devront entraîner ; la division de cette dépense par annuités, de manière à la faire concorder avec la marche des travaux proposés ou à proposer.

Si les séminaires, dont on s'est trop peu préoccupé, demandent un examen particulier, soit sous le rapport de la solidité, soit sous le rapport hygiénique, MM. les architectes devront, avant la visite de MM. les inspecteurs généraux, se bien pénétrer des besoins de ces établissements et des moyens propres à les améliorer, pour soumettre leurs vues à MM. les inspecteurs et pour en faire constater par eux la justesse.

Afin de faciliter l'examen des localités, MM. les architectes diocésains réuniront tous les plans partiels ou généraux qui pourront être à leur disposition. Ils auront soin aussi de prévenir leurs inspecteurs et entrepreneurs, pour qu'ils soient présents à a visite de MM. les inspecteurs généraux et se tiennent prêts à donner les renseignements qui leur seraient demandés. Je n'ai pas besoin d'ajouter que, avant de commencer ces investigations, ils devront consulter avec une respectueuse déférence MM. les Évêques, premiers juges des convenances et des nécessités du service religieux auquel ces édifices sont consacrés. En faisant ainsi, ils obéiront à l'esprit dont MM. les inspecteurs généraux sont eux-mêmes pénétrés et qui anime l'administration tout entière.

Éclairés par ce travail préparatoire, MM. les inspecteurs généraux pourront avec utilité faire leurs visites, consulter MM. les Évêques et MM. les préfets, asseoir les comptes rendus qu'ils auront à me transmettre, et former les éléments à l'aide desquels ils jugeront ensuite le rapport définitif et plus étudié que les architectes devront, ainsi que je l'ai dit plus haut, adresser, sur chaque édifice, à l'administration centrale avant la fin de la présente année, et duquel se détacheront ensuite des propositions annuelles qu'ils auront à formuler successivement.

3° *Propositions annuelles.* — Toutes les propositions de travaux d'entretien ou autres devront être envoyées à l'administration avant le 1er décembre de chaque année pour servir à la répartition des crédits de l'exercice suivant ; cette règle ne souffrira pas d'exception.

Les propositions partielles auront dû être, autant que possible, concertées avec MM. les inspecteurs généraux, et devront résulter de l'étude qui aura été faite avec eux, sur place, des besoins des édifices.

Dans tous les cas, l'architecte ne devra rédiger aucun projet important d'une manière définitive, à moins d'y être spécialement invité. Il ne saisira l'administration que par un avant-projet.

Les propositions d'entretien devront toujours être soigneusement distinctes de toutes les autres. Elles devront prévoir et indiquer d'une manière sommaire l'objet et l'évaluation approximative de la dépense.

Quant aux propositions qui dépasseront la mesure et le caractère de simple entretien, elles devront être soigneusement

étudiées et clairement présentées au moyen des **quatre** documents suivants, qui demeureront distincts, de manière à se
compléter sans se confondre : 1° un rapport spécial, faisant
connaître l'objet et la cause occasionnelle de la proposition et
de son urgence ; 2° un devis purement descriptif et sans évaluation ; 3° un métré ou devis estimatif ; 4° *une série de prix*,
dont le modèle sera ultérieurement envoyé.

Les propositions devront, en outre, être accompagnées de
tous les dessins et détails graphiques nécessaires à leur intelligence. Il faut éviter, toutefois, de tomber à cet égard dans
un luxe inutile, dispendieux pour l'architecte, et souvent moins
propre à éclairer l'Administration qu'une réduction habile et
spéciale aux travaux particuliers dont il s'agit de donner une
idée exacte. Pour ces dessins, MM. les architectes adopteront
toujours les échelles, soit de 0m,01 pour mètre, soit de
0m,005 pour mètre, soit de 0m,0025 pour mètre, en raison
de la dimension des édifices, de la nature de l'objet à représenter ou de l'étendue des plans à produire.

4° Exécution des travaux et emploi des crédits. — Ne
pas changer dans l'exécution la nature et la portée des travaux autorisés, ne pas dépasser les crédits, ne pas les laisser perdre et faire retour au Trésor faute d'emploi sans en
donner avis en temps utile, sont les éléments de toute bonne
administration des travaux.

Pour assurer l'observation de ces règles fondamentales, j'ai
prescrit que des états trimestriels me seraient envoyés par chaque architecte, et que ces états feraient exactement connaître le
degré d'avancement des travaux et l'emploi des crédits ouverts,
de manière que l'administration ait périodiquement sous
les yeux la marche générale de la dépense. Cette mesure ne
sera applicable qu'à partir du prochain exercice.

Dans le cas où des difficultés d'exécution forceraient à dépasser la limite des prévisions, l'architecte devra m'en référer
immédiatement.

L'inspection générale devra faciliter l'observation de cette
règle indispensable, et tout à la fois en faire sentir la stricte
obligation. Si les travaux autorisés ont entraîné ou doivent

entraîner des dépenses imprévues, qu'elles puissent, ou non, être couvertes par les sommes à valoir, **MM.** les architectes devront faire connaître ces dépenses à **MM.** les inspecteurs généraux, et les mettre en situation de constater l'urgence et de la faire apprécier par l'administration.

Il en sera de même des difficultés qui auraient pu s'élever entre **MM.** les rchitectes et leurs entrepreneurs, soit quant à l'évaluation des ouvrages, soit quant à leur mode d'exécution. Il importe de ne pas laisser vieillir et s'accumuler ces difficultés et d'en dégager au plus tôt les entreprises. Le passage de **MM.** les inspecteurs aura surtout cet heureux effet de les résoudre ou de les prévenir par l'autorité arbitraire de leur expérience, ou du moins de mettre l'administration à même de les trancher.

5° *Comptabilité.* — Une instruction spéciale sur la comptabilité sera adressée prochainement à **MM.** les architectes. Il leur sera prescrit de tenir, par un mode simple et uniforme, un état régulier et constamment à jour de toutes les dépenses de l'entreprise en regard des autorisations et des marchés, de manière à pouvoir offrir toujours une appréciation exacte des travaux, en produisant, ou même en arrêtant le compte à la première demande qui leur serait faite. **MM.** les **in**specteurs généraux insisteront sur ce point d'une manière toute spéciale.

Le nouveau mode de comptabilité, que je viens d'annoncer, sera notifié assez tôt pour pouvoir être adopté et mis partout à exécution dès l'ouverture du prochain exercice.

Jusque-là, et pour la prochaine inspection, **MM.** les architectes devront mettre leur comptabilité actuelle à jour, afin que **MM.** les inspecteurs généraux puissent en prendre connaissance. Ils devront particulièrement veiller à ce que les attachements des travaux soient au courant, et se munir des pièces nécessaires à l'examen de tout ce qui touche à la conduite et à la régularité du travail, tels que devis approuvés, séries de prix, cahier des charges, profils graphiques, autorisations, ouvertures de crédits, etc.

6° *Règlement.* — Les comptes des entreprises seront arrêtés tous les ans, et transmis à l'administration avant le 1er mars de l'exercice qui suivra celui où les travaux auront été exécutés. Les règlements en fin d'entreprise au delà d'un an n'auront plus lieu. Les liquidations annuelles ne se feront plus d'après de simples états de situation ; elles devront se confondre avec le règlement même du compte des travaux.

Il faut que chaque année les entreprises rouvrent leur comptabilité et que toute la partie écoulée tombe sous le règlement, comme si l'entreprise elle-même était arrivée à sa fin.

Je n'ai pas besoin d'exposer les motifs et les avantages de cette règle pour faire comprendre tout le prix que j'attache à sa rigoureuse observation.

Votre tâche sera, du reste, singulièrement facilitée par les états de situation trimestriels que vous devrez m'adresser, et par le mode de comptabilité qui vous sera prescrit, et qui consistera à dresser jour par jour le mémoire des travaux, de manière qu'il suffise de faire connaître le relevé de chaque fin d'exercice pour arriver au règlement.

Telles sont les recommandations principales que j'avais à vous adresser sur les parties diverses du service diocésain.

Vous remarquerez, et l'expérience vous fera surtout bientôt sentir comment ces diverses prescriptions s'enchaînent et rendent réciproquement leur obligation plus stricte et leur observation plus aisée. L'étude méthodique de la situation et des besoins généraux des édifices prépare à l'avance les propositions annuelles des travaux ; la claire exposition des projets, l'époque fixe de leur envoi rendent l'examen plus rapide, l'approbation plus certaine, l'exécution plus opportune ; la garantie, que donnent les états de situation trimestriels, aplanit toutes les difficultés de la comptabilité, et sa clôture annuelle conduit au règlement définitif des entreprises et en assure la bonne et prompte liquidation. Ainsi tout marche, en s'entr'aidant, vers le but, et chacun des rouages de l'organisation accélère le mouvement des affaires en concourant à le régler.

Je ne doute pas que MM. les architectes diocésains ne soient les premiers à se féliciter de l'adoption d'un système qui peut procurer de si précieux avantages ; par leur loyal dévouement, ils partageront avec l'administration l'honneur d'avoir élevé le service de la conservation des édifices diocésains à la hauteur de l'intérêt qu'inspirent ces admirables monuments de la piété et du génie de notre nation.

Études des demandes de secours pour les églises paroissiales et les presbytères.

Par l'article 2 de mon arrêté du 20 mai dernier, j'ai chargé les architectes diocésains de l'examen préparatoire des projets produits par les communes du diocèse à l'appui des demandes de secours qu'elles adressent pour la restauration ou la construction de leurs églises et presbytères.

L'administration, à qui il appartient de veiller au bon emploi des fonds de l'État, ne saurait permettre que les subventions qu'elle accorde soient appliquées à des travaux stériles et entrepris légèrement. Elle a donc le droit et le devoir de soumettre à un examen attentif les plans qui lui sont transmis, et d'écarter ceux qui paraissent mal conçus. Jusqu'ici, ce contrôle nécessaire a été exercé par la commission des arts et édifices religieux ; mais, pour le rendre plus efficace et plus prompt, j'ai cru opportun de le faire précéder du vôtre. Déjà le préfet et l'évêque sont appelés à donner leur avis sur les demandes des communes ; cette garantie sera désormais complétée, au point de vue de l'art, par votre appréciation éclairée. Je ne doute pas que l'examen auquel vous vous livrerez ne soit très-utile pour les localités, en leur faisant connaître les imperfections de leurs projets et les modifications sans lesquelles ils ne pourraient être acceptés par l'administration. Trop souvent il est arrivé que des constructions urgentes ont subi des ajournements préjudiciables aux populations à cause du vice des plans proposés, qu'un avis donné en temps utile aurait permis de rectifier.

L'intervention de l'architecte diocésain aura un autre avantage : elle donnera à l'autorité supérieure les moyens d'établir un classement, d'après l'urgence des besoins, parmi cette foule de demandes qui me parviennent, et dont le plus petit nombre seulement peut être accueilli. Limité, comme je le suis, par les chiffres du budget, j'ai éprouvé plus d'une fois combien il était difficile de faire un choix entre les localités, et de réserver pour les plus nécessiteuses ou les plus dignes les secours accordés par la munificence de l'État. Il vous appartiendra de me fournir avec franchise et impartialité les renseignements que j'ai souvent désirés pour éclairer mes décisions. En conséquence, lorsque vous aurez rassemblé les demandes formées par les communes de votre circonscription, vous dresserez un état collectif de présentation, par ordre d'urgence. Toutefois, comme les questions d'art ne sont ici ni les seules, ni même les plus importantes, et que de graves intérêts religieux ou administratifs, dont l'évêque et le préfet sont les justes appréciateurs, peuvent se trouver engagés, il importe que l'état dressé par vos soins soit présenté à l'évêque et remis au préfet, qui le fera parvenir à l'administration centrale, accompagné de son avis.

Le fonds de secours du présent exercice étant aujourd'hui entièrement distribué, les dossiers des demandes qui n'ont pu être accueillies vont être renvoyés à MM. les préfets pour qu'ils les tiennent à la disposition de MM. les architectes diocésains.

Vous aurez donc à vous mettre en rapport avec M. le préfet du département et avec l'autorité diocésaine pour l'examen des projets et devis et pour la formation de l'état général de présentation de toutes les demandes, de manière que cet état et les dossiers me soient parvenus avant le mois de janvier prochain. Passé ce terme, il sera procédé à la répartition.

Il importe que, dans votre travail, vous vous montriez sévère pour tout ce qui tient aux conditions essentielles de la solidité des constructions. Quant au mode et au style d'architecture adoptés par les auteurs des projets, vous devez vous garder d'être exclusif et accepter tout ce qui ne blesse pas ouvertement les convenances générales de l'art religieux. Je vous recommande de vous pénétrer, à cet égard, des observations contenues dans la circulaire du 15 novembre 1850 (1),

____

(1) Voy. ci-dessus, n° 13.

dont vous obtiendrez facilement communication au secrétariat de l'évêché.

Vous aurez, du reste, remarqué que les termes de l'article 2 de l'arrêté du 20 mai ne vous confèrent pas un pouvoir discrétionnaire d'admission ou d'exclusion ; ils vous donnent un simple droit d'avis, officieux par rapport aux communes et officiel par rapport à l'administration supérieure. Je n'ai donc nullement l'intention de m'opposer à ce que vous concouriez personnellement à la rédaction des projets d'églises et de presbytères dont les fabriques ou les conseils municipaux auraient jugé convenable de vous charger. Loin de là, je regarderais comme une chose très-utile pour l'art religieux, pour les communes et pour l'administration elle-même, que le choix du gouvernement vous désignât à la confiance des populations pour la direction de ces travaux.

Les instructions qui précèdent vous auront convaincu, je l'espère, que le gouvernement a mesuré et qu'il comprend l'importance des attributions qui vous ont été déléguées.

Vous ne tromperez pas les espérances qu'il a fondées sur vos lumières et votre zèle. La mission à laquelle vous êtes appelé touche aux côtés les plus élevés de la nature humaine, l'art et la religion ; vous saurez y porter le dévouement que l'art et la religion ont la puissance d'inspirer.

N° 19.

Églises et presbytères : Instructions au sujet des demandes de secours pour restauration ou construction de ces édifices paroissiaux.

Paris, le 1er août 1853.

Le Ministre de l'instruction publique et des cultes (M. *H. Fortoul*), aux Préfets.

Monsieur le préfet, l'article 2 de l'arrêté ministériel du 20 mai dernier (1), sur l'organisation du service des édifices diocésains, confie aux architectes du gouvernement l'examen préparatoire des projets produits par les communes de chaque diocèse à l'appui des demandes qu'elles adressent pour la restauration ou la construction de leurs églises et presbytères. Cet examen terminé, les architectes réunissent les demandes et dressent, après avis de l'évêque diocésain, un état collectif de présentations par ordre d'urgence que vous me transmettez, en ayant soin d'y joindre vos observations personnelles.

Les dispositions du nouveau règlement devant être appliquées dès cette année, j'ai annoncé que toutes les demandes parvenues à l'administration seraient prochainement renvoyées à MM. les préfets, et tenues à la disposition de MM. les architectes diocésains, qui auront à les examiner et à les classer, comme si elles étaient entièrement nouvelles.

Je vous renvoie, en conséquence, monsieur le préfet, les dossiers qui concernent votre département.

Désormais, aucune demande de secours ne devra m'être adressée isolément : toutes les affaires de cette nature devront faire l'objet d'un envoi général qui comprendra l'état de présentations nécessaire pour éclairer mes décisions.

L'envoi aura lieu deux fois par an, au 1er juin et au 1er décembre. Le terme de rigueur, que vous ne devez pas dépasser,

----

(1) Voy. ci-dessus, n° 17.

se trouve donc fixé pour cette année au 1er décembre prochain.

M. l'architecte diocésain devra se concerter avec vous et avec M. l'évêque, afin que l'état de ses propositions soit l'expression fidèle de l'urgence des travaux au triple point de vue de l'art, de l'intérêt religieux et de l'intérêt administratif. Les fonds du prochain exercice étant loin de suffire à l'étendue des besoins, je serai obligé de faire un choix entre les localités, choix qui dépendra en grande partie de l'ordre dans lequel leurs demandes me seront présentées. Il est donc très-essentiel que le tableau de présentations soit dressé par M. l'architecte diocésain avec l'exactitude la plus consciencieuse.

En ce qui concerne la nature des projets et les conditions que le gouvernement met à son concours, vous devez vous en référer aux instructions antérieures, et notamment à la circulaire du 15 novembre 1850 (1).

Je me bornerai à ajouter ici de courtes indications relatives à la reconstruction des églises.

Il n'est pas de travaux plus dispendieux que la reconstruction d'une église, soit pour la commune qui l'entreprend, soit pour l'État qui est appelé à y contribuer. Un seul monument absorbe souvent à lui seul une quotité de secours qui, appliquée avec intelligence à de simples réparations, aurait servi à prévenir la chute des édifices paroissiaux de plusieurs communes.

Si on réfléchit, d'ailleurs, qu'à la question de dépense vient habituellement se mêler, dans tout projet de construction, une question d'art et de convenance religieuse, on se persuade aisément que des travaux de cette nature ne doivent être encouragés par le gouvernement que dans des cas rares, avec beaucoup de mesure et de discernement.

Vous avez dû remarquer chez les populations, monsieur le préfet, une disposition malheureuse et trop répandue à abandonner, sous les prétextes les plus frivoles, leurs vieilles

____

(1) Voy. ci-dessus la circulaire n° 13.

églises et jusqu'à l'emplacement où elles s'élevaient, pour entreprendre, sur un autre point, la construction d'un temple nouveau, qui souvent est peu solide et ne répond pas aux convenances du culte. Outre la dépense considérable et souvent ruineuse qui en résulte, ces entreprises inintelligentes ont pour conséquence habituelle de faire disparaître des monuments plus précieux pour l'art et pour la religion que ceux qu'on élève avec leurs débris. Loin de prêter les mains à de pareils projets, vous devez vous attacher, monsieur le préfet, à les décourager dès l'origine, en ne laissant aucun espoir qu'ils puissent jamais obtenir l'approbation et le concours du gouvernement.

Tant qu'une église de construction ancienne peut être réparée, son ancienneté, à défaut d'autre motif, doit décider la commune à la conserver.

Que si elle est devenue absolument insuffisante pour la population, il faut étudier les moyens de l'agrandir, en préserver les parties essentielles, et ne la sacrifier que dans le cas de nécessité absolue, lorsque les travaux d'agrandissement ou de réparation ont été reconnus impossibles.

Afin que les demandes des communes puissent être appréciées à ce point de vue par l'administration, il est nécessaire que les projets de constructions nouvelles soient accompagnés d'un dessin et d'un rapport faisant connaître exactement l'état de l'église ancienne, à laquelle il doit être interdit de toucher sans votre autorisation, en cas d'urgence, et hors ce cas, sans mon approbation.

Souvent le choix de l'emplacement d'une église se rattache à des considérations très-complexes. Ces questions délicates ne peuvent pas être abandonnées à la rivalité des prétentions locales. Vous devez constamment réserver la solution, en ayant soin de la concerter avec l'autorité diocésaine. Dans le cas où des difficultés viendraient à s'élever, mon concours vous serait assuré pour les aplanir. Je vous invite en conséquence à joindre à tous les projets de construction le plan des abords, afin que je puisse apprécier la convenance des emplacements proposés.

Je n'entends pas condamner, ni même décourager le zèle qui s'efforce d'élever à la religion des monuments dignes d'elle; mais il faut savoir ici se préserver d'un entraînement qui tournerait contre son but, si les constructions étaient commencées sur une échelle trop étendue.

Ces vastes travaux, qui ne sont pas en proportion avec les revenus des localités, ne tardent pas à être interrompus, et il n'en reste le plus souvent que des débris inachevés, dont la dépense inutile aurait suffi pour exécuter entièrement un projet plus modeste.

Il importe à un haut degré, monsieur le préfet, que les communes n'entreprennent la reconstruction de leurs églises qu'avec mesure et économie, sur un devis sérieusement étudié. Lorsqu'elles sollicitent le concours de l'État, ce ne peut être qu'en raison de l'insuffisance de leurs ressources comparées à leurs besoins. La limite de ces besoins ne doit donc pas être dépassée dans les projets.

J'ai fait dresser par le comité des inspecteurs généraux un tableau du maximum de la dépense nécessaire pour construire des églises d'une importance graduée sur le chiffre de la population. Voici ce tableau, sur lequel les demandes devront à l'avenir se régler :

POPULATION DE LA PAROISSE.	MAXIMUM DE LA DÉPENSE admise PAR L'ADMINISTRATION au delà duquel les communes ne peuvent réclamer de secours
De 500 âmes et au-dessous	20,000
De 500 à 1,000 âmes	55,000
De 1,000 à 2,000	60,000
De 2,000 à 3,000	90,000
De 3,000 à 4,000	120,000
De 4,000 à 5,000	150,000
De 5,000 à 6,000	190,000
De 6,000 à 7,000	230,000
De 7,000 à 8,000	280,000
De 8,000 à 9,000	330,000
De 9,000 à 10,000	400,000

Les communes qui renfermeront dans ces limites les travaux qu'elles projettent seront dans les conditions voulues pour participer aux secours du gouvernement, s'il est bien établi, d'ailleurs, que les ressources locales sont insuffisantes. Celles, au contraire, qui auront adopté des projets plus dispendieux seront sans doute libres d'y donner suite et d'en poursuivre l'exécution ; mais, si leurs revenus sont insuffisants, elles n'auront pas à espérer que le gouvernement contribue à la dépense, parce qu'elles pourront facilement, en réduisant leurs projets, les mettre à la portée de leurs moyens propres. S'il convient, par exemple, à une commune de 1,000 âmes de bâtir une église de 200,000 francs, lorsque ses ressources ne s'élèvent qu'à 100,000 francs, elle le peut ; mais elle ne doit pas espérer obtenir le concours de l'État, puisqu'il est certain qu'avec 100,000 francs elle peut élever une église suffisante et convenable.

Afin que les instructions du gouvernement à cet égard soient fidèlement suivies, il sera indispensable que toute demande de secours soit accompagnée de l'indication exacte du chiffre de la population de la paroisse.

Telles sont les principales recommandations que j'avais à vous adresser pour l'exécution de l'article 2 de l'arrêté ministériel du 20 mai dernier.

Je vous invite à les suivre désormais dans l'instruction et l'appréciation des demandes de secours formées par les communes.

Vous voudrez bien, monsieur le préfet, m'accuser réception de la présente circulaire.

N° 20.

Églises et presbytères : secours aux communes pour construction, acquisition ou grosses réparations de ces édifices paroissiaux.

Paris, le 16 août 1855.

Le Ministre de l'instruction publique et des cultes (M. *H. Fortoul*), aux Préfets.

. . . .

Vous ne devrez, à l'avenir, appuyer de demandes de secours qu'après vous être assuré que les travaux qu'elles ont pour objet sont réellement urgents et qu'elles ont été formées par des communes qui, malgré des efforts de toute nature, sont encore hors d'état de pourvoir entièrement à la dépense. Toutes les demandes qui ne réuniraient pas ces diverses conditions doivent être éliminées par vous tout d'abord. Il importe de ne pas faire naître des espérances qui seraient ensuite déçues, et il y a toujours grave inconvénient à exciter, par une grande condescendance, les communes à solliciter des secours et à rendre ainsi l'administration supérieure responsable des refus qui en sont la conséquence inévitable.

J'ai remarqué, en outre, que souvent, dans l'ordre des propositions, on a pris, à tort, pour base l'importance de la construction, au lieu de se préoccuper, avant tout, des besoins et des embarras des communes. Je vous prie de ne pas perdre de vue que les fonds mis à ma disposition ont particulièrement pour objet de venir en aide *aux petites communes rurales*, dont les ressources sont généralement presque nulles, et que ce n'est que *par exception*, et *dans des cas très-rares*, qu'il est possible d'y faire participer les villes ou les communes de grande population.

L'envoi des dossiers devait, aux termes de mes précédentes instructions, m'être fait le 1er décembre de chaque année ; mais la plupart ne me sont parvenus que longtemps après cette époque. Il en est résulté de grands embarras pour l'expédition des affaires. Chaque demande, d'abord examinée par les bureaux, doit ensuite être soumise au comité des inspecteurs généraux. L'expérience a prouvé qu'il devenait dès lors nécessaire que j'en fusse saisi beaucoup plus tôt ; je désire que vous me les adressiez, à l'avenir, *pour le 15 octobre*. Il importe, vous le comprendrez, qu'il soit statué sur chacune d'elles dès le commencement de l'année, afin que les communes auxquelles des subventions sont accordées puissent commencer leurs travaux dès l'ouverture de la campagne.

Les communes qui n'auraient pas encore produit à cette époque les pièces nécessaires pour la complète instruction de leurs demandes subiront les conséquences de ces retards. Vous devrez m'adresser les dossiers qui seront alors régularisés, *sauf à examiner ensuite, d'après le nombre et l'importance de vos premières propositions*, s'il y a lieu de m'en transmettre de nouvelles en faveur des communes en retard, au fur et à mesure de la régularisation de leurs demandes.

Les pièces à produire étant d'ailleurs les mêmes que celles précédemment indiquées, je me bornerai à vous rappeler que chaque dossier doit être accompagné d'un avis spécial de l'évêque, du préfet et de l'architecte diocésain, et à vous faire remarquer que souvent on néglige d'y joindre les budgets des communes et des fabriques. Ces pièces sont indispensables pour me mettre à même d'apprécier la situation financière de chaque localité. D'un autre côté, lorsqu'il s'agit de constructions ou de restaurations importantes, les architectes chargés de la rédaction des projets n'ont pas toujours le soin de faire connaître l'état des édifices à remplacer ou à restaurer, soit par des rapports, soit par des dessins ; ce qui met le comité dans la nécessité d'ajourner son avis jusqu'à la production de ces documents. Vous voudrez bien veiller, en conséquence, à ce que les dossiers comprennent ces diverses pièces, ainsi que toutes celles prescrites par mes instructions.

Je n'ai pas besoin de vous rappeler que le fonds dont je dispose n'est applicable qu'aux constructions ou grosses réparations, et qu'aucune partie ne peut être employée à l'ameublement ou à l'ornementation intérieure des églises. Enfin vous n'oublierez pas, monsieur le préfet, que les communes pourvues d'un titre paroissial sont seules aptes à participer à la répartition du fonds dont il s'agit, et qu'il est même fait une exception à cette règle en ce qui concerne celles nouvellement érigées en succursales, attendu que leur érection n'a eu lieu *que sous la condition de justifier de la possession d'une église et d'un presbytère en bon état*, ou, à défaut de ce dernier édifice, d'un engagement de fournir un logement convenable.

N° 21.

Églises et presbytères : Secours aux communes pour construction, acquisition ou grosses réparations de ces édifices paroissiaux.

Paris, le 12 septembre 1856.

Le Ministre de l'instruction publique et des cultes (M. *Rouland*), aux Préfets.

Monsieur le préfet, vous aurez à vous occuper très-prochainement du choix des communes de votre département en faveur desquelles vous devrez m'adresser des propositions d'allocations pour les aider dans les dépenses d'acquisitions, de construction ou de grosses réparations de leurs églises et presbytères. Je crois devoir, à cette occasion, vous rappeler quelques-uns des principes à observer dans la préparation de ce travail, que je recommande à votre attention particulière.

Le plus grand soin, vous le comprendrez, doit être apporté dans la désignation des communes à secourir. En effet, les ressources affectées à cette nature de dépenses, déjà si insuffisantes, sont, en outre, grevées d'engagements anciens. Il n'y a lieu, dès lors, de faire participer à la répartition de ces ressources que les localités hors d'état de supporter seules les charges que leur impose l'entretien de leurs édifices paroissiaux.

Les demandes de secours parvenues à l'administration des

cultes ont été moins nombreuses pour 1856 que pour les années précédentes, je me plais à le reconnaître; toutefois, quelques-uns de MM. les préfets ont continué, malgré les recommandations expresses de mon prédécesseur, contenues notamment dans la circulaire du 16 août 1855 (1), à transmettre des propositions tout à fait hors de proportion avec les crédits, et bien qu'ils ne pussent espérer d'y voir donner suite. Agir ainsi, c'est faire naître dans les communes des espérances complétement irréalisables, et faire peser sur l'administration centrale toute la responsabilité des refus. Je ne puis donc trop insister sur la nécessité de n'appuyer que des demandes relatives à des travaux d'une urgence absolue.

Vous devrez m'adresser, comme le prescrit la circulaire précitée du 16 août 1855, vos propositions dès le 15 octobre prochain. Il importe que les communes puissent être en mesure de commencer leurs travaux dès les premiers mois de l'année; et, comme il est fait dans mes bureaux un travail préparatoire fort long sur toutes ces demandes, vous ne sauriez trop en presser l'envoi. Il a été reconnu que le mode de propositions par états collectifs, suivi depuis quelques années, offre de nombreux inconvénients. Il suffira donc que vous m'adressiez désormais un dossier particulier pour chaque affaire. Vous y joindrez, comme par le passé, l'avis de M. l'évêque, le vôtre et celui de l'architecte diocésain, ainsi que toutes les autres justifications propres à faire bien connaître l'utilité et la convenance des travaux projetés et les besoins des localités.

Ce n'est toujours que par exception qu'il pourrait être fait des propositions d'allocations en faveur des villes et des communes de grande population. Les fonds mis à ma disposition ont pour objet spécial de venir en aide aux communes rurales qui ne peuvent trouver dans les modiques ressources que présentent leurs budgets les moyens de pourvoir aux dépenses de réparation ou de construction des édifices nécessaires à l'exercice du culte. Vous n'oublierez pas, d'un autre

---

(1) Voy. ci-dessus la circulaire n° 20.

côté, qu'aux termes des lois de finances, aucune partie de ce fonds ne saurait être employée à l'ameublement et à l'ornementation intérieure des églises.

N° 22.

Églises et presbytères : Secours aux communes pour constructions, acquisitions ou grosses réparations de ces édifices paroissiaux.

Paris, le 14 août 1857.

Le Ministre de l'instruction publique et des cultes (M. *Rouland*), aux Préfets.

Monsieur le préfet, vos propositions d'allocations pour les édifices paroissiaux doivent, aux termes de mes précédentes instructions, me parvenir dès le 15 octobre. Il est essentiel, en effet, que leur examen ait lieu dans les premiers mois de l'année suivante, afin que les communes auxquelles il m'est possible de venir en aide en soient informées assez à temps pour se mettre en mesure de commencer leurs travaux à l'ouverture de la campagne.

Ainsi que je vous l'ai fait remarquer par ma circulaire du 12 septembre 1856 (1), le mode de propositions par état collectif offrait d'assez nombreux inconvénients ; mais, en vous invitant à m'adresser désormais chaque affaire séparément, je n'ai pas eu l'intention de prescrire qu'à l'avenir l'envoi m'en fût fait successivement et indifféremment à toutes les époques de l'année. Sans doute il peut arriver que l'instruction de demandes très-intéressantes n'ait pas été terminée pour le 15 octobre, ou bien encore des besoins urgents, auxquels il devrait être satisfait, peuvent se produire inopinément, et donner lieu, dès lors, à des propositions tardives. Mais ce sont là des cas exceptionnels, et qui ne sauraient empêcher de

---

(1) Voy. ci-dessus la circulaire n° 21.

se conformer à une règle d'après laquelle toutes les demandes
de subventions doivent me parvenir avant l'ouverture du
nouvel exercice, et dont le maintien est nécessaire, vous le
comprendrez, pour assurer l'équitable répartition des crédits
entre les divers départements.

Je dois appeler, d'un autre côté, monsieur le préfet, votre
attention sur les demandes de secours formées par les villes
et les communes de grande population. Le nombre de celles
qui m'ont été adressées cette année a été de beaucoup trop
considérable. Vous ne devez pas perdre de vue, un seul instant,
que le fonds de secours est spécialement destiné aux communes rurales presque totalement dénuées de ressources, et
que ce n'est *qu'exceptionnellement, et dans des cas extrêmement rares*, qu'il me serait possible de déroger à ce principe.

J'ai été à même de remarquer que souvent des propositions
d'allocations m'étaient adressées pour des travaux qui sont en
cours d'exécution. Il en résulte que si, comme cela doit être,
le secours est refusé, les communes se trouvent fort embar-
rassées pour faire face à l'ensemble de la dépense dont elles
auraient pu réduire primitivement l'importance, ou que si des
promesses de secours leur sont faites par l'administration,
sous la condition d'apporter à leurs projets certaines modifications, elles sont dans l'impossibilité, d'après l'état d'avancement des constructions, de remplir cette condition et de
profiter, par conséquent, du concours qui leur a été promis.
Je vous prie donc, monsieur le préfet, de veiller à ce que désormais on se conforme, sur ce point, aux instructions
adressées par mes prédécesseurs.

Enfin, quelques-uns de MM. les préfets ne se sont pas complétement conformés à mes instructions, en ce qui concerne le
nombre et l'importance de leurs propositions, qui étaient encore, cette année, hors de proportion avec la somme qu'il
m'était possible d'accorder à leurs départements. Je ne saurais
donc trop leur répéter qu'ils doivent résister aux obsessions
dont ils sont l'objet et établir leurs propositions en tenant
compte des faibles ressources mises à ma disposition.

N° 23.

Cimetières et inhumations : Observations générales et dispositions à prendre dans les localités où l'on professe plusieurs cultes.

Paris, le 1er septembre 1845.

Le Ministre de la justice et des cultes (M. *Martin (du Nord)*), aux Évêques.

Monseigneur, le décret du 23 prairial an XII (1), relatif aux sépultures, place les cimetières, soit qu'ils appartiennent aux communes, soit qu'ils appartiennent aux particuliers, sous l'autorité, la police et la surveillance des administrations municipales. Dans ce décret on a voulu concilier ce qu'exigent la salubrité publique, le respect dû à la cendre des morts, le sentiment pieux des familles, et laisser en même temps, à chaque culte, la liberté de suivre, en se conformant aux règlements, ses traditions et sa discipline en ce qui concerne les inhumations. C'est dans ce but qu'aux termes de l'art. 15, dans les communes où l'on professe plusieurs cultes, un lieu d'inhumation particulier doit être affecté à chacun, et que, dans celles qui n'ont qu'un cimetière, on doit le diviser par des murs, haies ou fossés, en autant de parties qu'il y a de cultes différents, avec une entrée particulière et en proportionnant cet espace au nombre d'habitants appartenant à chaque culte.

Cette sage disposition s'exécute facilement dans les localités où plusieurs cultes sont réellement professés. Mais des questions délicates ont été soulevées là où, soit des protestants, soit des israélites, se trouvent isolés au milieu d'une population toute catholique ; les mêmes difficultés se sont présentées lorsque des protestants ou des israélites sont décédés pendant une résidence accidentelle dans des communes habitées exclusivement par des catholiques. On ne saurait établir, en effet, un lieu de sépulture spécial pour ces cas isolés, et

(1) *Bulletin des lois,* IVe série, n° 5, page 75.

l'article 13 du décret du 23 prairial an XII ne contient aucune disposition applicable en telles circonstances ; en fait, il est advenu que quelquefois des protestants ont été inhumés dans le cimetière catholique ; alors le clergé, se fondant sur les anciens canons de l'Église, a vivement réclamé. En certains lieux, cependant, l'usage s'est introduit, non plus de consacrer le cimetière tout entier, mais de bénir, lors de la cérémonie des sépultures, chaque tombe catholique, et ce moyen admis, aucune difficulté n'a pu se produire ; il serait à désirer qu'il pût être généralisé.

Quelquefois aussi des protestants ont été inhumés dans cette partie du cimetière catholique qui est affectée à la sépulture des enfants morts sans baptême, des suicidés, et même des suppliciés. Mais alors les susceptibilités des protestants ont été justement blessées, et, au nom de la liberté des cultes, ils ont protesté contre des inhumations qu'ils considéraient comme offensantes pour leur communauté religieuse. Afin d'obvier à ces graves inconvénients, on a souvent cru devoir séparer la tombe du protestant décédé du reste du cimetière par une haie, un fossé ou même par de simples bornes, sans cependant pratiquer une entrée spéciale pour une seule tombe.

Mais aucune uniformité, aucune règle fixe n'existant en cette matière, il importe que toutes les questions qu'elle soulève soient éclaircies et résolues, afin que les autorités locales puissent recevoir une direction précise.

Je vous serai obligé, monseigneur, de me faire connaître vos vues et votre opinion sur cet objet. Vous savez qu'il est indispensable de chercher, en cette occasion, à concilier le respect dû aux règles de l'Église avec la liberté et la protection égale que la Charte assure aux divers cultes. J'ai donc l'assurance que vous vous préoccuperez de ce double intérêt, qui est aussi un intérêt d'ordre public, à raison de l'extrême importance que les populations attachent si justement aux questions de sépulture.

N° 24.

Fabriques des églises cathédrales et paroissiales.

Résumé des dispositions législatives concernant leur administration (1).

1° Organisation et attributions des fabriques paroissiales.

Chaque fabrique est composée d'un conseil et d'un bureau de marguilliers. Le conseil est une assemblée délibérante qui doit émettre son avis sur toutes les affaires importantes, et notamment sur celles désignées dans l'article 12 du décret du 30 décembre 1809. Le bureau des marguilliers est chargé de l'exécution des délibérations du conseil, de la préparation du budget de la fabrique et de l'administration journalière du temporel de la paroisse.

Le nombre des membres des conseils de fabrique varie suivant la population de la paroisse ; il est, en totalité, de onze dans les paroisses de 5,000 âmes et au-dessus, et de sept dans toutes les autres paroisses, y compris, dans tous les cas, le curé ou desservant et le maire de la commune du chef-lieu de la paroisse, qui sont membres *de droit* du conseil de fabrique.

Quant au bureau des marguilliers, le nombre de ses membres est toujours de quatre, savoir : 1° le curé ou desservant qui en est un membre perpétuel et *de droit* ; 2° trois per-

---

(1) La législation sur cette matière se compose du décret du 30 décembre 1809, de l'ordonnance du 12 janvier 1825, de l'art. 76 de la loi du 18 germinal an x, des divers actes du gouvernement, qui, après le concordat de 1801, a rendu aux fabriques leurs anciens biens, de la loi du 2 janvier 1817 et des ordonnances réglementaires des 2 avril 1817, 7 mai 1826 et 14 janvier 1831. On peut diviser les dispositions de cette législation en quatre parties principales : 1° Organisation et attributions des fabriques ; 2° Administration de leurs biens ; 3° Autorisations qui leur sont nécessaires pour acquérir, aliéner, accepter des libéralités, etc.; 4° Comptabilité des fabriques. Le résumé que nous donnons ici est extrait d'une instruction émanée du ministère de l'instruction publique et des cultes en date du 31 janvier 1861.

sonnes choisies au scrutin par le conseil de fabrique parmi les membres de ce conseil. Il lui appartient de les élire, parce que les marguilliers n'agissent que comme ses délégués.

Lorsqu'il y a lieu d'instituer ou de réorganiser un conseil de fabrique dans les paroisses de 5,000 âmes ou au-dessus, cinq membres, sur neuf, sont nommés pour la première fois par l'évêque diocésain, et les quatre autres par le préfet. Dans les paroisses d'une population inférieure, sur cinq membres, l'évêque en nomme trois, et le préfet deux.

Ensuite, le conseil de fabrique se renouvelle partiellement tous les trois ans, par la voie de l'élection. Les conseillers qui doivent remplacer les membres sortants sont élus par les membres restants.

Le conseil de fabrique doit s'assembler au moins quatre fois par année, à l'issue de la grand'messe ou des vêpres, dans l'église, dans un lieu attenant à l'église ou dans le presbytère. Ses réunions ordinaires ont lieu le dimanche de Quasimodo, et le premier dimanche des mois de juillet, d'octobre et de janvier.

C'est dans la séance du dimanche de Quasimodo que doivent être faites les élections ou les renouvellements triennaux des membres des conseils de fabrique. En substituant ce jour au premier dimanche du mois d'avril, désigné d'abord par le décret du 30 décembre 1809, l'ordonnance du 12 janvier 1825 a eu pour but de fixer l'attention des fabriques par une date remarquable et d'établir entre elles une utile uniformité.

Si le conseil de fabrique ne procède pas aux élections triennales le dimanche de Quasimodo, s'il ne remplace pas les fabriciens décédés ou démissionnaires dans sa première séance ordinaire qui suit la vacance, l'évêque a le droit, un mois avant les époques déterminées par la loi, de faire lui-même les nominations.

Chaque année, dans la séance du dimanche de Quasimodo, le conseil de fabrique nomme au scrutin son président et son secrétaire ; mais les membres peuvent être réélus. En cas de partage de voix dans les délibérations du conseil, le président a voix prépondérante.

Dans les séances du conseil de fabrique, le curé ou desservant a la première place à droite du président, et le maire est placé à sa gauche. L'article 4 du décret du 30 décembre 1809, qui a ainsi assigné la place que les deux membres *de droit* doivent occuper auprès du président, a été interprété par la jurisprudence en ce sens, que le curé et le maire ne peuvent être appelés, ni l'un ni l'autre, à présider le conseil de fabrique. Il a été également décidé que le curé ne pouvait être nommé trésorier de la fabrique ; mais rien ne s'oppose à ce que les fonctions de secrétaire lui soient conférées.

2º *Administration des biens des fabriques.*

Les biens et revenus des fabriques sont exclusivement affectés au payement des dépenses du culte et des frais d'entretien des édifices religieux. Ils ne peuvent être détournés, en aucun cas, de cette destination légale.

Les immeubles qui leur appartiennent sont affermés, régis' et administrés par le bureau des marguilliers dans la forme déterminée pour les biens communaux.

Quant aux biens meubles, les fabriques sont libres de disposer de ceux qui sont *meubles par leur nature*, en vertu de la règle générale posée dans l'article 1594 du Code Napoléon ; mais les biens meubles par la *détermination de la loi*, tels que les rentes perpétuelles ou viagères sur l'État ou sur les particuliers, ne peuvent être acquis ni vendus sans l'autorisation du gouvernement.

Parmi les principaux revenus des fabriques, on comprend les produits des biens dont elles sont régulièrement en possession, des fondations et des libéralités qu'elles ont été autorisées à accepter, de la location des chaises, des concessions de bancs, chapelles ou tribunes dans l'église, des quêtes, des troncs, des oblations, et de leurs droits sur les frais d'inhumation.

Il est expressément recommandé aux fabriques de tirer parti de toutes les ressources qu'elles peuvent se procurer par l'exécution ponctuelle des lois. En cas de négligence ou d'omission sur ce point essentiel, elles ne seraient pas fondées à réclamer le concours des communes qui sont tenues de venir à leur aide.

D'après les principes établis par la législation et consacrés par la jurisprudence du Conseil d'État, toutes les dépenses relatives au culte, aux édifices paroissiaux, au logement ou à l'indemnité de logement des curés et desservants, doivent être supportées d'abord par les fabriques, comme étant les premières obligées d'y pourvoir. Ce n'est que subsidiairement, en cas d'insuffisance dûment constatée de leurs revenus, que les communes sont forcées de les payer. La fabrique qui se trouve dans ce cas doit adresser au conseil municipal une demande de subvention communale, en y joignant son budget, ses comptes, et même les pièces justificatives des comptes, si le conseil municipal en exige la production. (Décret du 30 décembre 1809, art. 93; loi du 18 juillet 1837, art. 30; avis du Conseil d'État du 20 novembre 1839.)

Dans la gestion de leurs biens, les fabriques ne doivent rien négliger pour sauvegarder les intérêts collectifs des paroisses qu'elles représentent. Au début de leur organisation, il doit être dressé deux inventaires : l'un du mobilier de l'église, et l'autre des titres, papiers et documents avec une mention spéciale des fondations. Il est fait tous les ans un récolement de ces inventaires.

Chaque fabrique doit avoir une caisse ou armoire à trois clefs, et déposer dans cette caisse tous ses deniers, ses titres de propriété, ses registres de délibération et les clefs des troncs de l'église. Aucune pièce ne peut en être extraite sans une autorisation du bureau des marguilliers ni sans un récépissé.

3° *Autorisations nécessaires aux fabriques pour acquérir, accepter des libéralités, etc.*

Les fabriques sont des établissements publics reconnus par la loi. Elles constituent des personnes civiles habiles à posséder des biens, à acquérir, à recevoir des dons et legs, etc., après avoir obtenu l'autorisation du gouvernement ; mais elles ne peuvent invoquer leur qualité d'établissements publics que pour recueillir des libéralités faites dans l'intérêt de la célébration du culte et dans les limites des services qui leur sont confiés à cet effet par les lois et règlements. (Avis du Conseil d'État des 6 juin 1828, 10 novembre 1840, 9 janvier 1845, etc.)

Le gouvernement exerce une haute surveillance sur les fabriques placées sous sa tutelle ; par conséquent tous les actes importants de la vie civile qui les concernent doivent être soumis à son approbation. Ainsi les fabriques sont tenues de demander son autorisation pour les acquisitions, les aliénations ou cessions d'immeubles et de rentes, les échanges, les emprunts, les constitutions de rentes sur particuliers, l'emploi des capitaux remboursés, soit à l'achat des rentes sur l'État, soit au payement de réparations ou d'autres dépenses, les transactions, l'acceptation des donations, fondations et legs (1).

L'évêque diocésain doit émettre son avis sur toutes les affaires qui intéressent les fabriques.

Lorsque des libéralités sont faites à un établissement public quelconque, l'autorisation n'est accordée, *s'il y a charge de services religieux*, qu'après l'approbation provisoire de l'évêque.

Pour que le gouvernement puisse statuer en connaissance de cause, les demandes des fabriques doivent être l'objet d'une instruction administrative.

Les pièces à produire à l'appui des demandes les plus fréquentes sont :

Pour une donation entre-vifs,

1º L'acte notarié constatant la donation ;

---

(1) Voir ci-après le décret du 15 février 1862, qui attribue en certains cas aux préfets l'acceptation des dons et legs faits aux fabriques. (Ce décret et la circulaire d'exécution de S. Exc. le Ministre des cultes sont insérés dans le *Bulletin officiel* de 1862, p. 104.)

2º Le certificat de vie du donateur ;

3º Le procès-verbal d'estimation de l'objet donné (s'il s'agit d'un immeuble, sa contenance et sa valeur, tant en capital qu'en revenus, devront être déterminés) ;

4º La délibération du conseil de fabrique tendant à obtenir l'autorisation d'accepter la libéralité ;

5º L'acceptation provisoire du trésorier de la fabrique, qui est le représentant légal de l'établissement ;

6º L'état, vérifié et certifié par le préfet, de l'actif et du passif de la fabrique, c'est-à-dire son budget ;

7º Des renseignements précis sur les causes de la libéralité, la fortune du donateur et celle de ses héritiers présomptifs ;

8º L'avis de l'évêque diocésain ;

9º L'avis du préfet rédigé en forme d'arrêté.

Pour les legs et les dispositions testamentaires,

1º Le testament, dont une expédition entière sera transmise s'il contient des legs en faveur de plusieurs établissements publics ;

2º L'acte du décès du testateur ;

3º Le procès-verbal d'estimation de l'objet légué (voir plus haut ce qui concerne les immeubles) ;

4º La délibération du conseil de fabrique sur le legs, les charges dont il est grevé, et l'emploi des sommes d'argent dont le testateur n'aurait pas fixé la destination ;

5º L'acceptation provisoire du trésorier de la fabrique ;

6º L'état, vérifié et certifié par le préfet, de l'actif et du passif de l'établissement, ou son budget ;

7º Le consentement par écrit des héritiers naturels du testateur à la délivrance du legs, et du légataire universel qui aurait été institué, ou la réclamation qu'ils auraient formée dans le but de s'y opposer ; et, à défaut de ces pièces, les actes constatant que les héritiers connus du testateur ont été appelés à prendre connaissance du testament, ou que le testament, *s'il n'y a pas d'héritiers connus,* a été publié et affiché dans les formes prescrites dans l'article 3 de l'ordonnance réglementaire du 14 janvier 1831. En cas de réclamation, on doit joindre au dossier des renseignements sur le degré de parenté et la position de fortune des héritiers et sur la valeur totale de la succession du testateur ;

8° L'avis de l'évêque diocésain ;

9° L'avis du préfet rédigé en forme d'arrêté.

Pour les acquisitions et les échanges,

1° Délibération du conseil de fabrique contenant sa demande d'autorisation, le but et l'utilité de l'acquisition ou de l'échange, et les moyens de payer le prix de vente, ou la soulte, s'il en a été stipulé ;

2° L'estimation des immeubles à acquérir ou à échanger, faite contradictoirement par deux experts nommés, l'un par le conseil de fabrique, et l'autre par le particulier qui a l'intention de vendre ou d'échanger ;

3° Le plan figuré et détaillé des lieux ;

4° Le consentement par acte sous seings privés du vendeur ou de l'échangiste ;

5° Le budget de la fabrique ;

6° Le procès-verbal d'enquête ou d'information *de commodo et incommodo*, faite par un commissaire au choix du sous-préfet ;

7° La délibération du conseil municipal de la commune sur le projet d'acquisition ou d'échange ;

8° L'avis de l'évêque diocésain ;

9° L'avis du préfet.

Pour les aliénations,

On doit fournir les mêmes pièces que pour les acquisitions, à l'exception de la soumission de l'acquéreur, attendu que, d'après la règle générale, les immeubles des fabriques doivent être vendus aux enchères publiques. Il y a toujours lieu de faire dresser un procès-verbal d'estimation des immeubles à aliéner ; mais, dans le cas d'adjudication publique, l'expertise ne saurait être contradictoire.

16.

Les pièces ci-dessus énoncées ne doivent pas être seulement produites par les fabriques; elles doivent l'être également par les autres établissements ecclésiastiques et par les congrégations religieuses, sauf les délibérations des conseils municipaux sur les acquisitions, échanges et ventes.

4° *Comptabilité des fabriques.*

Le décret du 30 décembre 1809 a mis la comptabilité des fabriques sous la surveillance des évêques; mais dans le cas où des subventions sont réclamées à la commune, au département ou à l'État, elle est exposée au contrôle des conseils municipaux et des autorités civiles : elle doit être constamment tenue avec ordre et régularité.

Le trésorier de la fabrique, qui est nommé par le bureau des marguilliers et choisi parmi les membres de ce bureau, est le comptable de l'établissement. C'est lui qui est chargé de faire toutes les recettes et dépenses de l'église, de signer les mandats de fournitures, et d'assurer le recouvrement des sommes dues à la fabrique. Il doit, chaque année, rendre son compte de l'année précédente au bureau des marguilliers, dans la séance du premier dimanche du mois de mars. Le bureau fait ensuite son rapport sur ce compte dans la séance du dimanche de Quasimodo, au conseil de fabrique, qui le clôt et l'arrête définitivement.

L'acte le plus important en cette matière est le budget de la fabrique; il est dressé par le bureau des marguilliers, d'après un état par aperçu, que le curé ou desservant lui présente, des dépenses nécessaires à l'exercice du culte, soit pour les objets de consommation, soit pour réparation et entretien d'ornements, meubles et ustensiles d'église. Le bureau doit le soumettre à l'examen du conseil de fabrique, tous les ans, dans la séance du jour de Quasimodo. Dès que le conseil l'a voté, le budget est envoyé en double exemplaire, avec l'état des dépenses de la célébration du culte, à l'évêque, pour avoir sur le tout son approbation.

Le droit d'approbation, attribué à l'autorité diocésaine,

comprend celui de modifier les articles de dépenses, et, par conséquent, de les diminuer ou de les augmenter. Après la décision épiscopale, le budget de la fabrique reçoit sans autres formalités sa pleine et entière exécution.

Si un conseil de fabrique ne présentait pas son budget annuel, ou s'il ne veillait pas à la reddition des comptes du trésorier, l'évêque devrait le requérir de remplir ce devoir ; en cas de négligence ou de refus d'obéir à cette injonction, il pourrait être révoqué par un arrêté du ministre des cultes, sur la proposition de l'évêque et l'avis du préfet.

La révocation des conseils de fabrique peut être, en outre, prononcée dans les mêmes formes *pour toute autre cause grave.*

Après que la dissolution d'un conseil de fabrique a été reconnue nécessaire, ou que sa composition a été déclarée irrégulière par le ministre des cultes, il est procédé par l'évêque et le préfet à sa réorganisation, conformément à l'article 6 du décret du 30 décembre 1809. (Ordonnance du 12 janvier 1825, article 5.)

5° *Fabriques des cathédrales.*

Depuis le concordat de 1801, la législation a voulu maintenir les droits étendus que les évêques exerçaient, sous l'ancien régime, sur les cathédrales. Elle a soumis dans ce but l'organisation de leurs fabriques à des conditions différentes de celles établies pour les fabriques paroissiales.

Suivant l'article 104 du décret du 30 décembre 1809, les fabriques des églises métropolitaines ou cathédrales doivent être composées et administrées conformément aux règlements épiscopaux ; mais ces règlements ne deviennent obligatoires qu'autant qu'ils ont été approuvés par un décret impérial.

Du reste, ces fabriques constituent, comme les autres, des établissements publics. Toutes les dispositions concernant la gestion des biens des fabriques paroissiales leur sont applicables.

N° 25.

Décret qui confère, sous certaines réserves, aux préfets le droit d'autoriser l'acceptation des dons et legs aux fabriques des églises.

Du 15 février 1862.

Art. 1er. L'acceptation des dons et legs faits aux fabriques des églises sera désormais autorisée par les préfets, sur l'avis préalable des évêques, lorsque ces libéralités n'excéderont pas la valeur de *mille francs*, ne donneront lieu à aucune réclamation, et ne seront grevées d'autres charges que l'acquit de fondations pieuses dans les églises paroissiales, et de dispositions au profit des communes, des hospices, des pauvres ou des bureaux de bienfaisance.

2. L'autorisation ne sera accordée qu'après l'approbation provisoire de l'évêque diocésain, s'il y a charge de services religieux.

3. Les préfets rendront compte de leurs arrêtés d'autorisation au ministre compétent dans les formes déterminées par les instructions qui leur seront adressées. Les arrêtés qui seraient contraires aux lois et règlements, ou qui donneraient lieu aux réclamations des parties intéressées, pourront être annulés ou réformés par arrêté ministériel.

4. Nos ministres secrétaires d'État aux départements de l'intérieur et de l'instruction publique et des cultes sont chargés, chacun en ce qui le concerne, de l'exécution du présent décret, qui sera inséré au *Bulletin des lois*.

FIN.

TABLE DES MATIÈRES

PAR CHAPITRES ET PARAGRAPHES.

TABLE
ANALYTIQUE ET ALPHABÉTIQUE
DES MATIÈRES

D

E

F

S

T

V